한국 천주교회사,
기쁨과 희망의 여정

한국 천주교회사, 기쁨과 희망의 여정

김선필 지음

누름

생명과 신앙을
물려주신
존경하고 사랑하는
부모님께

한국 천주교회사의 새로운 해석을 위한
징검다리가 되길 바라며

김희중 대주교

(천주교 광주대교구장)

역사는 '과거와 현재와의 대화'라고 합니다. 우리는 이 '대화'를 통하여 과거의 발자취를 되돌아보며 삶의 지혜를 익히고 이를 바탕으로 현재 우리 자신의 참모습을 발견하여 '기쁨과 희망'의 미래를 열어가려고 합니다. 독일 나치 시대를 배경으로 박해받던 유다인들의 저항 운동을 주제로 한《나타샤》라는 영화의 마지막 자막이 아직도 생생하게 기억되고 있습니다.

"용서하라. 그러나 잊지는 말아라!"

2014년 프란치스코 교황님이 우리 나라를 방문하시면서 우리에게 "기억의 지킴이가 되어 주십시오!"라고 남기신 말씀이 생각납니다. 기념은 의례적으로 끝나버리기 쉽지만, 기억은 과거를 현재화시키며 삶의 동력으로 삼을 수 있기 때문입니다. 그러나 '과거의 일'들을 당시의 상황과 배경과 동기 등을 고려하지 않고 오늘의 기준으로만 평가하고 판단한다면 '역사의 흐름'이 단절될 수도 있을 것입니다.

이와 같은 의미에서 김선필 박사는 『한국 천주교회사, 기쁨과 희망의 여정』을 통해 균형 잡힌 시각으로 한국 천주교회사를 정리하려고 시도하였습니다. 많은 부분에 공감합니다. "교회는 항상 개혁되어야 한다(Ecclesia semper reformanda est)"라는 말은 쇄신의 필요성을 공감하는 모든 사람이 인정하는 대전제라고 할 수 있습니다. 그리고 그 쇄신의 출발점은 초기 그리스도교 공동체의 정신과 가르침이라고 생각합니다. 수도회의 쇄신을 거론할 때 대부분 그 수도회의 창설자의 정신과 마음으로 돌아가자고 하는 것도 같은 맥락이라고 할 수 있습니다.

역사가들은 현대 가톨릭교회의 개혁과 쇄신의 본격적인 출발점을 제2차 바티칸 공의회로 보고 있습니다. 이 공의회의 중요 가르침의 하나는 교회의 현대 사회 적응화(Aggiornamento)였습니다. 이 가운데 『현대 세계의 교회에 관한 사목헌장 「기쁨과 희망」(Gaudium et Spes)』(1965)은 교회가 오늘날의 세상 안에서 행해야 할 그 임무와 사명에 대한 구체적인 가르침을 주었습니다. 곧, 그리스도교적 인간관, 자연관, 세계관의 정리를 통해 현대 환경문제 이해의 기초가 될 뿐만 아니라 사람과 사람 사이의 관계에 있어서 인권과 정의, 평화의 가치를 돋보이게 하였습니다.

인권이 침해받고 인간의 존엄성이 짓밟히던 구 소련의 공산 치하에서 솔제니친과 일부 지성인들이 UN과 서방 세계에 도움을 호소했을 때, 어느 누구도 조국을 배신한 역적이라든가 매국노라고 비난하지 않았습니다. 역시 우리 나라에서도 군사정권 하에서 인권이 유린되는 상황에서 민주주의 회복을 외치며 미국을 비롯한 서방 세계가 군사정권의 종식을 위해 도와주도록 정의구현사제단을 비롯하여 민주인사들이 요청했을 때 그 어느 누구도 매국노라고 단죄하지 않았습니다. 왜냐하면 인류의 보편적인 가치인 인권과 정의와 평화를 증진시키는 사명은 국가와 이념과 사상, 종교의 벽을 뛰어넘어 우리 모두가 지켜야 할 가치이기 때문입니다. 황사영 백서 사건도 이러한 배경을 고려한다면 어느 정도 이해할 수 있지 않을까 생각합니다.

김선필 박사의 저서 『한국 천주교회사, 기쁨과 희망의 여정』은 한국 천주교회의 지나온 발자취를 더 뚜렷이 살피고 현재의 우리를 들여다봄으로써, '지친 세상에 기쁨과 희망'을 공유하고자 하는 교회의 나아가야 할 길을 보다 합리적이고 효과적으로 모색하는 데에 큰 도움이 되리라 생각합니다. 또한 한국 천주교회사를 새로운 시각에서 조명하고 해석하는 데 하나의 소중한 징검다리 역할을 하리라 생각합니다. 보다 많은 분의 일독을 추천하며 이 책을 통하여 모든 존재의 근원이시며 영원한 현재이신 하느님께서 무상으로 주시는 기쁨과 희망의 은혜를 듬뿍 받으시기를 기원합니다.

하느님의 섭리를 기억하면서

문창우 주교

(천주교 제주교구장)

무엇보다 한국 교회사에 대한 이야기를 하는 것은 교회사를 전공하는 이들에게 주어진 특권이라 생각할 때가 많습니다. 그러나 이번 김선필 형제의 『한국 천주교회사, 기쁨과 희망의 여정』은 특별히 교회를 사랑하는 신자로서 그리고 사회학자로서의 전문성을 녹여 만든 한국 천주교회의 맥을 새롭게 조명해주었다고 생각합니다. '한국 천주교회'라는 주제는 하느님이 이끌어 가신 섭리 안에서 너무나 많은 은총과 축복 그리고 고난과 아픔을 지닌 시간이었다고 생각합니다.

이는 다른 역사의 사건과 마찬가지로, 역사의 있는 그대로의 모습을, 나름대로 학술적인 관점에서 서술할 수 있지만 늘 신앙의 시선 안에서 이어지는 역사도 한마디로 놀라운 은총의 손길임을 기억하게 하는 것입니다. 저자는 "그들은 '기쁨과 희망'을 향한 여정을 멈추지 않았고 오히려 세상속의 빛이 되어 혼란스러웠던 한국 사회를 밝게 비추었습니다. 그들의 헌신적인 노력으로 오늘날 한국 교회는 한국인이 가장 신뢰하는 종교 공동체로 우뚝 서게 되었습니다"라는 자부심 섞인 주장을 펴고 있습니다. 또한 천주교인만을 위해 이 책을 쓰지 않았다고 하는 저자의 모습은 다시금 복음의 증거를 좀 더 넓은 지평으로 확대하고자 하는 마음도 함께 읽게 되어 좋았습니다.

특별히 교회의 지난 세월의 역사 안에서 벌어진 예민한 교회사의 주제들도 모두 하느님의 섭리 안에서 다시금 읽어 내려가는 가운데 앞으로 교회 쇄신을 위한 전망으로 나누고자 하는 것은 흥미로웠습니다. 이는 오늘날 공동합의성의 교회에서의 변신을 거듭 실천해가는 길목에서, 많은 사람들의 의견들이 모아지고 여기에서 구체적인 하느님나라의 이정표를 제시하는 일은 함께 걸어가는 교회의 모습에서 늘 소중한 작업이기 때문입니다.

이제 새로운 지평으로 쓴 이 책이 교회뿐만 아니라 한국 사회 밖에서도 많이 읽혀져 교회와 사회의 대화의 수준이 더욱더 꽃피는 시간이길 기대해봅니다. 그동안 이러한 작업을 몸소 자신의 소명으로 삼아 오랜 시간의 인내와 헌신 속에 나누어주신 김선필 형제에게 감사드립니다. 그리고 이러한 작업이 좀 더 한국 교회사를 다양한 모습에서 바라보고 하느님의 크신 사랑과 자비를 찬미하는 시간이길 기도합니다.

들어가며

예수께서 우리에게 선포하신 복음은 하느님 나라를 향한 "기쁨과 희망(Gaudium et Spes)"[1]으로 가득 차 있습니다. 따라서 모든 그리스도인들은 그 "복음의 기쁨"을 선포하고 증거하기 위해 존재합니다.[2] 그리스도인의 공동체인 천주교회[3] 역시 하느님 나라가 바로 지금, 이 자리에(hic et nunc) 깃들기를 바라며, 2,000년이라는 긴 여정을 구성원들과 함께 걸어왔습니다. 물론 대부분의 여정이 그렇듯이, 교회 앞에는 "슬픔과 고뇌"[4]의 순간도 놓여있었습니다. 때로 세차게 몰아지는 폭풍우를 만나 잠시 쉬어가야만 했고, 고된 여정에 몸이 상해 치료를 받아야만 할 때도 있었습니다. 하지만 교회는 하느님 나라를 향한 "기쁨과 희망"의 여정을 포기하지 않았습니다. 교회는 오늘도

---

1 제2차 바티칸공의회, 1965, 『현대 세계의 교회에 관한 사목헌장 「기쁨과 희망」(*Gaudium et Spes*)』(이하 『사목헌장』), 1항.

2 프란치스코, 2014, 교황 권고 『복음의 기쁨(*Evangelli Gaudium*)』, 한국천주교중앙협의회; 염수정, 2020, 『2021년 서울대교구장 사목교서』, 천주교 서울대교구.

3 이 책에서는 천주교회, 교회, 한국 천주교회, 한국 교회라는 용어가 혼용되고 있습니다. 글의 맥락에 따라 표기하기 편한 명칭을 사용했기 때문입니다. 물론 구분이 필요한 경우에는 정식 명칭을 사용했습니다. 또한 이 책에서 사용되는 '보편 교회(Universal Church)'는 교황을 중심으로 결합된 전 세계 천주교회를 의미하며, '개별 교회(Particular Church)'는 주교와 결합된 교구(diocese) 공동체를 말합니다. 또한 '지역 교회(Local Church)'는 국가나 문화·언어 등 정체성이 비슷한 개별 교회들을 포괄하는 의미로 사용됩니다. 예를 들어 한반도에 있는 개별 교회들은 한국 교회라는 이름의 지역 교회로 불릴 수 있습니다.

4 『사목헌장』 1항.

예수께서 알려주신 "복음의 기쁨"을 지금, 이 자리에 실현하고자 노력하고 있습니다.

약 240년 전, 이 땅에도 "기쁨과 희망"의 여정에 동참하길 바라는 사람들이 나타났습니다. 암담한 현실 앞에 서 있던 그들은 "인류의 빛(Lumen Gentium)"이신 그리스도[5] 안에서 희망을 발견했고, 그 빛을 따라 자발적으로 하느님을 믿었습니다. 그렇게 형성된 공동체가 한국 천주교회(이하 한국 교회)[6]였습니다. 하지만 그들의 여정에는 "슬픔과 고뇌"가 함께 했습니다. 천주교인이라는 이유로 거의 백여 년간 박해를 받아야 했고, 불안한 정세 속에서 살아남기 위해 무던히 애를 써야만 했던 것입니다. 하지만 그들은 "기쁨과 희망"을 향한 여정을 멈추지 않았고, 오히려 세상 속 빛이 되어 혼란스러웠던 한국 사회를 밝게 비추었습니다. 그들의 헌신적인 노력으로 오늘날 한국 교회는 한국인이 가장 신뢰하는 종교 공동체로 우뚝 서게 되었습니다.

지금부터 저는 이 땅에서 "기쁨과 희망"을 꿈꾸며 살아왔던 사람들의 공동체, 즉 한국 교회가 걸어온 지난 여정을 돌아보려고 합니다. 저도 그들이 꿈꾸었던 하느님 나라의 "기쁨과 희망"이 지금, 이 자리에 실현되길 바라며 이 책의 첫 장을 시작합니다.

---

5 제2차 바티칸공의회, 1964, 『교회에 관한 교의 헌장 「인류의 빛」(Lumen Gentium)』(이하 『교회헌장』), 1항.

6 '한국'은 조선 왕조가 무너지고 새롭게 세워진 근대 국가 '대한민국'을 의미하기에, 조선 시대 천주교회를 한국 천주교회라고 부르는 것이 어색할 수 있습니다. 그러나 현재 한국 천주교회가 조선 천주교회의 연장선 상에 있고, 한국 천주교회 내에서도 시기를 구분하여 조선 시대 천주교회를 따로 명명하지 않는다는 점을 고려하여, 이 책에서도 조선, 일제강점기, 대한민국 시기 구분없이 '한국 천주교회'로 통일하여 부르고자 합니다.

제가 이 글을 적는 오늘은 2021년의 어느 날입니다. 그러니 지금으로부터 7년 전쯤, 우리 나라에는 한 해에 두 번 크리스마스가 찾아왔던 것으로 기억합니다. 당시에는 사람들이 "8월의 크리스마스"라는 말을 많이 했기 때문입니다. 무슨 말이냐고요? 교황 프란치스코(PP. Franciscus, 재위 2013~)가 우리 나라를 방문했던 2014년을 두고 사람들이 했던 말이었습니다. 프란치스코 교황은 2014년 8월 14일부터 18일까지 4박 5일간의 여정으로 방한했습니다. 한 여름이었지요. 교황은 서울과 대전 등을 오가며 많은 사람들을 만났습니다. 정말 신기했던 것은 우리 나라의 거의 모든 매체가 교황의 일거수일투족을 생중계했던 모습이었습니다. 온 나라가 프란치스코 교황 때문에 들썩이고, 그의 말 한마디, 한마디에 위로를 받는 사람들의 모습은 정말 감동적이었습니다. 오죽하면 8월에 하얀 옷을 입은 산타 할아버지가 한국을 다녀가셨다고 사람들이 말하였을까요. 저 역시 교황의 방한 여정을 방송으로나마 함께했습니다. 교황께서 로마에 돌아가시고 일상으로 돌아와 보니, 마치 프란치스코 교황과 함께 피정[7]을 다녀온 기분이 들었습니다.

그런데 그것은 참으로 놀라운 일이 아닐 수 없었습니다. 불과 150여 년 전만 해도 우리 나라에서 천주교회는 '무군무부(無君無父)' 즉, 부모도 임금도 모르는 사악한 종교로 낙인찍혀 있었기 때문입니다. 단순히 하느님을 믿었다는 이유만으로 관아에 끌려가 고초를 당하고,

---

[7]   피정은 일상을 떠나 홀로 하느님을 만나는 시간입니다.

심지어 죽임까지 당하는 경우가 부지기수였습니다. 이에 비춰본다면, 사교(邪敎)의 최고 우두머리인 교황이 대낮에 수많은 인파 사이를 활보했던 2014년의 상황은 그야말로 상전벽해(桑田碧海) 또는 세상이 개벽할 만한 일이 아닐 수 없었습니다.

사실 프란치스코 교황의 방한이 아니더라도, 오늘날 한국 교회는 사람들로부터 가장 많은 신뢰를 얻고 있는 종교로 자리매김하고 있습니다. 그것은 지금도 염수정 안드레아 추기경(1943~)을 비롯한 수많은 성직자들과 수도자 그리고 평신도들이 한국 사회 곳곳에서 빛과 소금의 역할을 다하고 있기 때문일 것입니다. 하지만 그것만으로는 그 짧은 시간동안 천주교회에 대한 사람들의 인식이 달라진 이유를 충분히 설명하기 어렵습니다.

그래서 저는 기존에 발간된 한국 교회 관련 서적들을 살펴보았습니다. 그곳에는 여러 선배 학자들께서 이룩하신 업적들이 놀라울 만큼 많이 축적되어 있었습니다. 그 보물 창고 속에서 시간을 보내다 보니, 그분들의 어깨에 올라 제 나름대로 한국 교회를 이해한 글을 적게 되었습니다. 그렇게 탄생한 것이 제 박사학위 논문이었습니다. 저는 사회학을 통해 한국 교회의 모습을 이해하려고 했습니다. 그래서 저는 성직자와 평신도, 한국 교회와 교황청, 한국 교회와 국가 간에 맺어왔던 힘의 관계를 살펴보고, 그 속에서 형성되는 사회 구조들(social structures)의 조합에 따라 한국 교회의 모습이 변화되어왔다고 설명했습니다. 그것은 한국 교회 역시 사람들의 모임이기 때문에, 힘의 우열에 따라 교회의 모습이 달라질 수 있다는 점에 착안한 것이었습니다.

하지만 그것만으로 한국 교회의 모습을 온전히 이해하는 것은 불가능했습니다. 왜냐하면 천주교회 안에는 힘의 관계만으로 설명할 수 없는 영적(靈的)인 측면이 있기 때문입니다. 그래서 박사 논문의 절반은 신앙의 눈으로 자신과 세상을 인식하는 천주교회의 인식론을 적용하여 한국 교회의 모습을 이해하려고 노력했습니다. 그럼에도 불구하고 학위를 취득한 이후 가끔씩 박사 논문을 볼 때면, 부족하기만 한 제 식견이 드러나는 것 같아 부끄러워집니다.

한편 세상의 시선과 교회의 시선을 종합하여 바라보는 관점은 어느 한쪽에 치우쳐 한국 교회를 바라보기 십상이었던 제 인식의 지평을 활짝 열어주었습니다. 세상의 시선으로 한국 교회를 바라볼 때(특히 박사 논문을 작성하던 시절에), 정말 납득하기 어려웠던 어두운 면들이 있었습니다. 사실 그것들 때문에 가끔씩 교회를 미워하기도 했습니다. 그런데 시간이 흘러 교회의 시선을 통해 한국 교회를 바라보니, 납득할 수 없었던 모습들이 이해가 되기 시작했습니다. 차츰 두 시선을 교차하여 한국 교회를 살펴보는 습관이 생겼습니다. 그리고 지금은 한국 교회에 대한 극단적인 태도, 즉 무조건적인 비판과 호교론적인 태도를 지양하는 제 모습을 발견하게 됩니다. 더 나아가서는 한국 교회에 대해 연민의 감정이 생기고, 교회를 단순히 비판하는 것이 아니라 보다 나은 방향으로 성장할 수 있도록 돕는 건설적인 비평이 필요하다는 것을 깨달아 가고 있습니다.

이 책은 한국 교회가 걸어온 여정을 교회와 세상의 시선을 통해 살펴보려고 합니다. 이러한 통합적 접근을 통해, 한국 교회를 균형 있게 평가하고 교회 쇄신을 위한 청사진을 제시할 수 있기를 희망합니다. 그러므로 이 책은 단순한 역사서가 아닙니다. 한국 교회가 걸어온 역사를 다루지만, 당시 교회가 처했던 정치·경제·사회·문화적 측면을 폭넓게 돌아보려고 했기 때문입니다. 따라서 이 책은 천주교회라는 주인공이 한반도라는 무대 위에서 걸어왔던, 아직 끝나지 않은 그 여정을 여러분께 안내해드리는 안내서라고 할 수 있겠습니다. 그러기에 이 책은 천주교 신자들만을 위해 쓰이지 않았습니다. 천주교회에 대한 이해가 별로 없지만 한국 교회가 궁금한 일반 시민들도 부담 없이 읽을 수 있도록 하는 것이 이 책의 목표입니다. 또한 이 책을 읽는 시민들이 한국 교회를 중심으로 펼쳐지는 한국사와 세계사의 흐름을 접하면서, 인문학적 교양을 함께 쌓아나갈 수 있으면 더욱 좋겠습니다.

물론 이 책의 곳곳에는 신앙적인 표현들이 들어 있습니다. 그것은 천주교 신자인 제가 이 책을 통해 누릴 수 있는 최소한의 특권입니다. 그것만 이해해주신다면, 이 책은 여러분들께 한국 교회를 알려드릴 수 있는 꽤 괜찮은 교양서가 될 수 있지 않을까 감히 기대해봅니다.

2021년 봄,
복되신 동정 마리아의 배필 성 요셉 대축일에
저자

차 례

추천사 | 김희중 대주교 · 7

추천사 | 문창우 주교 · 11

들어가며 · 13

1부   이 책을 보는 방법

1. 한국 천주교회를 바라보는 방법

가. 맹인모상과 황사영 백서 · 25

나. 시간과 주체: 한국 천주교회를 바라보는 두 가지 기준 · 31

다. 사랑이 전제되지 않은 정의는 폭력입니다 · 37

※ 교회사 엿보기: 정난주 마리아(1773~1838)의 생애 · 41

2. 천주교회의 세계관

가. 교회가 스스로를 바라보는 방법 · 45

　1) 가르치는 교회와 배우는 교회: 제2차 바티칸공의회 이전(~1965) · 45

　2) 함께 하는 교회: 제2차 바티칸공의회 이후(1965~) · 49

나. 교회가 세상을 바라보는 방법 · 52

　1) 교회 밖에는 구원이 없다: 제2차 바티칸공의회 이전(~1965) · 52

　2) 세상 속 교회를 선언하다: 제2차 바티칸공의회 이후(1965~) · 55

※ 사회교리 좀 더 엿보기 · 61

2부   빛과 어둠의 순간들, 한국 천주교회가 걸어온 길

3. 어둠 속에 빛을(1784~1886)

가. 신앙의 자발적 수용, 이 땅에 "기쁨과 희망"을 · 67

나. 파리외방전교회의 조선 선교 · 77

　1) 18세기 전후 아시아 선교를 둘러싼 쟁점들 · 77

　　(1) 직접 선교방식과 문명화의 사명 · 77

　　(2) 적응주의 선교와 조상 제사 금지령 · 80

　　(3) 보호권 제도와 파리외방전교회 · 83

　2) 파리외방전교회 선교사의 입국과 적응 · 86

　　(1) 선교사의 조선 입국 · 86

　　(2) 선교사의 적응 · 90

　　　① 선교사의 조선 인식 · 90

　　　② 선교방식으로써 양반문화의 수용 · 95

다. 조상 제사 금지와 박해 · 99

라. 박해의 양상과 한국 천주교회의 대응 · 103

마. 고통 받는 사람에게 위로를 준 한국 천주교회 · 113

4. 한국 사회의 일원이 된다는 것(1886~1907)

가. 한불조약 이후 달라진 한국 천주교회의 위상 · 118

나. 지역 사회와의 충돌과 적응 · 126

　1) 교안의 발생: 신축교안을 중심으로 · 126

　2) 신축교안 이후 한국 천주교회와 지역 사회 · 133

다. 자선사업과 수도자, 가난한 이들과 함께 한 한국 천주교회 · 136

5. 교회와 민족 사이에서(1907~1945)

가. 정교분리, 교회 보호를 위한 선택 · 144

나. 교민주의 선교방식 · 154

다. 신사참배, 제2의 중국 의례 논쟁? · 159

라. 일제의 직접 통치 전략에 대응한 신의 한 수, 노기남 대주교 · 163

6. 혼란 속에서 길을 찾아(1945~1965)

가. 하느님의 섭리, 광복 사건 · 171

나. 공산주의와 천주교회 · 173

다. 한국 천주교회와 공산주의 정권의 충돌 · 176

라. 미군정과 이승만 정권 그리고 한국전쟁 · 179

마. 분단국가에서 종교란? · 183

바. 민족사와 한국 천주교회, 타자와 주체의 경계에서 · 186

사. 4·19혁명과 한국 천주교회: 외래종교의 장벽을 깨다 · 190

아. 민주주의와 반공주의 사이에서 진동하는 한국 천주교회 · 196

7. 쇄신과 도전의 시간(1965~현재)

가. 한국 천주교회의 제2차 바티칸공의회 수용 · 204

나. 한국 천주교회, 세상 속으로 뛰어들다 · 209

1) 심도직물 사건 · 209

2) 지학순 주교 구속 사건 · 213

3) 김수환 추기경과 한국 민주주의 · 218

4) 5·18민주화운동과 한국 천주교회의 역할 · 223

5) 세상을 위로하는 교회 · 229

다. 하느님 백성의 발견, 공동합의적 교회 쇄신을 향한 한국 천주교회의 여정 · 235

1) 200주년 기념 사목회의, 공동합의적 교회 쇄신을 위한 모범 사례 · 238

2) 공동합의적 교회 쇄신을 위한 한국 천주교회의 진통 · 241

3) 하느님 백성과 함께 걷는 한국 천주교회 · 246

3부 기쁨과 희망의 교회를 향하여

8. 21세기 한국 천주교회의 도전

가. 교회의 성장과 위기, 희망 · 253

1) 순교자의 피로 성장한 한국 천주교회 · 253

2) 교세 침체 현상 · 258

3) 교회 시설 운영과 공공성 · 262

4) 코로나19와 한국 천주교회, 명동밥집 · 268

나. 평신도와 함께 하는 한국 천주교회 · 273

다. 교회가 과거와 화해하는 방법 · 280

1) 천주교회의 과거사 반성 · 280

2) 제주교구 사례: 도민의 아픔을 자기 것으로 · 285

라. 한국 천주교회의 민족화해 활동 · 290

1) 북한교회의 재발견 · 290

2) 인식의 전환, 적대적 관계에서 민족화해의 대상으로 · 292

9. 맺음말: 기쁨과 희망, 지금 이 자리에 · 298

감사의 글 · 304

참고문헌 · 307

부록 | 한국 천주교회사 연표 · 317

색인 · 321

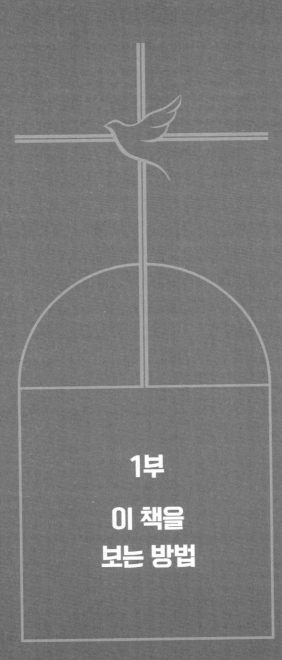

1부

이 책을
보는 방법

1. 한국 천주교회를 바라보는 방법

가. 맹인모상과 황사영 백서

불교 경전인 『열반경(涅槃經)』에는 '맹인모상(盲人摸象)'이라는 고사성어가 나옵니다. "장님이 코끼리를 만진다"는 뜻으로 알려진 이 말의 의미는 대략 이렇습니다. 옛날 인도의 어떤 왕이 진리에 대해 논하기 위해 신하더러 코끼리를 몰고 오도록 했답니다. 그리고 눈이 안 보이는 사람 여섯 명을 불러 손으로 코끼리를 만져보게 한 다음, 각각 코끼리에 대해 설명하도록 했습니다. 그러자 코끼리의 이빨을 만진 사람은 코끼리가 무 같이 생겼다고 하고, 귀를 만진 사람은 키 같이, 머리를 만진 사람은 돌 같이, 코를 만진 사람은 절굿공이 같이, 다리를 만진 사람은 절구 같이, 등을 만진 사람은 평상 같이, 배를 만진 사람은 장독 같이, 꼬리를 만진 사람은 밧줄 같이 생겼다고 말했습니다. 그러자 왕은 그들을 물리고 다음과 같이 말했습니다. "코끼리는 하나이지만, 저들은 자기가 알고 있는 것만을 코끼리로 알고 있으면서도 조금도 부끄러워하지 않는다. 진리를 아는 것 또한 이와 같다."[8]

사실 우리가 어떤 대상을 바라보고 평가한다는 것은 여간 어려

---

8 DAUM백과 "맹인모상" 참조. https://100.daum.net/encyclopedia/view/26XXXXX00415(검색일: 2021.02.03.)

운 일이 아닙니다. 우리 역시 이 일화에 등장하는 사람들처럼 전체의 일부만을 알아볼 수 있기 때문입니다. 그럼에도 불구하고 진리를 관조하기 위해 일생을 바치는 구도자들이 있는 것처럼, 우리들도 어떤 대상을 총체적으로 바라보기 위해 노력하는 경우가 있습니다. 이 책을 읽기 시작한 우리들이 그렇습니다. 한국 천주교회가 걸어왔던 지난 240여 년의 시간을 살펴본다는 것은 결코 쉬운 일이 아닙니다. 바라보는 관점에 따라 한국 교회사를 다르게 평가할 수 있기 때문입니다.

여기 논란이 되는 한 인물이 있습니다. 하느님의 종[9] 황사영 알렉시오(1775~1801)입니다. 황사영은 어려서부터 총명했다고 합니다. 열다섯 살이었던 1790년(정조 14년)에 사마시에 합격하여 진사가 될 정도였습니다. 정조 임금(재위 1776~1800)이 황사영이 작성한 과거 시험 답안지를 보고 감탄하며, 그의 손을 직접 잡아주었다고 합니다. 이후 황사영은 정약용의 형 정약종의 문하로 들어가 공부를 이어갔습니다. 이때 천주교 교리를 접하게 되면서 알렉시오라는 세례

---

[9] 천주교회는 돌아가신 분들 가운데 신앙의 본보기가 된다고 공식적으로 선포된 분에게 '성인'이라는 호칭을 붙입니다. '하느님의 종'은 교회가 성인으로 모셔도 좋을지 조사하기 시작한 분에게 주어지는 호칭입니다. 그 조사를 시복 조사라고 하는데, 시복 조사가 교황청에 공식적으로 접수되면 그분은 '가경자'라고 불리게 됩니다. 그분의 생애와 기적 등을 엄격히 조사한 뒤, 그분의 덕행을 교황청이 인정하고 시복식을 거치면 그분에게는 '복자(복녀)'라는 호칭이 붙습니다. 2014년 프란치스코 교황이 광화문 광장에서 거행됐던 행사가 조선 시대에 순교한 '윤지충 바오로와 123위 동료 순교자'를 복자품에 올리는 시복식이었습니다. 복자는 지역 교회나 한 수도회에서만 공적으로 공경받게 됩니다. 이후 복자의 전구를 통한 기적이 추가로 나타나고, 이를 상세히 조사한 교황청이 전 세계 교회가 그분의 삶을 공경할 만하다고 인정하게 되면, 시성식을 열어 그분에게 '성인(성녀)' 호칭을 부여합니다. 우리 나라에는 103위의 성인이 존재합니다. 예를 들어 한국인 첫 사제 성 김대건 안드레아(1821~1846)가 있습니다. 한국 교회는 김대건 성인 탄생 200주년을 맞아, 2020년 11월 29일부터 2021년 11월 27일까지 '성 김대건 안드레아 신부님 탄생 200주년 희년'을 지내고 있습니다.

명을 받게 되었고, 정약종의 형인 정약현의 딸 정난주 마리아(1773~1838)와 혼인했습니다.

신앙생활을 활발히 이어가던 그는 1801년 신유박해가 일어나자 충청북도 제천에 있는 배론〔舟論〕에 숨었습니다. 그는 그곳 토굴에서 그간 벌어진 조선의 박해 상황과 신앙의 자유를 얻기 위한 몇 가지 방법들을 빼곡히 적어내려 갔습니다. 그것이 그 유명한 '황사영 백서(帛書)'입니다. 그는 이 백서를 북경(北京)교구 주교에게 전달하고자 하느님의 종 황심 토마스(1757~1801)에게 백서를 넘겼습니다. 이때 하느님의 종 옥천희 요한(1767~1801)이 관아에 붙잡히게 됩니다. 그는 동지사 일행을 따라 북경을 오가며 교회의 밀사 역할을 수행했는데, 백서를 전달할 임무를 맡을 사람이었습니다. 그의 발설로 황심이 체포되고, 동시에 백서도 압수됩니다. 이로 인해 황사영도 붙잡히게 되었습니다. 황사영은 결국 1801년 12월 10일 서소문 밖 처형장에서 참수를 당합니다. 이로 인해 그의 아내 정난주는 노비가 되어 제주도에 유배되었고, 그의 갓난 아들 황경한은 추자도에 남겨졌습니다.[10]

사실 여기까지 이야기는 단순합니다. 임금이 총애하던 젊은이와 그의 가족이 천주교인이라는 이유로 박해를 받아 순교하고, 고통스러운 삶을 살았다는 데 이의를 제기할 사람은 없을 것입니다. 사실 마음이 많이 아프기도 합니다. 신앙의 자유가 보편적인 가치로 인정

---

10 황사영의 일생과 백서 사건에 대해서는 다음을 참고하세요. 샤를르 달레, 1979, 『한국 천주교회사(상)』, 안응렬·최석우 역, 한국교회사연구소, 557-587쪽.

받고 있는 지금의 시선으로 보면, 신앙 때문에 죽임을 당하고 평생을 고통스럽게 살아야만 했다는 사실을 이해하기 어렵기 때문입니다.

그런데 황사영이 작성했다는 '백서'의 내용을 보면, 황사영과 그의 가족이 겪은 아픔에 공감하던 사람들 사이에서도 입장이 갈리게 됩니다. 도대체 백서에 무슨 내용이 담겨져 있었던 것일까요? 백서에는 천주교 전래 이후 조선에서 벌어진 박해와 1801년 신유박해 순교자들 그리고 복자 주문모 야고보 신부(周文謨, 1752~1801)에 대한 소개가 담겨 있었습니다. 문제는 그 다음에 이어진 내용 때문이었습니다. 황사영은 조선에서 신앙의 자유를 얻기 위한 몇 가지 방법을 제안했는데, 그 내용이 논란이 될 수 있기 때문입니다. 잠깐 백서를 들여다보도록 하겠습니다.

이 나라는 지금 불안하고 문란한 지경에 놓였으니, 어떠한 일을 막론하고 황제의 명령이 있으면 감히 따르지 않을 수 없습니다. 이러한 때를 타서 교황께서 황제(청나라 황제: 인용자 주)에게 서한을 보내시어 "내가 조선에 성(聖)교회(천주교: 인용자 주)를 전하고자 하는데, 들으니 그 나라는 중국에 속해 있어 외국과 통하지 아니한다 해서 이렇게 청하는 것입니다. 폐하는 그 나라에 따로 칙령을 내리시어 서양 선교사들을 받아들여서 마땅히 충성하고 공경하는 도리를 가르쳐, 백성들이 황제의 조정에 충성을 다하여 폐하의 덕에 보답케 하십시오" 하고 간청하면, 황제는 본래 서양 선교사의 충성스럽고 근실함을 잘 알고 있으므로 그것을 허락할 가망이 있습니다. 이것이 이른바 천자를 끼고 제후들을 호령하는 것이니, 성교회가 안전하

게 행해질 수 있을 것입니다.[11]

또 들으니 이 나라 왕(순조: 인용자주)은 나이가 어려 아직 왕비를 맞지 않았다고 합니다. 만약 종실(청나라 황실: 인용자주)의 딸 하나를 골라 공주라 하여 시집을 보내서 왕비를 삼는다면 왕은 황제의 사위가 되고, 그 다음 왕은 왕손이 되므로 자연 황제의 조정에 충성을 다할 것이며 [...] 만약 황제가 들어서 따르고 성교회를 믿는 이들이 중간에서 일을 주선한다면, 성교회가 차차 크게 퍼져 금지할 수 없을 형세에 까지 이를 가능성도 많습니다.[12]

이 나라의 병력은 본래 잔약하여 모든 나라 가운데 맨 끝인데다가 이제 태평세월이 200년을 계속해왔으므로 백성들은 군대가 무엇인지 모릅니다. 위에는 뛰어난 임금이 없고 아래로는 어진 신하가 없어서, 자칫 불행한 일이 있으면 흙과 같이 무너져버리고 기왓장 같이 흩어질 것을 같이 서서 기다리게 되었습니다. 만일 할 수 있다면 군함 수백 척과 정병 오륙만 명이 대포 등 날카로운 무기를 많이 싣고, 글을 잘하고 사리에도 밝은 중국 선비 서너 명을 데리고 곧바로 해안에 이르러 국왕에게 서한을 보내어 "우리는 서양의 전교하는 배입니다. [...] 귀국에서 한 사람의 전교하는 선비를 기꺼이 받아들이신다면 우리는 이상 더 많은 것을 요구할 것도 없고, 절대로 대포 한 방이나 화살 하나도 쏘지 않으며 티끌 하나 풀 한 포기 건드리지 않을 뿐만 아니라, 영원한 우호 조약을 체결하고는 북 치고 춤추며 떠나갈 것입

---

11 황사영, 2009, 『누가 저희를 위로해 주겠습니까?- 「황사영 백서」』, 여진천 역주, 기쁜소식, 133-134쪽.
12 황사영, 2009, 『누가 저희를 위로해 주겠습니까?- 「황사영 백서」』, 여진천 역주, 기쁜소식, 139-140쪽.

니다. 그러나 만일 천주의 사신을 받아들이지 않는다면 반드시 천주의 벌을 집행하고 죽어도 발꿈치를 돌리지 않을 것입니다. [...]"라고 하시기 바랍니다. [...] 만일 힘이 모자란다면 배 수십 척에 군인 오륙천 명이라도 족할 것입니다.[13]

어떠신가요? 혹자는 황사영을 두고 외국인에게 나라를 팔아먹으려 했던 민족의 배신자라고 말합니다. 이러한 반응은 황사영을 체포했던 당시 조선 정부의 입장과 유사합니다. 백서만 보면, 황사영은 임금과 부모도 몰라보는 사악한 종교를 믿는 것도 모자라, 왜란 때 조선을 구해준 은인 명(明)나라를 멸망시킨 원수 청(淸)나라에 빌붙고, 더 나아가서는 서양 군대까지 끌어들이려고 했던 매국노였습니다.

반면 한국 교회는 황사영을 순교자로 여기고, 그를 성인으로 만들기 위해 노력하고 있습니다. 실제 황사영은 현재 한국천주교주교회의[14]가 시복시성을 추진하고 있는 '이벽 요한 세례자와 동료 132위' 가운데 포함되어 있습니다. 한편에서는 매국노로, 다른 한편에서는

---

13 황사영, 2009, 『누가 저희를 위로해 주겠습니까?-「황사영 백서」』, 여진천 역주, 기쁜소식, 143-144쪽.

14 주교회의는 국가 단위의 지역 교회 주교들이 모여 "다양한 공동 관심사에 대처하고 그에 대한 적절한 해결책을 찾"기 위해 설립되었습니다. 주교들은 상설기관인 주교회의를 통해 공동으로 주교 직무를 수행함으로써, 지역 신자들의 선익을 도모합니다. 그 안에는 주교들에게 맡겨진 '가르치는 직무(교도권)'도 포함됩니다. 한국천주교주교회의는 1857년경 제4대 조선대목구장 성 베르뇌 주교(S. Siméon-François Berneux, 1814~1866)가 성 다블뤼 주교(S. Antonio Daveluy, 1818~1866, 제5대 조선대목구장)를 보좌주교로 서품한 뒤, 함께 회의를 연 것으로부터 시원을 찾고 있습니다. 이후 주교회의는 한국 교회 전반과 관련된 사항들을 논의하기 위해 지속적으로 개최되었습니다. 현재 한국천주교주교회의는 제2차 바티칸공의회 직후인 1966년에 사무국을 설치하고 상설기관으로 활동하기 시작하면서, "한국 교회 전체의 공동선 증진을 위해서 사목 임무를 공동으로 조정하여 수행"하고 있습니다. 한국천주교주교회의에 관한 자세한 정보는 다음을 참고하세요. 한국천주교주교회의 홈페이지(http://cbck.or.kr).

순교 성인으로 평가되는 황사영을 두고, 우리는 어떤 입장을 가져야 할까요? 바로 이 지점에서 '맹인모상'이 알려주는 지혜가 요청됩니다. 황사영과 그의 백서가 보여준 한 단면만을 가지고 그를 평가할 수 없다는 점을 우리는 잘 알고 있기 때문입니다.

나. 시간과 주체: 한국 천주교회를 바라보는 두 가지 기준

이 책은 '맹인모상' 속 사람들이 했던 실수를 범하지 않기 위해, 보다 통합적인 관점을 견지하고자 합니다. 어떤 사건을 바라보는 여러 시선을 가능한 동시에 소개함으로써, 여러분들이 한국 교회가 걸어온 길을 보다 총체적으로 이해할 수 있도록 안내해드리는 것이 이 책의 목표입니다. 이 책은 크게 두 가지 축을 기준으로 한국 교회사를 바라보고자 합니다.

하나는 '시간'이라는 축입니다. 지난 240년 동안 한국 교회가 처했던 환경이 오늘날의 환경과 같지 않다는 점을 고려해야만 하는 것입니다. 과거에 정당했던 것이 오늘날에는 정당하지 않을 수 있습니다. 그것은 과거를 살았던 사람들의 세계관이 오늘날 우리의 세계관과 다를 수 있기 때문입니다. 따라서 우리가 이해할 수 없다고 과거를 함부로 단죄할 수 없습니다. 우리는 옛 사람들이 왜 그런 선택을 할 수밖에 없었는지 이해하려고 노력해야 합니다. 이점에서 '시간'이라는 축은 한국 교회의 여정을 더 깊이 있게 바라보기 위해 반드시 필요한 관점입니다. 이해를 돕기 위해 프란치스코 교황의 관련 발언을 소개해드립니다.

> 그 대화(과거에 대한 해석: 인용자 주)는 과거로부터 배우겠다는 것을 목표로 삼아야 하며, 현재의 잣대로 과거를 심판하는 데 목표를 두어서는 안 됩니다. 과거를 비판적으로 보되 이해하려고 하십시오. 그래야 지금 우리가 혐오스럽게 여기는 짓을 과거에 당연하게 여겼던 이유가 이해될 겁니다. 당시의 제도와 관습이 저지른 실수를 우리가 사과해야 한다면, 얼마든지 사과할 수 있습니다. 그러나 항상 당시의 맥락을 염두에 두어야 합니다. 오늘의 잣대로 과거를 심판하는 것은 옳지 않습니다. 어떤 행위가 과거에 정당했다는 이유만으로 지금도 그 행동이 옳은 것은 아닙니다. 그러나 인류는 진화하며, 우리의 도덕의식도 높아졌습니다. 역사는 과거의 실상이지, 우리가 바라는 과거의 이상적인 모습이 아닙니다.[15]

한국 교회사를 바라보는 또 다른 기준은 '주체'입니다. 사실 한국 교회와 관련된 주체는 매우 다양합니다. 교회 구성원만 하더라도 성직자, 수도자, 평신도가 있고, 그들 사이에서도 남녀노소를 구분할 수 있습니다. 같은 의미에서 교회를 바라보는 외부의 시선도 다양할 수 있습니다. 그러나 한국 교회를 바라보는 각 주체의 시선을 다각적으로 분석하는 것은 전문 연구자들에 의해 이루어져야 할 일이라고 생

---

15 교황 프란치스코·오스틴 아이버레이, 2020, 『렛 어스 드림(Let Us Dream)』, 강주헌 역, 북이십일, 82쪽.

각합니다. 다만 저는 이러한 여러 시선들을 단순화하여 여러분께 소개해드리려고 합니다. 이 책에서 제시되는 두 주체는 '천주교회'와 '한국 사회'입니다. 여기서 천주교회는 주로 교황청이 중심인 보편 교회의 입장(교회론·교리·교황의 가르침 등)과 한국 교회를 이끌어 온 주교들의 입장을 말합니다. 반면 한국 사회는 정권의 입장과 일반 시민(백성)들이 공유하는 여론 혹은 담론을 의미합니다. 다소 모호하게 보일 수 있지만, 그것은 교회를 바라보는 내부와 외부의 시선을 가능한 함께 보여줌으로써 한국 사회와 함께 해온 천주교회의 모습을 보다 잘 드러내는데 목적이 있습니다. 정리하자면, 240여 년의 시간 동안 시대의 한계 속에서 펼쳐졌던 한국 교회의 모습을 교회 내외부의 시선에서 동시에 살펴보는 것, 그것이 바로 이 책이 말하는 통합적 접근 방법이라고 할 수 있겠습니다.

이러한 맥락에 비춰보면, 앞서 말씀드린 황사영은 어떻게 평가될 수 있을까요? 우선 교회의 입장에서 살펴봅시다. 당시 교회는 제사금지령을 내릴 정도로 그리스도교 이외의 문화에 대해 배타적인 입장을 가지고 있었습니다. 그것은 십자군 전쟁과 종교개혁을 계기로 실추되어가던 교회의 권위를 바로 세우려는 노력에서 비롯된 것이었습니다. 하지만 그것은 초기 교회의 교부 치프리아노 성인(200/210[?]~258)과 오리게네스(185~254)가 말했던 "교회 밖에는 구원이 없다(Extra ecclesiam nulla salus)"는 공리(公理)를 강조하게 되는, 다시 말해 외부 세계와의 대화나 타협을 거부하는 태도를 강화시키기도 했습니다.[16] 이러한 교회의 시선으로 볼 때, 교회를 박해하던 조선 왕조는 교회의 적(敵)으로 인식될 가능성이 높았습니다. 그것은 박해의 위협 속에 살고 있던 개인의 입장에서도 충분히 들 수 있는 생각이었습니다. 법 없이도 살 사람들이 단지 천주교를 믿었다는 이유만으로 처형을 당하고 있었습니다. 바로 내 옆에 살던 이웃마저 그런 일을 당했습니다. 한 개인으로서 국가의 폭력을 납득하는 것이 불가능한 상황이었던 것입니다.

이점에서 황사영은 당시 교회의 입장에 충실했던 모범적인 신앙인이라고 평가할 수 있습니다. 그는 교회를 보호하기 위해 여러 가지 방법을 강구했고, 체포된 후엔 죽음으로 신앙을 증거했습니다. 그의 가족들은 어땠을까요? 노비가 된 정난주는 제주도 대정현(縣)에 유배되어 평생을 살았습니다. 인생을 낙담하며 살았을 법도 한데, 정난주는 타인에게 봉사하고, 자신이 가진 풍부한 교양과 학식을 나눠주는 삶을 살았다고 합니다. 사람들은 그녀를 "한양할머니"라고 불렀는데, 그녀를 존경하는 마음이 담겨 있었습니다. 그녀는 신앙을 통해 굴곡진 삶을 이겨낸 모범이 되었습니다.[17] 이러한 점에서 황사영과 정난주는 오늘날 한국 교회 신자들의 귀감이 되고 있습니다.

한편 황사영 사건을 조선 사회의 입장에서 살펴볼 수도 있습니

---

16 "교회 밖에는 구원이 없다"는 공리의 역사와 신학적 논의들에 대해서는 다음을 참고하세요. 발터 케른, 1991, 『교회 밖에는 구원이 없는가』, 박순신 역, 가톨릭출판사; 손희송, 2009, "교회의 본질적 특성에 대한 고찰", 『사목연구』 22, 171-174쪽.

17 정난주와 그의 아들 황경한에 관한 전승은 다음을 참고하세요. 제주 선교 100주년 기념 사업 추진위원회 편, 2001, 『제주 천주교회 100년사』, 천주교 제주교구, 44-49쪽.

다. 당시 조선 사회는 천주교회를 사교(邪敎)로 낙인찍은 상태였습니다. 조상님께 제사를 드리지 않겠다는 것은 조선 왕조의 통치이념이었던 유교 이데올로기를 부정하는 것이었기 때문입니다. 유교는 부모에게 효도하고, 임금께 충성을 다하는 것을 중요하게 여겨왔습니다. 그런데 천주교회는 제사를 미신행위로 간주하고 신자들이 제사에 참여하는 것을 금지시켰습니다. 당연히 천주교는 무군무부(無君無父)의 패륜적인 종교로 낙인찍힐 수밖에 없었습니다. 따라서 황사영은 천주교를 믿었다는 사실 하나만으로도 비판받을 가능성이 매우 높았습니다. 그런데 그 종교를 위해 외국의 힘을 끌어들이겠다니요? 조선이 마지못해 사대의 예를 보였던 청나라를 넘어 서양 군대까지 끌어들이려고 했으니, 나라가 발칵 뒤집힐 만한 일이었습니다. 하지만 청나라에 조공을 바치며 사대의 예를 다하던 조선 정부는 백서 사건이 외교문제로 비화될까 두려워했습니다. 그래서 황사영이 작성한 백서에 담긴 청나라 관련 내용을 삭제한 가백서(假帛書)를 만들어 청나라에 제출했습니다. 조선 정부는 황사영을 능지처참형으로 처형했습니다. 처형 장소는 대역부도죄를 지은 죄인을 처형하던 서소문 밖이었습니다. 서소문 밖은 칠패 시장이 있어 수많은 사람들이 모여드는 곳이었기에, 그의 반역죄는 방방곡곡 알려지게 되었을 것입니다.

사실 자기 이익을 위해 국가를 배신하는 행위는 지금도 용납하기 어려운 일입니다. 대표적인 사례가 친일파들에 대한 한국인들의 분노이지요. 같은 선상에서 볼 때, 황사영을 반역자로 바라보는 시선이 존재하는 것은 자연스러운 일일 것입니다. 하지만 다른 시선도 존재합니다. 천주교 박해를 국가 폭력에 의한 대량 학살행위로 이해할 수 있기 때문입니다. 신자들은 단지 천주교를 믿었다는 이유 때문에 처형을 당해야 했습니다. 인간이 누려야 할 권리를 강조하는 오늘의 시선으로 본다면, 조선 왕조는 인권을 탄압하는 폭압적인 나라로 평가될 수도 있습니다. 이점에서 황사영의 행동은 국가폭력으로부터 자신과 동료들을 보호하려는 자기방어적인 행동으로 이해할 수 있는 여지가 존재합니다.[18]

이 두 가지 상반된 시선을 종합해볼 수 있을 것입니다. 황사영은 교회의 입장에 충실했던 신앙인이자, 순교자였습니다. 또한 자신과 동료들의 생명을 보호하고 신앙의 자유를 찾고자 노력했던 인권운동가였습니다. 반면 나라를 중요시하는 시각에서 보면 황사영은 개인의 이익을 나라보다 우선시한 배신자일 수 있습니다. 황사영이라는 다면적인 인물을 한쪽으로 바라보면 안 되는 이유가 여기에 있습니다. 황사영의 공과(功過)를 함께 이야기할 수 있을 때, 그가 처했던 상황과 고뇌, 그리고 당시 교회와 한국 사회의 관계를 종합적으로 이해할 수 있습니다.

이러한 접근은 이 책을 쓰는 제가 역사학자가 아니라, 사회학자인 탓도 있습니다. 사회학은 사회현상의 인과관계를 객관적으로 분석

---

18 이점은 최근 유혈사태가 벌어지고 있는 미얀마의 상황과도 유사합니다. 민주주의를 염원하는 미얀마 시민들은 쿠데타를 일으키고 시민들을 학살하고 있는 군부에 맞서기 위해 국제 사회에 'R2P(Responsibility to Protect)'를 호소하고 있습니다. R2P란 자국민을 보호하지 못하는 국가를 대신해 국제 사회(유엔)가 개입할 수 있다는 '보호 책임 원칙'을 말합니다.

하는 학문입니다. 이점에서 지난 240년에 가까운 시간동안 천주교회가 한국 사회와 맺어온 관계의 양상을 돌아보는 것은 시간의 흐름에 따라 벌어진 사건들을 연대기적으로 나열하는데 머물 수 없습니다. 그래서 이 책은 역사서의 향기보다는 사회과학 도서의 향기가 더 짙게 배어 있을 수 있습니다. 물론 이 책이 완벽한 사회과학 도서라고 보기는 어렵습니다. 이 책은 천주교회가 한국 사회 안에서 걸어온 길을 독자들이 쉽게 이해할 수 있도록 안내하는 데 목표를 두고 있기 때문입니다.

다. 사랑이 전제되지 않은 정의는 폭력입니다

물론 저는 천주교 신자입니다. 그러기에 교회에 대한 남다른 애정이 있고, 그것은 이 책 곳곳에 드러날 것입니다. 팔은 안으로 굽는다는 말이 괜히 나온 것은 아니겠지요? 이 책은 천주교 신자가 천주교회를 이야기하는 것이기에, 천주교회의 입장을 좀 더 이해하려는 경향이 짙습니다. 하지만 그것은 교회를 맹목적으로 옹호하려는 것이 아닙니다. 그러한 태도는 교회에 도움이 되지 않습니다. 교회는 자기 성찰을 통해 끊임없이 쇄신할 필요가 있기 때문입니다. 이점에서 '정의(Justice)'는 교회 쇄신을 위해 요구되는 핵심 가치로 주목받습니다.

교회의 가르침에 따르면, 정의는 "마땅히 하느님께 드릴 것을 드리고 이웃에게 주어야 할 것을 주려는 지속적이고 확고한 의지"입니다.[19] 달리 말하면, "'예' 할 것은 '예' 하고, '아니요' 할 것은 '아니요'"(마태 5, 37)라고 말하는 것이 정의인 것입니다. 따라서 교회 쇄신은 하느님께로부터 받은 소명을 충실하게 수행하고 있는지 자신을 돌아보는 과정[20] 즉, 정의라는 가치에 따라 스스로를 성찰하는 과정을 통해 이루어집니다. 이에 관해 1971년에 발표된 제2차 세계주교대의원회의 총회 문헌 『세계 정의(*Convenientes ex Universo*)』는 다음과 같이 선언합니다.

> 교회가 정의를 증거해야 한다면, 교회는 먼저 사람들 앞에서 감히 정의에 대해서 말하는 사람은 누구나 다른 사람 눈에 정의로운 사람으로 여겨져야 한다는 사실을 알고 있다. 그러므로 우리는 먼저 교회 안에서의 행동 교범, 교회 재산, 그 생활 양식 등을 검토해 보아야 하겠다.[21]

우리 사회에 윤리·도덕적 가르침을 제공하는 천주교회가 자기 자신을 성찰하지 않는다면, 요즘말로 '내로남불'이 될 가능성이 높습니다. 제2차 세계주교대의원회의 총회에 참석한 전 세계 주교들은 이 점을 명백하게 인식하고 있었던 것입니다.

하지만 교회 쇄신을 위한 '정의'의 추구는 '사랑'이라는 또 다른 가

---

19 교황청 정의평화평의회, 2006, 『간추린 사회 교리』, 한국천주교중앙협의회, 201항.

20 제2차 바티칸공의회, 1964, 『일치 운동에 관한 교령 일치의 재건(*Unitatis Redintegratio*)』, 교황청, 6항.

21 세계주교대의원회의 제2차 총회, 1971, 『세계 정의(*Convenientes ex Universo*)』, 교황청, 3항.

치에 의해 보완될 필요가 있습니다. 그것은 우리가 맺는 인간 관계를 보면 이해가 됩니다. 우리 주위에는 바른 말을 하는데, 듣다보면 괜히 기분이 나빠지는 사람들을 볼 수 있습니다. 그런 사람들은 짐짓 자기가 옳다고 생각하지만, 사람들로부터 신망을 얻지 못합니다. 그에겐 정의만 있을 뿐, 사람들을 배려하는 마음 즉, 사랑이 없기 때문입니다. 소위 잘나간다는 평론가들 가운데 이런 모습을 보이는 분들이 있습니다. 사람들이 그들의 평론을 두고 '배설'이라고 폄하하는 이유는 함께 살아가는 이웃에 대한 배려가 그 안에서 느껴지지 않기 때문일 것입니다.

교회를 바라보는 시선도 마찬가지입니다. 교회는 죄인들의 공동체이기에 충분히 잘못을 저지를 수 있습니다. 그런데 이러한 교회의 태생적인 부족함을 이해하지 못한 채 교회의 잘못에 대해 비판만 한다면, 그 비판은 교회를 쇄신하는 힘이 아니라 교회를 파괴하는 폭력으로 돌변할 수 있습니다. 그래서 교회는 "최고의 정의는 최고의 불의(summum ius, summa iniuria)"라는 로마 격언을 상기시킵니다.[22] 따라서 우리는 정의라는 것이 상대방을 사랑하는 마음을 전제하지 않으면 폭력이 될 수 있다는 사실을 마음에 간직해야 할 것입니다.

이 책을 쓰는 저나 이 책을 읽고 계신 여러분들도 이 점을 기억하는 것이 중요합니다. 천주교회가 순결무구한 존재라고 생각하지 않는다면 말이지요. 한국 사회와 함께 해왔던 지난 240여 년의 시간

---

22 교황청 정의평화평의회, 2006, 『간추린 사회 교리』, 한국천주교중앙협의회, 206항.

동안 한국 교회 안에는 얼마나 많은 빛과 어둠의 순간들이 있었을까요! 우리가 한국 교회사를 돌아보는 이유는 어둠의 시간만을 끄집어내 교회를 비난하기 위함이 아닙니다. 우리는 교회가 이 사회에 빛과 소금이 되었던 순간들을 바라보면서, 아낌없는 칭찬을 해주어야 합니다. 반면 잘못한 점은 그것을 있는 그대로 바라보면서, 그것이 한국 교회와 우리에게 어떤 의미가 있는지 성찰할 필요가 있습니다. 아프고 불편하지만, 그것을 통해 한국 교회가 더 성장할 수 있기를 바라기 때문입니다.

그런데 우리는 상대방의 약점을 바라보기가 더 쉽습니다. 그것은 이 책을 읽는 우리들도 쉽게 빠질 수 있는 함정일 수 있습니다. 따라서 우리는 한국 교회의 빛과 어둠을 동시에 바라볼 수 있는 균형 잡힌 시각이 필요합니다. 또한 교회의 어두운 면까지도 포용할 수 있는 사랑의 시선이 필요합니다. 그 사랑은 잘못을 덮어버리는 것이 아니라, 그 잘못에 대한 성찰을 통해 상대방이 성장할 수 있도록 돕는 것을 의미합니다. 저 자신에게나 여러분에게 부탁드리는 점이 바로 이것입니다. 누구나 실수를 할 수 있듯이, 교회도 실수할 수 있다는 점을 인정해주시길 바랍니다. 그리고 애정 어린 시선으로 교회가 어떻게 성장(쇄신)해 나갈 수 있을지 함께 고민해주시길 바랍니다. 그것이야말로 이 책이 바라는 바이며, 교회를 사회학적으로 분석하는 제가 추구하는 궁극적인 목표입니다.

※ 교회사 엿보기: 정난주 마리아(1773~1838)의 생애

절망 속에서 이웃의 희망이 되어준 참 신앙인

요즘 자주 생각나는 여인이 있습니다. 그 여인의 이름은 정난주. 세례명은 마리아. 그녀는 그 유명한 정약용 형제의 맏형 정약현의 따님으로, 소위 명문가 규수였습니다. 이점에 비춰보면 행복했을 그녀의 어린 시절을 충분히 상상할 수 있습니다. 그녀는 열여덟 살이 되었을 무렵 자신보다 두 살 어린 황사영 알렉시오와 혼인을 했습니다. 그것으로 그녀는 미래가 보장되었던 것이지요. 그도 그럴 것이 황사영의 집안은 대대로 벼슬을 맡아오던 명문가였고, 배우자 황사영 역시 정조 임금으로부터 특별한 총애를 받고 있었기 때문이었습니다. 게다가 그는 신앙심마저 깊었던 것으로 보입니다. 여기에 그녀는 아들 황경한(1800~?)[23]을 얻었습니다. 요즘 눈으로 보면 그녀에게 부족한 것이라고는 찾아보기 힘든 환경이었습니다.

그런데 1801년 신유박해로 모든 것이 산산조각 나버렸습니다. 남편은 그 유명한 백서가 발각되어 대역부도죄로 서소문 밖에서 능지처참을 당했고, 처가 역시 풍비박산이 났습니다. 박해로 고모부 하느님의 종 이승훈 베드로(1756~1801)와 작은아버지 복자 정약종 아우구스티노(1760~1801)가 처형되었고, 또 다른 작은아버지 정약전과 정약용은 유배되었습니다. 박해의 칼날은 정난주 자신에게도 들

---

23 황경헌으로 불리기도 합니다.

이닥쳤습니다. 반역죄를 지은 가족이었기에, 자신과 갓난 아들은 노비로 격하되고 제주도로 유배를 가게 되었던 것입니다.

유배를 가던 정난주의 마음은 어땠을까요? 부러울 것 하나 없었던 그녀의 삶이 송두리째 뽑혀버린 상황이었습니다. 게다가 핏덩이와 다름없던 아들의 미래를 생각하면 현기증이 날 지경이었을 것입니다. 이 상황에서 그녀는 기지를 발휘하게 됩니다. 아들 경한이를 제주에 가는 길목이었던 추자도에 두고, 관아에는 그 아이가 죽은 것으로 보고하게 만들었던 것입니다. 아들만은 노비로 살게 할 수 없었기에(혹은 반역죄인의 아들이라는 낙인을 받으며 살게 할 수는 없었기에), 피를 토하는 마음으로 목숨보다 귀한 아들과 생이별을 해야만 했습니다. 그 고통이 얼마나 심했는지, 그녀는 제주도로 향하는 배 위에서 기절을 했다고 전해집니다.

(다행히 아들 황경한은 추자도 주민 오 씨에게 발견되어 양민으로 살아갈 수 있게 되었고, 20세기에 들어 추자도를 방문한 선교사가 그 사실을 확인하면서 정난주와 황경한의 이야기가 세상에 알려졌습니다. 현재 추자도에는 황경한의 후손들이 살고 있으며, 황경한의 묘와 어머니 정난주가 그를 놓아두었던 '황새바위'를 찾아갈 수 있습니다.)

관비인 그녀가 배속 받은 곳은 제주목 대정현이었습니다. 대한민국 최남단 마라도로 가는 길목, 지금의 서귀포시 대정읍 지역입니다. 그녀는 마을 유지였던 김석구라는 사람의 집에 위리안치되었습니다. 보통 사람이라면 절망의 늪에 빠져 허우적대거나 극단적으로는 자살이라도 했을 법한 상황이었습니다. 그녀는 평생 아무 희망도 기대할 수 없는 삶을 살 것이 명백했기 때문입니다.

그러나 그녀는 좌절하지 않았습니다. 그녀는 자신에게 맡겨진 김석구의 아들 형제를 친아들처럼 돌보았습니다. 얼마나 애틋하게 돌보았는지, 그 형제는 정난주를 양어머니로 모셨다고 합니다. 그뿐만이 아니었습니다. 그녀는 주변 사람들에게 글을 가르치면서 이웃에게 두터운 신망을 얻었다고 합니다. 사람들은 그녀를 두고 "한양할머니"라고 부르며 그녀에 대한 애정을 표현했습니다. 시간이 흘러 그녀가 죽었을 때 사람들이 매우 슬퍼했다고 합니다. 이후 관비에 불과한 그녀의 묘가 대대로 관리되어 왔는데, 이러한 사실은 그녀가 어떻게 살아왔는지를 보여주고 있습니다. 1801년에 유배를 당하고 1838년에 선종했으니, 정난주는 거의 38년이라는 긴 세월을 제주에 유배되어 지냈습니다. 그 긴 시간을 어떻게 견뎌낼 수 있었던 것일까요? 아니, 견디는 것을 넘어 신앙의 증인으로서 어떻게 사람들의 귀감이 될 수 있었던 것일까요?

정난주 마리아. 참 대단한 신앙인이라는 생각이 듭니다. 자신은 절망 속에 있었지만, 남들은 그녀를 통해 희망을 보았기 때문입니다. 그녀에게서 예수를 발견하게 됩니다. 예수께서는 십자가 위에서 생을 마쳤지만, 우리들은 그 십자가를 통해 희망을 보기 때문입니다. 절망 속에 살아가는 많은 사람들에게, 정난주의 삶은 깊은 절망 속에서도 누군가에게 희망을 줄 수 있고, 그렇기에 그들의 삶은 결코 무의미한 것이 아니라는 사실을 웅변하듯 보여주고 있습니다.[24]

---

24 정난주의 생애와 그녀가 느꼈을 복잡한 감정들을 상상하여 소설화시킨 작품으로는 다음을 참고하세요. 김소윤, 2018, 『난주』, 은행나무.

2. 천주교회의 세계관

한 사람의 인생을 살펴보기 위해서는 그가 지녀왔던 품성과 세상을 바라보던 그의 시선을 먼저 이해해야 합니다. 그것들은 그의 생각과 말과 행동의 방향을 결정짓는 전철수(轉轍手)와 같기 때문입니다. 한국 교회가 걸어온 여정을 돌아보는 것도 이와 유사합니다. 교회가 자기 자신과 세상을 바라보는 방식을 이해할 때, 우리는 지난 240여 년간 한국 사회와 함께한 천주교회의 모습을 온전하게 살펴볼 수 있을 것입니다.

그런데 한국 교회가 자기 자신과 세상을 이해하는 방식은 과거와 오늘이 다를 수 있습니다. 왜냐하면 한국 교회 또한 '시간' 속에 존재하는 역사의 한 '주체'이기 때문입니다. 따라서 시간의 흐름에 따라 변화되어온 자기 자신과 세상에 대한 교회의 인식을 통해, 우리는 한국 교회가 걸어온 여정을 보다 풍요롭게 바라볼 수 있습니다. 즉, 당시 교회가 가졌던 세계관을 이해할 때, 지금은 납득되지 않는 것이 그 당시에는 충분히 납득할 만할 것이 될 수 있고, 또 그것이 최선의 선택이었을 수도 있었겠다고 생각할 수 있는 마음의 여유를 가질 수 있는 것입니다.

가. 교회가 스스로를 바라보는 방법

1) 가르치는 교회와 배우는 교회: 제2차 바티칸공의회 이전(~1965)

여러분들께 질문을 하나 던지겠습니다. 천주교 하면 가장 먼저 떠오르는 인물은 누구인가요? 많은 분들이 프란치스코 교황, 김수환 추기경, 이태석 신부, 마더 데레사 수녀 등을 떠올립니다. 사실 이들은 교황, 추기경, 신부, 수녀 등 교회 내에서 공적인 신분을 지닌 위인들이지요. 맞습니다. 천주교회는 하느님을 믿는 사람들이 모인 공동체이지만, 그 안에는 다양한 신분을 지닌 사람들이 체계적인 조직을 이루고 있습니다. 그것은 교계제도라고 부르는 교황, 주교, 신부와 같이 위계를 지닌 구조를 말합니다. 그것 때문에 천주교회는 수직적이라고 보는 분들이 많은 것 같습니다. 어떤 면에서 그것은 옳게 보이지만, 그렇다고 그것이 완벽한 정답은 아닙니다. 하늘 아래 모든 사람은 하느님 앞에 평등하기 때문입니다.

2,000년 전 예수께서는 당시 권력층이었던 권세가, 사제, 지식인들을 비판하고, 어린이, 여인, 병자, 가난한 사람들을 보듬어 안았습니다. 그것은 세상(권력)이 만들어 낸 계급(위계질서)이 하느님 앞에서는 아무 의미가 없다는 사실을 보여준 것이었습니다. 예수께서는 하느님께 중요한 것은 남을 지배하는 힘이 아니라, 세상을 창조할 때의 목적, 즉 하느님께서 바라시는 행복을 모든 사람들이 고르게 누리는 것이라고 가르쳤습니다. 따라서 예수의 가르침을 따르는 천주

교회 역시 모든 사람이 평등하다는 점을 인정합니다. 그럼에도 불구하고 사람들이 천주교회를 수직적이라고 보는 이유는 무엇일까요? 천주교회가 예수의 가르침을 따르지 않고 있는 것일까요?

사실 예수께서는 지상생활 동안 베드로와 요한 등 사도들을 따로 뽑아 세우시고, 그들에게 복음 선포의 소명을 부여하셨습니다. 예수 승천 후, 사도들은 신자들에게 봉사하는 역할을 자임했고, 그들의 헌신적인 활동을 바탕으로 초기 교회 공동체는 서로 가진 것을 나누며 평등한 공동체를 이루고 살았습니다(사도 2,42-47). 그리고 그것은 로마 제국의 박해 시대에도 지속적으로 이어졌습니다.

그런데 313년에 로마 황제 콘스탄티누스(Constantinus, 재위 306~337)가 "밀라노 칙령"으로 그리스도교를 공인했습니다.[25] 뒤이어 391년에는 테오도시우스 황제(Theodosius, 재위 379~395)가 그리스도교를 로마의 국교로 인정했습니다. 이러한 과정을 거치면서 그리스도교는 주류 종교로 탈바꿈되어 제국의 특권을 얻어갔습니다.[26] 특히 서로마 제국이 멸망한 5세기 이후, 통치 공백이 발생한 서유럽에서 천주교회는 약화된 국가의 통치 시스템을 보완하는 역할을 담당하게 됩니다. 이로 인해 교회는 세속적인 영향력을 갖게 되었고, 이 과정에서 정책 결정권을 갖게 된 성직자들과 결정권 없는 일반 신

---

25 교회 대분열이 있기 전까지 예수를 그리스도로 믿는 공동체는 단 하나, 곧 그리스도교뿐이었습니다. 1054년 로마 교회와 동방 정교회가 분열한 이후, 로마 교회는 천주교(가톨릭)로 다른 그리스도교회와 구별되어 불리게 되었습니다.

26 심상태, 1988, 『그리스도와 구원』, 성바오로출판사, 193쪽.

자들 사이에 분리가 이루어졌습니다.[27]

이렇듯 천주교회는 로마 제국을 대신해 서유럽에 강력한 영향력을 행사하게 되고, 교회 조직은 서유럽 사회의 신분구조와 동일시되기 시작했습니다. 즉, 교회 공동체 안에는 교황을 정점으로 추기경, 주교, 신부, 평신도로 이어지는 수직적 위계구조가 고착화되고, 그것은 세속적인 신분 구조로 인식되어 갔던 것입니다.

한편 16~17세기에 휘몰아친 종교개혁의 흐름에 맞서기 위해, 교회는 "교황을 정점으로 하여 목자들로 구성된 가르치는 교회(Ecclesia docens), 그리고 하느님 백성의 나머지 다른 구성원들로 이루어진 배우는 교회(Ecclesia discens)"의 구분을 엄격하게 합니다.[28] 그것은 만인사제직[29]을 강조하며 교계제도를 비판하던 종교개혁가들의 주장에 대응하기 위한 교회의 호교론적 반응의 결과였습니다. 트렌토공의회(1545~1563)는 다음과 같이 선언하고 있습니다.

만일 누가 모든 그리스도교 신자들은 아무런 구별 없이 신약의 사제들이라고 하거나 혹은 모든 이들이 서로 동일한 영적인 권한을 가지고 있다고 주장한다면, 그는 명백히 "정돈된 군대의 전열"과도 같은 교회의 교계제

---

27 손희송, 1995, "어제와 오늘의 평신도", 『가톨릭 신학과 사상』 13, 12쪽.

28 교황청 국제신학위원회, 2019, 『교회의 삶과 사명 안에서 공동합의성』, 한국천주교중앙협의회, 35항.

29 만인제사장설은 신자들이 성직자의 중재 없이 하느님과 직접 소통할 수 있다는 사상입니다. 중세 천주교 성직자들의 부패를 비판하고 나선 종교개혁자들이 주로 주장했습니다.

도를 흐트러뜨리는 것이다.[30]

한편 근대시기에 접어들면서 자유주의 사상이 발전하고, 미국독립전쟁(1775~1783)·프랑스혁명(1789)의 여파로 공화주의(혹은 민주주의)가 정치적 세력을 확장하게 되었습니다. 당시 교회는 교계제도 등 기존의 신분제도를 변하지 않는 질서(ordo)로 인식하고 있었기에, 이러한 변화는 지금까지 형성해온 교회 구조의 근간을 허무는 위협으로 다가왔습니다. 그래서 제1차 바티칸공의회(1869~1870)는 교회 구성원 간의 구분을 더욱 명확히 하게 됩니다. 공의회 초안에는 다음과 같은 내용이 있습니다.

그리스도교회는 [...] 모든 신자들이 동등한 권한을 소유하고 있는 평등한 사회가 아니다. 교회는 하나의 불평등한 사회이다. 이것은 신자들 중에서 한편은 성직자들이고 다른 한편은 평신도들이기 때문만이 아니고, 무엇보다도 한편의 신자들에게는 성화하며, 가르치고 다스리도록 주어져 있는데, 다른 편의 신자들에게는 주어져 있지 않은 하느님으로부터의 전권이 교회 안에 있기 때문이다.[31]

이처럼 교회는 변화하는 세상 속에서 자신을 보호하고자, 교회 구

30 주세페 알베리고 외 엮음, 2006, 『보편 공의회 문헌집 제3권-트렌토 공의회·제1차 바티칸 공의회』, 김영국·손희송·이경상 역, 가톨릭출판사, 743쪽.

31 심상태, 1990, "사제직의 교의신학적 고찰", 『가톨릭신학과사상』 3, 93쪽.

성원 간의 구분을 강화하는 방법을 선택하고 있었습니다.

2) 함께 하는 교회: 제2차 바티칸공의회 이후(1965~)

이러한 노력에도 불구하고, 산업혁명과 근대 민주국가의 등장은 천주교회의 세속적인 영향력을 위축시킬 수밖에 없었습니다. 이에 천주교회는 로마 제국과 자신을 동일시하며 고착화시켜왔던 교회 내 신분구조를 재해석해야할 필요가 생겼습니다. 이때 바람처럼 나타난 사건이 '제2차 바티칸공의회'(1962~1965)였습니다. '아조르나멘토(aggiornamento).' 성 요한 23세 교황(S. PP. Joannes XXIII, 재위 1958~1963)이 공의회를 개최하면서 제시한 이 단어에는 공의회 정신이 함축되어 있습니다. 그것은 현대화, 적응과 쇄신 등으로 번역할 수 있습니다. 즉, 교황은 교회가 공의회를 통해 세상과 소통하고, 세상의 변화에 맞게 교회 자신도 변화되어야 한다는 점을 강조했던 것입니다. 이에 따라 천주교회는 자기 자신에 대해 다시 성찰하게 됩니다. 그렇게 해서 탄생한 문헌이 『교회헌장』입니다. 『교회헌장』은 세속적인 신분 질서로 인식되어왔던 교회 구성원 간의 위계를 예수께서 알려주신 복음 정신으로 다시 검토하였습니다. 『교회헌장』에 담긴 내용을 간단히 요약하면 다음과 같습니다.

첫째, 교회 구성원들은 '그리스도의 몸(corpus Christi)'[32]입니다. 발

---

32 『교회헌장』 7항.

이 손이 되고 싶어 발의 역할을 다하지 않는다면, 우리 몸이 제대로 기능할 수 없습니다. 이처럼 교회 구성원들도 각자의 역할에 따라 그리스도의 몸을 이루고 있습니다. 그렇다면 평신도 없이 성직자가 있을 수 없고, 성직자 없이 평신도가 있을 수 없으니, 교회 구성원들은 서로를 필요로 하는 존재들입니다.

둘째, 교회 구성원들은 '하느님의 백성(populus Dei)'[33]입니다. 지금까지 '하느님 백성'은 평신도를 일컫는 말이었습니다. 즉, 성직자는 '하느님 백성'을 돌보는 존재 즉, 평신도와는 다른 존재로 이해되고 있었던 것입니다. 따라서 교회 구성원 간의 관계는 수직적 성격이 강했습니다. 그런데 공의회는 '하느님 백성' 안에 성직자를 포함시켜 놓았습니다. 형제들에게 봉사하는 방식이 직무에 따라 다를 뿐, 모든 구성원들이 하느님의 형제로써 친교를 이룬다는 점을 명백히 했습니다. "세례 받은 신자들의 사제직" 즉, '보편 사제직'을 분명하게 수용합니다.[34]

물론 각 신분에 따라 위계가 존재합니다. 성직자·수도자·평신도는 모두 같은 '하느님 백성'이지만, 맡은바 역할에 따라 직무 사제직을 수행하는 이들(성직자)과 보편 사제직을 수행하는 이들 간에 구분이 존재하는 것입니다. 이점에서 직무 사제직과 보편 사제직은 "정도만이 아니라 본질에서 다르"지만, "서로 밀접히 관련되어 있으

---

33 『교회헌장』 2장.

34 『교회헌장』 10항; 손희송, 2010, "트렌토 공의회와 제2차 바티칸 공의회에 따른 사제직 이해", 『가톨릭 신학과 사상』 65, 29쪽.

며, 그 하나하나가 각기 특수한 방법으로 그리스도의 유일한 사제직에 참여하고" 있습니다.[35] 이처럼 공의회는 구성원 간의 위계는 인정하되, 그 성격을 친교의 원리로 재정의함으로써, 교회 구성원들이 명령과 순종의 관계가 아닌 상호 존중·보완·협력의 관계를 맺을 것을 제안하고 있습니다.[36]

이를 종합해보면, 제2차 바티칸공의회는 오랫동안 굳어져왔던 '가르치는 교회'와 '배우는 교회'의 구분을 약화시키고, 성직자·수도자·평신도가 모두 '함께하는 교회'를 강조하고 있다는 것을 알 수 있습니다. 이처럼 공의회가 제시한 교회론은 교회 구성원 간의 관계를 근본적으로 다시 검토하는 것이었습니다. 때문에 공의회가 결정을 내렸다고 할지라도, 그것이 실제 지역 교회에서 실현되기란 쉬운 일이 아니었습니다. 공의회 폐막 후 약 55년의 시간이 흐른 현재까지 교회의 각 현장에서 공의회 정신이 제대로 실현되지 못하는 점들이 보이는 것은 이러한 이유 때문입니다. 그러나 한국 교회를 비롯한 각 지역 교회는 공의회 정신을 바탕으로 자기 자신을 쇄신해나가고자 지속적인 노력을 펼치고 있습니다.

앞으로 저와 함께 살펴 볼 한국 교회의 모습은 바로 이러한 시각

---

35 『교회헌장』 10항.

36 『교회헌장』 10항에서 직무 사제직과 보편 사제직이 "정도만이 아니라 본질에서 다르다"는 표현에 대해, 손희송 주교는 다음과 같이 설명합니다. "제2차 바티칸 공의회 이후에 발표된 교회 문헌에 따르면, 이 표현은 직무 사제직이 보편 사제직보다 높다는 뜻이 아니라, 머리이신 그리스도를 대신하여 교회 공동체에 전적으로 봉사하는 직책이라는 의미로 이해된다"(손희송, 2010, "트렌토 공의회와 제2차 바티칸 공의회에 따른 사제직 이해", 『가톨릭 신학과 사상』 65, 29-30쪽). 더 자세한 내용은 다음을 참고하세요. 손희송, 2005, "교구 사제와 남녀 평신도", 『가톨릭 신학과 사상』 54.

에서 이해될 필요가 있습니다. 특히 제2차 바티칸공의회가 개최되기 전이었던, 1960년대 이전까지 교회의 모습은 수직적인 교회관이 교회 내에서 정당한 것으로 수용되고 있었다는 점을 이해해야 합니다. 현재의 시선으로 당시 교회의 모습을 판단하면, 오해를 할 수 있습니다. 다만 과거의 모습을 현재의 시선으로 바라봄으로써 오늘날 교회가 나아가야 할 방향을 고민할 수는 있습니다.

한편 공의회 이후 나타난 교회의 모습은 공의회가 제시한 교회론을 통해 판단해 볼 수 있습니다. 그러나 앞서 말씀드렸듯, 교회 중심부에서 내려진 결정이 한 순간에 지역 교회에 수용되는 것은 아니기에, 순간마다 미흡한 모습들이 드러날 수 있습니다. 하지만 그것은 공의회 정신이 지역 교회에 흡수되는 과정에서 생기는 진통일 수 있습니다. 따라서 차가운 비난보다는 따뜻한 시선으로 한국 교회가 공의회 정신에 따라 잘 쇄신할 수 있도록 격려해주시는 것이 필요하다고 생각합니다.

나. 교회가 세상을 바라보는 방법

1) 교회 밖에는 구원이 없다: 제2차 바티칸공의회 이전(~1965)

천주교회는 매우 개방적이고 포용적인 종교입니다. 바오로 사도는 복음을 선포하기 위해 "모든 이에게 모든 것"(코린 9,22)이 되어야 한다고 고백했는데, 그것은 초기 교회의 자기 정체성을 잘 말해줍니다. 실제 초기 그리스도인들은 그 정신을 구현하기 위해 가진 것을 서로 나누었고(사도 2,42-47), 교회 안에 할례 받은 사람과 그렇지 않은 사람 간의 구분을 없앴습니다(사도 15,1-31). 그리스도교의 뿌리라고 할 수 있는 유다교가 유다인과 이방인을 엄격하게 나누는 등 배타적인 모습을 보인 것을 생각할 때, 그리스도교는 누구에게나 열린 곳이었습니다. 이러한 교회의 개방성과 포용성은 그리스도교가 로마 제국의 국교가 될 수 있었던 바탕이기도 했습니다. 로마 제국이 끊임없이 교회를 박해했지만, 교회 구성원들은 그것을 끈기 있게 참아냈고, 박해하는 자들을 용서했기 때문입니다. 그러한 개방성과 포용성은 박해 가운데서도 사람들을 교회로 불러들이는 힘이었고, 이에 힘입어 교회는 제국의 국교가 될 수 있었습니다.

하지만 시간이 지남에 따라 교회 안에서 배타적인 면이 강화되었습니다. 앞서 언급했지만 교회는 5세기경 서로마 제국이 멸망하자 제국의 통치 시스템을 고스란히 받아들였습니다. 그것은 제국 종교가 된 교회가 세속적인 힘을 동시에 갖게 되었음을 의미했습니다. 이후 강력해진 교황권에 힘입어, 교회는 자신과 다른 종교·문화에 대해 배타적인 모습을 보이게 되었습니다. 더욱이 교회는 자신을 '완전한 사회'로 인식하면서, 세상을 삼구(三仇, 교회를 공격하는 세 가지 존재들. 세속, 마귀, 육신) 가운데 하나로 적대시하고 있었습니다.[37] 특히 당

---

37 오세일, 2013, "한국 천주교회와 사회참여 영성: 제2차 바티칸 공의회의 정신에서 본 새로운 복음화의 과제", 『신학과 철학』 22, 118쪽.

시 유럽인들은 자신들이 알고 있던 세상 모든 곳에는 이미 그리스도교가 전파되어 있었다고 여겼기 때문에, 교회 밖에 있는 이들의 구원 가능성을 전면 배제하는 모습을 보이기도 했습니다.[38]

16세기부터 진행된 종교개혁 이후, 교회는 자신의 가르침과 다른 입장을 보이는 이들을 더욱 강하게 배제해왔습니다. 교회를 벗어난 개신교회들로부터 자기 정체성을 지켜야만 했기 때문입니다. 교회는 종교개혁자들에 대응하고자 트렌토공의회를 개최했습니다. 공의회를 통해 그동안 제대로 정립되지 않았던 교리들과 교회 조직을 재정비하는 긍정적인 효과를 얻을 수 있었습니다.[39] 하지만 그것은 외부로부터 자신을 보호하기 위해 세상과 소통할 수 있는 창구를 더욱 좁히게 되는 부정적인 효과도 가져왔습니다.

특히 프랑스혁명(1789)과 19세기에 있었던 이탈리아 통일 운동 이후, 교황이 직접 통치하던 교황령이 축소됩니다. 복자 비오 9세 교황 (B. PP. Pius IX, 재위 1846~1878)은 이러한 외부 위협으로부터 교회를 보호하고자 제1차 바티칸공의회(1869~1870)를 개최했습니다. 이때 비오 9세 교황은 "지옥의 문들이 가능한 한 교회를 전복시키기 위해서 날로 증가하는 증오심을 가지고 하느님께서 설정하신 이 기

---

38 손희송, 2009, "교회의 본질적 특성에 대한 고찰", 『사목연구』 22, 172쪽.

39 예를 들어 트렌토공의회는 만인사제직을 주장하는 개신교도들에 맞서, 직무 사제직의 신원과 역할을 명확히 확인했습니다(손희송, 2010, "트렌토 공의회와 제2차 바티칸 공의회에 따른 사제직 이해", 『가톨릭신학과 사상』 65). 또한 천주교회의 성화(聖化)론(구원의 한 방법으로서 하느님께서 인간을 거룩하게 하는 행위에 대한 논의) 역시 트렌토공의회를 통해 체계적으로 정리되었습니다(조규만, 2004, "가톨릭 교회의 성화론", 『가톨릭신학과 사상』 48). 트렌토공의회에 대한 개괄적인 정보는 다음을 참고하세요. 노만 P. 탄너, 2010, 『간추린 보편 공의회사』, 가톨릭출판사, 132-145쪽.

초를 거슬러서 여기저기서 나타나기 때문에, 나(교황 비오 9세: 인용자 주)는 가톨릭 양떼를 보호하고 방어하기 위하여"[40] 공의회를 개최했다고 말했습니다. 하지만 이러한 노력에도 불구하고 제1차 바티칸공의회가 폐막하기도 전에, 교회의 최후 보루인 로마가 이탈리아 왕국에 함락되었습니다. 결국 교황은 현(現) 바티칸 시국 안에 갇혀 지내게 되었는데, 그런 자신을 두고 '바티칸의 포로'라 말했다고 합니다. 그것은 교회가 모든 세속적인 권력을 잃게 된 상황을 빗댄 것이었지만, 역설적으로 세상과 단절된 교회의 모습을 상징적으로 보여주는 것이기도 했습니다.

2) 세상 속 교회를 선언하다: 제2차 바티칸공의회 이후(1965~)

1962년에 열린 제2차 바티칸공의회는 천주교회에 큰 변화의 바람을 불러왔습니다. 세상을 바라보는 교회의 시선 또한 공의회를 계기로 180도 달라졌습니다. 공의회 이전까지 교회는 타락한 세상으로부터 자신을 적극적으로 분리시키는 폐쇄적인 세계관을 가지고 있었습니다. 따라서 세상은 맞서 싸워 이겨야 할 대상이거나, 가르쳐야 할 대상이었습니다. 그러나 공의회는 세상을 "창조주의 사랑으로 창조되고 보존"[41]되는 공간으로 인식하면서, 세상을 향해 교회의

---

40 주세페 알베리고 외 엮음, 2006. 『보편 공의회 문헌집 제3권-트렌토 공의회·제1차 바티칸 공의회』, 김영국·손희송·이경상 역, 가톨릭출판사, 812쪽.

41 『사목헌장』 2항.

문을 활짝 열었습니다. 공의회는 다음과 같이 선언합니다.

기쁨과 희망(Gaudim et Spes), 슬픔과 고뇌, 현대인들 특히 가난하고 고통
받는 모든 사람의 그것은 바로 그리스도 제자들의 기쁨과 희망이며 슬픔
과 고뇌이다. 참으로 인간적인 것은 무엇이든 신자들의 심금을 울리지 않
는 것이 없다. 그리스도 제자들의 공동체가 인간들로 이루어져 있기 때문
이다. 그리스도 안에 모인 그들은 하느님 아버지의 나라를 향한 여정에서
성령의 인도를 받으며, 모든 사람에게 선포하여야 할 구원의 소식을 받아
들였다. 따라서 그리스도 제자들의 공동체는 인류와 인류 역사에 긴밀하
게 결합되어 있음을 체험한다.[42]

이처럼 공의회는 자신과 세상을 분리시켜 바라보던 과거의 폐쇄적
세계관을 지양하고, 교회가 세상 속, 특히 가난하고 고통 받는 모든
사람들 가운데에 있다는 점을 강조했습니다. 즉, 공의회는 "근본적
으로 세상 안에서 '빛과 소금'으로서의 교회의 역할과 '종교의 공적
역할'을 강조하며 사회구조적 인식과 성찰을 강조하고 있"었던 것입
니다.[43] 이제 교회는 세상으로부터 자신을 보호하기 위해 현세적인
권력을 추구하기보다는 인류가 처한 중대한 문제들(예를 들어, 인간의

---

42 『사목헌장』 1항.

43 오세일, 2013, "한국 천주교회와 사회참여 영성: 제2차 바티칸 공의회의 정신에서 본 새로운 복음화
의 과제", 『신학과 철학』 22, 120-121쪽.

존엄성[44], 공동선[45])을 함께 해결하기 위해 세상일에 참여하도록 재촉받게 되었습니다.

또한 공의회는 '문명화의 사명(Mission Civilisatrice)'[46]을 바탕으로 한 선교방식의 폐지를 공식화했습니다. 이제 천주교회는 각 지역의 문화를 존중하고, 그 속에서 함께 하셨던 하느님의 역사(役事)를 발견할 필요가 있었습니다. 『선교 교령(Ad Gentes)』은 다음과 같이 선언하고 있습니다.

> 그리스도인들은 존경과 사랑으로 저 사람들(선교지 주민: 인용자 주)과 함께 어우러져야 하며, 그들이 살아가는 인간 사회의 구성원으로서 자신을 인식하여야 하고, 온갖 인간적인 교류와 활동을 통하여 사회 문화 생활에 참여하여야 한다. 또 그들의 민족적 종교적 전통에 익숙해져야 하고 그들 안에 감추어진 말씀의 씨앗을 기꺼이 존경하는 마음으로 찾아내야 한다.[47]

이러한 공의회 정신이 반영된 대표적인 변화가 전례 개혁이었습니다. 공의회 이전까지 전 세계 모든 천주교회는 라틴어로 미사를 드려야만 했습니다. 하지만 각 지역의 문화를 존중하겠다고 선언한 공의회 이후, 모든 미사는 각 지역의 언어로 거행할 수 있게 됐습니다. 교

---

44 『사목헌장』 12항.

45 『사목헌장』 26항.

46 '문명화의 사명'이란, 야만적인 식민지 주민들을 서구식으로 문명화시켜야 한다는 주장입니다. 자세한 내용은 3장에서 설명 드리겠습니다.

47 제2차 바티칸공의회, 1965, 『교회의 선교 활동에 관한 교령 「만민에게」(Ad Gentes)』, 교황청, 11항.

회와 신앙을 이해하는 신학(Theology) 분야에서도 일련의 변화가 일어났습니다. 물론 그것은 이미 변화하고 있었던 신학적 흐름을 공의회가 공식적으로 수용한 것일 수도 있습니다. 예를 들어 "교회 밖에 구원이 없다"는 공리로 대표됐던 교회의 배타성은 포용적으로 변화되고 있었습니다. 그것은 예수회 신학자 칼 라너(Karl Rahner, 1904~1984) 신부의 '익명의 그리스도인'(하느님을 명시적으로 알지 못하더라도, 하느님께서 주신 양심에 따라 살아간다면 구원으로부터 배제될 수 없다는 주장)이 정당성을 얻게 된 흐름과도 일맥상통합니다. 또한 각 지역이 처한 상황에 따라 하느님을 이해하는 다양한 방식들이 공식적으로 논의되기 시작했습니다. 해방신학, 민중신학과 같은 토착화 신학 담론이 대표적인 예라고 할 수 있겠습니다.

물론 급격한 사회변동이 일어난 19세기 무렵, 교회는 단지 세상과 담을 쌓고 있지만은 않았습니다. 교회는 변화된 세상에 대해 교회가 복음적 기준에 맞는 가르침을 내놓고 있었던 것입니다. 사회교리(the Social Doctrine of the Church)라고 부르는 현대 세계에 관한 교회의 가르침은 1891년경 레오 13세 교황(PP. Leo XIII, 재위 1878~1903)이 반포한 회칙 『새로운 사태(*Renum Novarum*)』를 시점으로, 2020년에 반포된 프란치스코 교황의 회칙 『모든 형제들(*Fratelli Tutti*)』까지 계속 이어져오고 있습니다.

일명 천주교 사회교리의 대헌장이라고 불리는 회칙 『새로운 사태』에서 교황 레오 13세는 당시 문제가 되었던 노동자들의 비참한 삶을 개선하기 위해 요구되는 기준을 제시했고, 폭력적인 공산주의

운동과 노동자를 착취하는 자본주의적 탐욕을 비판했습니다. 또한 모든 재화에는 인간의 존엄성을 지키기 위해 필요한 성격 즉, '보편적 목적'[48]이 있다는 점을 분명히 하고, 근대국가의 의무와 권리를 제시함으로써 산업화와 근대국가의 등장으로 인류가 직면했던 '새로운 사태'를 바라보는 천주교회의 입장을 포괄적으로 밝혔습니다.

이후 교황들은 인류가 위기에 직면할 때마다 그것에 대응하는 가르침을 제시해왔습니다. 1937년경 비오 11세 교황(PP. Pius XI, 재위 1922~1939)은 회칙 『하느님이신 구세주(Divini Redemptoris)』를 통해 현실 공산주의 국가의 위협에 대응했고, 성 요한 23세 교황은 1963년경 회칙 『지상의 평화(Pacem in Terris)』를 반포하여 제3차 세계대전의 위협에 직면했던 인류에게 평화를 추구할 것을 재촉했습니다. 이러한 교황들의 사회교리는 제2차 바티칸공의회에 그대로 반영되어, 『사목헌장』을 포함한 여러 공의회 문헌에 녹아들었습니다. 이어서 전 세계적인 불균등 발전이 문제가 되자 성 바오로 6세 교황(S. PP. Paulus VI, 재위 1963~1978)은 1967년경 회칙 『민족들의 발전(Populorum Progressio)』을 반포하고, 진정한 인간 발전에 대한 교회의 입장을 제시하습니다. 성 요한 바오로 2세 교황(S. PP. Joannes Paulus II, 재위 1978~2005)은 1991년 『새로운 사태』 반포 100주년을 맞아 『백주년(Centesimus Annus)』을 반포하고, 레오 13세 교황의 가

---

48 '재화의 보편적 목적'이란, 하느님께서 창조하신 재화가 "공정하게 모든 사람에게 풍부히 돌아가야 한다."는 원칙을 말합니다. 따라서 사람들이 "기본 욕구를 충족시키고 기본적인 생활 여건을 조성"하기 위해 필요한 재화는 인류가 공동으로 누려야 할 것이라고 말할 수 있습니다(『사목헌장』 69항; 교황청 정의평화평의회, 2006, 『간추린 사회 교리』, 한국천주교중앙협의회, 171항).

르침은 지금도 계속 유효하다는 점을 강조했습니다. 이어서 역대 교황과 공의회의 사회교리를 한데 엮도록 교황청정의평화평의회에 지시했는데, 그 결실로 『간추린 사회교리(*Compendium of the Social Doctrine of the Church*)』가 2004년에 발간되었습니다.

21세기에 들어 소득 양극화가 전 세계적으로 심화되자, 베네딕토 16세 교황(PP. Benedictus XVI, 재위 2005~2013)은 2009년 회칙 『진리 안의 사랑(*Caritas in Veritate*)』을 반포하고 세계적인 부의 불평등 및 빈곤문제를 해소할 필요가 있다는 점을 강조했습니다. 프란치스코 교황도 2014년경 교황 권고 『복음의 기쁨(*Evangelii Gaudium*)』를 반포하면서 인간을 도구로 삼는 자본주의를 강력하게 비판했으며, 2015년에는 인류가 직면한 환경문제를 해결하려는 노력으로 회칙 『찬미받으소서(*Laudato Si'*)』를 반포하고, 2020년에는 코로나19 팬데믹으로 신음하는 인류에게 형제애와 사회적 우애를 강조하기 위해 회칙 『모든 형제들』을 반포했습니다.

이처럼 천주교회는 세상의 아픔을 자신의 아픔으로 받아들이면서, 사회문제에 관한 고유의 가르침들을 만들어왔습니다. 그 사회교리는 오늘날 교회 구성원들이 세상의 아픔과 함께 하는데 영감을 주고, 또 자신들의 행동을 정당화하는 신학적 자산으로 활용되고 있습니다.

※ 사회교리 좀 더 엿보기

천주교 사회교리는 폭주하는 자본주의를 길들일 수 있을까?
『추기경 마르크스의 자본론(*Das Kapital*)』[49]

이 책은 독일 천주교 뮌헨과 프라이징 대교구의 라인하르트 마르크스 추기경(Reinhard Marx, 1953~)이 썼습니다. 그런데 우리가 아는 마르크스주의의 창시자 칼 마르크스(Karl Marx, 1818~1883)와 많은 부분이 겹쳐 보입니다. 우선 두 사람의 성(姓)이 마르크스(Marx)로 같습니다. 그리고 독일 트리어(Trier)는 칼 마르크스의 고향인데, 라인하르트 마르크스 추기경은 그 지역 교구장을 지냈습니다. 이 두 사람은 우연치고는 정말 여러 면을 공유하고 있어 보입니다. 두 사람이 시차를 두고 저술한 『자본론』 역시 근대 시기에 등장한 자본주의를 다루고, 이윤 추구를 최고의 가치로 삼고 있는 자본주의의 폐해를 꼬집고 있다는 점에서 매우 유사합니다.

하지만 두 사람이 제시하는 해결책은 매우 다릅니다. 칼 마르크스는 사적 소유의 폐지와 노동자 계급에 의한 혁명을 그 방법으로 제시하는 반면, 라인하르트 마르크스 추기경은 천주교회의 사회교리를 통해 자본주의를 윤리적으로 통제하는 방법을 제시하고 있기 때문입니다. 그렇다면 라인하르트 추기경은 사회교리에서 무엇을

---

49 라인하르트 마르크스, 2020, 『추기경 마르크스의 자본론』, 주원준 역, 눌민

발견했던 것일까요?

마르크스 추기경의 『자본론』 「서장」을 잠깐 살펴보겠습니다. 서장의 제목은 "마르크스가 마르크스에게: 서문을 대신하여"입니다. 추기경은 약 150년의 시간을 뛰어넘어 칼 마르크스에게 무언가 할 말이 있었나 봅니다. 서장은 추기경이 칼 마르크스에게 편지를 쓰는 형식으로 구성되어 있습니다. 추기경은 칼 마르크스의 역사유물론(인류의 역사는 생산력과 생산수단의 모순 속에서 변화·발전되어 왔다), 현실 공산주의 국가의 한계(스탈린의 소련과 같은 국가 전체주의가 어떻게 개인을 억눌러왔는가), 사회적 시장경제(자본주의의 폐해를 보완하는 자본주의? 사회복지국가 등), 신자유주의 흐름(국가의 역할을 최소화시켜라) 등 자본주의 역사에 대한 해박한 지식을 통해 칼 마르크스와 자신의 『자본론』 사이에 어떤 차이가 있는지 설명하고 있습니다.

다시 말씀드리지만, 두 마르크스는 자본으로부터 소외된 가난한 사람들을 위하려는 마음은 같아 보입니다. 하지만 그들을 구하려는 방법론에서 이견이 나타납니다. 칼 마르크스는 혁명을 통한 시장경제의 파괴를, 추기경은 윤리적 제어를 통한 시장경제의 통제를 주장하고 있기 때문입니다. 추기경이 볼 때, 현실 마르크스주의 실험은 생산수단을 국가가 독점하게 되고 전체주의로 흘러가게 되면서 인간성을 파괴하는 결과를 불러왔다고 지적합니다. 피지배계급을 해방시키기 위해 시도된 공산주의 혁명이 모순적이게도 인간을 억압하고 있었던 것입니다. 따라서 시장경제는 존속해야만 한다고 보는 것이 추기경의 생각입니다. 다만 자본주의의 폐해를 막기 위해서는 시장경제를 윤리적으로 통제하여 모든 사람이 인간다운 삶을 살게 하는데 보탬이 될 수 있게 만드는 것이 관건이라고 주장합니다.

이때 필요한 것이 종교입니다. 유물론자인 칼 마르크스에게 종교는 지배계급의 이익을 수호하는 허위의식(아편)에 불과합니다. 하지만 추기경이 볼 때, 종교는 폭주하는 자본주의를 길들일 수 있는 효과적인 수단입니다. 추기경은 현대 자본주의에 대한 교회의 가르침이 담긴 그리스도교 사회론(사회교리)이 그 수단이 될 수 있다고 확신하고 있습니다. 추기경의 말대로라면 사회교리에는 폭주하는 자본주의를 제어할 수 있는 어떤 원칙이 있습니다.

그 대표적인 원칙이 바로 레오 13세 교황이 『새로운 사태』를 통해 처음 제시했던 '재화의 보편적 목적'입니다. 제2차 바티칸공의회는 "하느님께서는 땅과 그 안에 있는 모든 것을 모든 사람과 모든 민족이 사용하도록 창조하셨"다고 말합니다.[50] 따라서 창조된 재화는 모든 사람에게 공정하게 돌아가야 한다는 것이 '재화의 보편적 목적'의 바탕입니다.[51] 이 원칙은 "모든 윤리적 사회적 질서의 제1원칙"이면서 "그리스도교 사회 교리의 특수한 원칙"이기도 합니다. 왜냐하면 인간은 하느님께로부터 창조된 재화를 통해서만 생존이 가능하기에, 재화를 공동으로 사용할 권리는 자연권에 해당되며, 나아가서는 하느님께로부터 주어진 천부적인 권리라고 볼 수 있기 때문입니다.

따라서 자본주의가 신봉하는 사유재산권과 다양한 자유주의적

---

50 『사목헌장』 69항.

51 교황청 정의평화평의회, 2006, 『간추린 사회 교리』, 한국천주교중앙협의회, 171항.

권리들은 모두 이 '재화의 보편적 목적'을 통해 제어되어야 합니다.[52] 물론 천주교 사회교리는 사유 재산을 보호해야한다고 가르칩니다. 하지만 '재화의 보편적 목적'이라는 원칙에 따라, 사유 재산권은 "절대적이고 침해할 수 없는 것"이 될 수 없습니다.[53] 오히려 그것은 재화를 공정하게 사용하지 못하고 있는 사람들 즉, 가난한 이들에 대한 우리의 관심을 촉구합니다. 다시 말해, '재화의 보편적 목적'은 우리가 소유한 재화가 단지 우리만의 것이 아니라는 점을 일깨워주면서, 그것을 가난한 이들과 함께 나누도록 우리를 재촉하고 있는 것입니다.[54]

52 교황청 정의평화평의회, 2006, 『간추린 사회 교리』, 한국천주교중앙협의회, 172항.

53 교황청 정의평화평의회, 2006, 『간추린 사회 교리』, 한국천주교중앙협의회, 177항.

54 교황청 정의평화평의회, 2006, 『간추린 사회 교리』, 한국천주교중앙협의회, 183항.

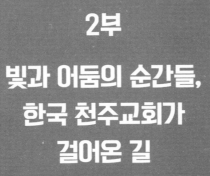

2부

빛과 어둠의 순간들,
한국 천주교회가
걸어온 길

3. 어둠 속에 빛을(1784~1886)

한반도에 천주교회가 설립된 것은 1784년 무렵이었습니다. 선교사 없이 설립된 전 세계에서 유일무이한 교회가 한국 교회입니다. 유교의 폐단을 보완하기 위해 학자들에 의해 자발적으로 수용된 천주교회는 과연 어떤 여정을 시작하게 되었을까요? 지금부터 창립 초기부터 프랑스와 조선 사이에 "한불조약"이 체결된 1886년까지 천주교회가 걸어온 여정을 살펴보려고 합니다. 아! 왜 한불조약까지냐고요? 한불조약 체결 전까지, 천주교회는 신앙의 자유를 누리지 못했기 때문입니다. 즉, 한불조약을 전후로 천주교회의 지위가 급변하게 되었기에 이렇게 시기 구분을 하게 된 것입니다. 그럼 함께 출발해 보겠습니다.

가. 신앙의 자발적 수용, 이 땅에 "기쁨과 희망"을

한국 교회는 유래를 찾아보기 힘든 과정을 거쳐 탄생했습니다. 다른 지역은 외부에서 들어온 선교사들에 의해 복음이 선포되고, 그곳에 교회가 세워졌습니다. 그런데 한국에서는 다른 일이 벌어졌습니다. 한국인들이 먼저, 그것도 스스로 천주교 신앙을 받아들였던 것입니다. 18세기 후반에 남인 계열의 유학자들은 조선의 통치이념인 유교가 가진 폐단을 보완할 수 있는 방법으로 서학(西學)을 수용하고자 하였습니다. 그것을 '보유론(補儒論)'이라고 말합니다.[55] 청나라 선교사 마태오 리치 신부(Matteo Ricci, 1552~1610)가 저술한 『천주실의(天主實義)』(1603)가 대표적인 서학 서적이라고 할 수 있습니다. 이들 가운데는 서학을 학문이 아닌 신앙으로 받아들인 사람들이 있었습니다. 그들 중 최초로 세례를 받은 인물이 이승훈 베드로입니다. 1784년에 북경에서 세례를 받고, 조선에 돌아온 이승훈은 뜻을 같이하는 이들에게 세례를 주었고, 이를 통해 교회 공동체가 형성되면서 조선에 천주교회가 설립되었습니다.

선교사가 파견되지 않은 상태에서 교회가 설립되자, 그들에게는 교회를 운영하는 방식에 대한 고민이 생겼습니다. 그들이 내린 해결책은 북경에서 본 교계제도의 형태를 본 따 신자들 사이에 성직자를 임명하고, 미사와 고해성사와 같은 성무를 수행하도록 하는 것이었습니다. 그것이 '가성직제도(假聖職制度)'(혹은 모방 성직제도, 평신도 성직제도)입니다. 이처럼 당시 한국 교회는 평신도가 중심이 된 교회로 운영이 되고 있었습니다. 흥미로운 것은 평신도가 중심이 된 교회라

---

55 이점에서 천주교에 입교했던 초기 교회의 양반 신자들은 현실 체제가 갖는 구조적 모순에 대해 비판적인 시각을 가지고 있었으며, 사회적 약자들에 대해 연민의식을 가지고 있었습니다(노길명, 2005, 『민족사와 천주교회』, 한국교회사연구소, 68쪽). 한편 한국교회의 창립 멤버였던 하느님의 종 이벽 세례자 요한(1754~1785)은 1779년에 저술한 교리서인 『성교요지(聖敎要旨)』에서 하느님을 상제(上帝)로 표현했습니다. 유교의 상제와 천주교의 하느님이 동일한 존재라는 점을 강조했던 것입니다. 이는 유교 가르침과 천주교 교리는 분리된 것이 아니라 서로 조화를 이룰 수 있는 것으로 보았던 그의 보유론적 시각이 반영된 것이라고 할 수 있습니다.

고 할지라도, 신자들이 성직자를 존경하는 모습이 발견된다는 점입니다. 당시 신자들은 신부를 "초인적인 존재요, 천상 사람으로 간주"하고 "대우"[56]했다고 합니다.

이렇게 운영되던 가성직제도는 1789년 무렵 중단되었습니다. 보편 교회의 기준으로 보았을 때, 가성직제도는 베드로와 사도들의 후계자들인 교황과 주교들의 승인과 서품 없이 구성된 유사 교계제도였기 때문입니다. 가성직제도가 잘못된 것이라는 점을 알게 된 신자들은 북경교구 주교에게 문의했습니다. 1790년경에 주교의 답장이 도착했습니다. 그는 가성직제도가 잘못된 것이기에 조선에 선교사를 파견하겠다고 답변했습니다. 답장을 받은 조선의 신자들은 북경교구에 성직자 파견을 요청합니다. 그렇게 해서 조선에 들어온 최초의 성직자가 1794년에 입국한 중국인 복자 주문모 신부입니다. 주문모 신부의 국내 선교 활동은 상당한 효과를 가져왔습니다. 그는 회장 제도를 마련하고, 사목보고서를 작성하여 당시 조선교회의 상황을 정리하는 등 조선교회의 조직과 기틀을 마련하는 데 온 힘을 다했습니다. 이로 인해 1794년경 4,000명에 불과했던 신자 수가 1800년에는 만 명으로 증가하게 되었습니다.[57] 그러나 주문모 신부는 1801년 신유박해가 일어나자 신자들을 위해 자수하여 순교하게 됩니다.

한편 천주교회는 신자들에게 모두가 평등한 세상, 누구나 하느님

---

56 방상근, 2013, "최창현의 삶과 신앙", 『교회사학』 10, 15쪽.

57 방상근, 2009, "주문모 신부의 입국과 조선교회", 『한국 천주교회사 1』, 한국교회사연구소, 316-323쪽.

의 자녀가 될 수 있다는 희망을 제시하면서 새로운 세상을 꿈꾸게 해주었습니다.[58] 힘 있는 자들에게 수탈당하며 아무 희망 없이 살아가던 그들에게 천주교회의 가르침은 한줄기 희망을 제시했습니다. 실제로 교회에 입교한 사람들은 평소 상상도 할 수 없었던 경험을 하게 됩니다. 당시 조선은 엄격한 신분제 사회였지만, 신자들은 교회 안에서 양반·상놈 할 것 없이 하느님의 형제자매로 불리고, 남녀차별이 일상이었던 현실을 뛰어넘어 남녀가 동등하게 신앙생활을 할 수 있었습니다. 예를 들어 당시 신자들 가운데는 사회적으로 가장 천대받던 백정 출신 황일광이라는 사람이 있었습니다. 신자들은 그의 신분을 알면서도 그를 형제처럼 대우했습니다. 이에 감격한 그는 농담조로 자기에게는 "이 세상에 하나 후세에 하나, 이렇게 천당 두 개가 있다"고 말했다고 합니다.[59] 물론 "당시의 교회가 노비와 주인 간의 주종관계를 완전히 부인하며 평등을 강조했던 것은 결코 아니었"습니다.[60] 하지만 사람들은 교회 안에서 경험하게 된 형제애를 통해 조선 왕조의 봉건적인 신분구조를 뛰어넘는 새로운 세상을 꿈꿀 수 있었습니다.

그들이 꿈꾸었던 하느님 나라의 "기쁨과 희망"을 실제 삶으로 살아간 여인이 있었습니다. 성녀 강완숙 골롬바(1760~1801).[61] 그녀는

---

58 조광, 1988, 『조선후기 천주교사 연구』, 고려대학교 민족문화연구소, 106-111쪽.

59 샤를르 달레, 1979, 『한국 천주교회사(상)』, 안응렬·최석우 역, 한국교회사연구소, 473-474쪽; 조광, 1988, 『조선후기 천주교사 연구』, 고려대학교 민족문화연구소, 108쪽.

60 조광, 1988, 『조선후기 천주교사 연구』, 고려대학교 민족문화연구소, 109쪽.

61 샤를르 달레, 1979, 『한국 천주교회사(상)』, 안응렬·최석우 역, 한국교회사연구소, 382-393쪽.

양반의 서녀(庶女)로 태어나, 서족(庶族)[62] 홍지영의 후처(後妻)로 시집을 갔습니다. 이때 남편의 친척 바오로라는 사람한테서 천주교 이야기를 들은 그녀는 천주교 입교를 결심했습니다. 이후 가족들이 천주교에 입교할 수 있게 전념하고, 열성적으로 신앙생활을 해나갔습니다. 1791년 신해박해 때에는 두려움 없이 옥에 갇힌 신자들에게 음식을 가져다주었는데, 이로 인해 그녀는 관아에 끌려갔습니다. 하지만 양반 출신 부녀자라는 이유로 풀려났고, 이 일을 계기로 남편은 그녀를 집에서 쫓아냈습니다. 강완숙은 천주교를 믿던 시어머니와 딸 홍순희, 그리고 전처의 아들 홍필주를 데리고 서울로 이사를 가게 됩니다. 이때부터 강완숙은 여성 가장이자, 교회 지도자로서 면모를 드러내기 시작했습니다.

서울에서 주문모 신부와 강완숙이 만났습니다. 주문모 신부는 강완숙에게 골롬바라는 이름으로 세례를 주었습니다. 그리고 교우들 가운데 눈에 띄는 그녀에게 여회장 직책을 맡겼습니다. 한국 교회 최초의 여회장이 탄생한 것입니다. 그녀는 양반의 집에 외부인이 들어갈 수 없는 관습을 이용하여 자기 집을 주문모 신부의 거처로 내어주고, 6년간 그의 시중을 들었습니다. 이때 주문모 신부는 자신을 "보호한 큰 공이 있었고 재능이 남달리 뛰어났기에 모든 일을 전적으로 그녀에게 맡겼습니다."[63] 그만큼 주문모 신부는 강완숙을 강하

---

62 서족은 서자의 자손으로 이루어진 일가와 그 후손을 의미합니다.

63 황사영, 2009, 『누가 저희를 위로해 주겠습니까?-「황사영 백서」』, 여진천 역주, 기쁜소식, 38쪽.

게 신뢰하고 있었던 것입니다.[64] 여기서 우리는 그녀를 적극 신뢰했던 주문모 신부의 포용적인 태도를 기억할 필요가 있습니다.

그런데 주문모 신부의 전폭적인 신뢰를 고려한다고 할지라도, 남존여비(男尊女卑)가 당연한 것으로 여겨졌던 당시 사회적 분위기를 고려한다면, 여성이었던 강완숙의 활동은 상당히 파격적인 것이었습니다. 특히 외간남자, 그것도 외국인이었던 주문모 신부를 자기 집에 살게 하고, 그를 도와 한국 교회를 운영하는 데 깊숙이 개입했다는 점은 천주교의 평등사상이 그녀를 신분제의 정신적 속박으로부터 해방시켰다는 사실을 보여줍니다.

더 나아가 그녀는 자신의 집에 여성 신앙 공동체를 만들었습니다. 당시 여성 신자들 가운데는 결혼을 하지 않고 신앙생활에 귀의하려는 동정녀들이 있었습니다. 강완숙은 그녀들을 자신의 집에 머물게 하면서 신앙생활을 도왔습니다. 그것은 남성에게 종속되는 삶을 살아야만 했던 당시 사회의 분위기에 맞서, 남성과 여성이 동등하게 주체적인 삶을 살아가야 한다는 점을 깨달았기에 가능한 일이었습니다.[65] 이렇듯 천주교를 통해 여성이라는 한계를 뛰어 넘어 이 땅에 하느님 나라를 실현하고자 열성적으로 활동했던 그녀는 1801년 7월 2일 서소문 밖에서 참수되어 순교하였습니다. 이때 그녀의 나이는 41세였습니다.

---

64 김윤경, 2019, "'강완숙의 죽음'을 통한 여성·천주교 담론 변화", 『열상고전연구』 69, 48쪽.

65 이연수, 2014, "새 하늘 새 땅을 꿈 꾼 여성, 강완숙 골롬바 〈2〉", 『갈라진 시대의 기쁜소식』 1058, 44-47쪽.

한편 주문모 신부의 순교로 성직자를 잃게 된 한국 교회는 1836년 성 모방 신부(S. Pierre Philibert Maubant, 1803~1839)가 입국할 때까지 약 35년간 성직자 없이 지내야 했습니다. 그 긴 시간동안 조선의 신자들은 박해로 무너진 교회를 재건하고 성직자를 영입하기 위해 갖은 노력을 다하게 됩니다. 이때 특히 기억해야 할 인물이 정하상 바오로 성인(1795~1839)입니다.[66] 정하상의 아버지는 1801년 신유박해 때 순교한 복자 정약종 아우구스티노(1760~1801)이고, 그의 작은아버지는 우리에게 잘 알려진 정약용(1762~1836)이었습니다. 신유박해로 온 집안이 풍비박산이 나자, 정하상은 어머니 유소사 체칠리아 성인(1761~1839), 동생 정정혜 엘리사벳 성인(1791~1839)과 함께 정약용의 집에 얹혀 살았습니다.

한때 정약용은 천주교에 귀의하여 요한이라는 세례명을 받았지만, 박해를 계기로 천주교를 버린 상태였습니다. 천주교를 믿는 것이 가문을 파괴하는 행위로 이해하고 있었던 정약용에게 정하상과 그 가족은 눈엣가시였을지 모르겠습니다. 그래서 그런지 그들은 작은 아버지 정약용의 집에서 냉대를 받으며 살았다고 합니다. 그럼에도 불구하고 어머니 유소사는 신앙을 버리지 않았고, 자녀들에게 신앙 교육을 시켰습니다. 정하상은 보다 체계적인 교리 교육을 받기 위해 함경도에 유배되어 있던 조동섬 유스티노(1739~1830)를 찾아가는 열성을 보였습니다.

---

66 정하상의 활동에 대해서는 다음을 참고하세요. 조현범, 2010, "제2절 교회의 재건과 성직자 청원", 『한국 천주교회사 2』, 한국교회사연구소, 170-175쪽.

성년이 된 정하상은 스물한 살이었던 1816년경 드디어 북경에 들어갔습니다. 그것은 조선에 성직자를 영입하기 위해서였습니다. 한국 교회는 1801년에 주문모 신부가 순교한 이후, 성직자 없이 지내야만 했습니다. 성직자 없는 신앙생활은 참으로 힘든 것이었습니다. 정하상은 이 사정을 정확하게 인지하고 있었고, 때를 보아 청나라에 가서 성직자 파견을 요청하기로 마음먹고 있었던 것입니다. 이를 위해 정하상은 양반 신분임에도 불구하고 역관의 하인을 자처하여 북경에 다다를 수 있었습니다. 하지만 정하상이 북경에 도착했을 때는 청나라에서도 천주교 박해가 일어난 상황이었기 때문에, 북경교구에서는 조선에 성직자를 파견할 처지가 되지 못했습니다. 그래도 정하상은 자주 국경을 넘어 성직자 영입운동을 펼치게 됩니다. 기록에 따르면, 1816년부터 1835년까지 19년간 북경을 16차례나 왕래했다고 합니다.[67]

그는 1824년 혹은 1825년경에 유진길 아우구스티노 성인(1791~1839)과 함께 레오 12세 교황(PP. Leo XII, 재위 1823~1829)에게 조선에 성직자를 파견해주길 청하는 편지를 보내게 됩니다. 이 편지로 조선교회의 상황을 알게 된 후임 그레고리오 16세 교황(PP. Gregorius XVI, 재위 1831~1846)은 1831년에 조선을 북경교구와 분리시켜 대목구로 설정하고, 파리외방전교회에 조선 선교를 일임하면서 브뤼기에르 주교(Barthélemy Bruguière, 1792~1835)를 초대 조

---

67 조현범, 2010, "제2절 교회의 재건과 성직자 청원", 『한국 천주교회사 2』, 한국교회사연구소, 174쪽.

선대목구장으로 임명합니다.[68] 정하상의 노력이 드디어 빛을 발하는 순간이었습니다. 하지만 브뤼기에르 주교는 조선 입국을 앞두고 1835년에 만주에서 병으로 사망했습니다.

 그 뒤를 이어 모방 신부가 1836년에 조선에 입국하게 됩니다. 모방 신부는 정하상의 집을 숙소로 삼아 선교활동을 펼치게 됩니다. 그것은 당시 정하상이 한국 교회의 핵심 지도자로서 위상을 가지고 있었다는 사실을 보여줍니다. 이후 선교사들이 속속 조선에 입국했습니다. 그들은 현지인 성직자를 양성하여 자립적인 교회를 세우려는 파리외방전교회의 선교방침[69]에 따라, 한국인 신학생을 양성하기 위해 후보자들을 물색했습니다. 이때 정하상은 선교사들이 성 김대건 안드레아·가경자 최양업 토마스(1821~1861)·최방제 프란치스코 하비에르(1820[?]~1837) 신학생을 선발하고 유학을 보내는 데 도움을 준 것으로 추정되며, 본인 역시 2대 조선대목구장 성 앵베

---

68 대목구(代牧區, Vicarius Apostolicus)란, 정식으로 교계제도가 설정되지 못한 선교지에 세워진 준교구를 말합니다. 대목구는 교황청 포교성성의 지도와 감독을 받습니다. 대목구장에는 주교가 임명됩니다. 한편 대목구보다 규모가 작은 준교구는 지목구(知牧區, Praefectura Apostolica)로 설정됩니다. 이때 지목구장은 주교 서품을 받지 못합니다. 한국 교회에는 1937년 광주와 전주 지역에 처음으로 지목구가 설정되었습니다(굿뉴스 가톨릭 사전 "대목구" 참조. https://maria.catholic.or.kr/dictionary/term/term_view.asp?ctxtIdNum=4380&keyword=%EB%8C%80%EB%AA%A9%EA%B5%AC&gubun=01[검색일: 2021.02.12.]).

69 "제2항. 그러므로 파리의 신학교로부터 배출된 모든 일꾼들은 그들이 일하게 될 지역에 하나의 교회를 이루기에 충분한 수의 신자들이 생기고, 또 그들로부터 목자들을 선발해낼 수 있는 단계에 이르면 즉시 성직자 양성에 전력을 기울이는 것이 자신들의 주된 목적이라는 점을 명심해야 한다. 그리하여 현지인 성직자단이 형성되고, 교회가 외국 선교사들의 존재나 도움이 없어도 자립적으로 운영해 나갈 만한 단계가 되면, 교황청의 허락을 받아서 그들은 흔쾌한 마음으로 모든 조직들을 포기하고 물러나 다른 곳을 찾아가 일해야 한다"(파리외방전교회 회칙 제2항, 조현범, 2008, 『조선의 선교사, 선교사의 조선』, 한국교회사연구소, 128쪽).

르 주교(S. Laurent Joseph Marius Imbert, 1797~1839)에게 신학생으로 선발되어 국내에서 신학을 공부하며 사제 서품을 준비했습니다.[70]

하지만 1839년에 기해박해가 일어나게 됩니다. 이때 정하상은 자신이 체포될 것을 예상하고, 『상재상서(上宰相書)』(1839)를 작성합니다. 이 책에는 천주교가 유교를 배척하는 것이 아니라, 오히려 보완하는 종교라는 점을 강조하는 내용이 담겨 있습니다. 특히 조상 제사를 금지한 교황청의 결정을 들어 천주교를 무군무부(無君無父)의 종교라고 보는 것은 오해이며, 오히려 부모와 임금에게 충효(忠孝)를 행하라는 것이 천주교의 계명이라고 주장하는 등 적극적으로 천주교를 옹호했습니다.[71] 하지만 그의 노력에도 불구하고 박해는 멈추지 않았고, 정하상은 결국 1839년 9월 22일에 서소문 밖 형장에서 순교합니다. 그의 어머니 유소사와 누이동생 정정혜도 같은 해 11월과 12월에 연이어 순교했습니다.

이처럼 강완숙과 정하상으로 대표되는 평신도들은 자발적으로, 국가의 박해에도 굴하지 않고 한국 교회의 기틀을 세워나갔습니다. 그것은 복음이 알려준 하느님 나라의 "기쁨과 희망", 즉 새로운 세상에 대한 열망이 있었기에 가능했던 것이었습니다. 지금 한국 교회가 신앙의 자유를 누리며 성장해올 수 있었던 것은 이들이 흘린 피와 땀 덕분이었습니다. 이들의 노고와 순교정신을 기억하며, 그들이 꿈

---

70 샤를르 달레, 1980, 『한국 천주교회사(중)』, 안응렬·최석우 역, 한국교회사연구소, 384쪽.

71 『상재상서』의 자세한 내용은 다음을 참고하세요. 최종만, 1979, "정하상의 「상재상서」 연구", 『신학전망』 44.

꾸었던 하느님 나라를 지금, 이 자리에 실현해나가는 것이 후손들인 우리가 이어나가야 할 몫이라는 점을 잊지 말아야 하겠습니다.

나. 파리외방전교회의 조선 선교

1) 19세기 전후 아시아 선교를 둘러싼 쟁점들

초기 한국 교회의 성격과 사건들을 폭넓게 이해하기 위해서는 19세기 전후 아시아 지역 선교를 둘러싼 쟁점들을 먼저 살펴보아야 합니다. 지금부터 몇 가지 키워드를 통해 아시아 선교를 둘러싼 쟁점들을 소개해드리도록 하겠습니다.

(1) 직접 선교방식과 문명화의 사명

앞서 설명드렸듯, 천주교회는 제2차 바티칸공의회 이전까지 '교회 밖에는 구원이 없다'는 사고방식으로 세상을 바라보았습니다. 천주교회의 영향력 안에 있는 지역에서는 그것이 교회의 정통성을 보호하는 수단이 될 수 있었지만, 아직 천주교가 전파되지 않은 지역까지 그것이 적용될 수 있을지는 미지수였습니다.

이런 상황에서 천주교회가 유럽이 아닌, 다른 지역에 복음을 선포할 때 사용했던 선교방식은 무엇이었을까요? 천주교는 유다 문화와 그리스·로마 문화가 혼합된 종교입니다. 또한 선교사들 역시 그러한 문화 속에서 자란 유럽 사람들이었습니다. 아무리 높은 뜻이 있더라도 다른 문화와의 접촉과 적응은 선교사들에게 쉬운 일이 아니었을 것입니다. 논리적으로 볼 때, 선교사들에게는 크게 두 가지 갈림길이 있었을 것입니다.

첫째, 피선교지 사람들이 형성한 토착 문화를 '백지화(tabula rasa)'하고, 그들을 그리스도교로 개종시키는 일명 '직접 선교방식'입니다. 그것은 자문화중심주의 성향이 강한 선교방식입니다. 자문화중심주의는 자기 문화를 우수한 것으로 보고, 그것을 기준으로 다른 문화를 판단하는 태도를 가리킵니다. 대개는 자기 문화가 다른 문화보다 우월하다고 보는 상황을 설명할 때 사용되는 개념입니다. 따라서 '직접 선교방식'은 유럽에서 형성된 그리스도교 신앙의 순수성을 지킬 수 있다는 점이 장점이었지만, 선교지 문화와의 충돌을 야기할 위험이 있었습니다.

둘째, 선교지역 사람들의 토착 문화를 이해하는 과정을 통해 그들을 개종시키는 일명 '간접 선교방식'입니다. 그것은 문화상대주의적인 성향이 강한 선교방식이었습니다. 문화상대주의는 다른 문화를 자기 문화로 판단하지 않고, 그 문화가 만들어지게 된 환경, 역사적 배경 등을 고려하여 이해하려는 태도를 가리킵니다. 간접 선교방식은 선교지 문화와의 충돌 가능성을 낮출 수 있지만, 그리스도교 신앙이 변형될 가능성이 있었습니다. 예수회의 '적응주의 선교'가 간접 선교방식 대표적인 예라고 할 수 있습니다.

사실 과거 사람들에게는 문화상대주의라는 개념이 익숙하지 않았을 것입니다. 태어나서 죽을 때까지 다른 지역, 다른 나라에 가볼 일이 적었기·때문입니다. 다른 지역 사람들과 교류할 기회가 적었던 만큼, 다른 문화를 접할 기회도 적었던 것입니다. 이점에서 선교사들 역시 다른 문화를 어떻게 바라볼지 고민할 필요가 거의 없었습니다. 더욱이 당시 천주교회는 그리스도교 신앙의 절대적 우위성을 강조하고 있었습니다. 따라서 선교사들은 자문화중심적인 직접 선교 방식을 선택하는 것이 자연스러웠을 것입니다. 따라서 다수의 선교사들은 직접 선교방식을 택했습니다. 그것은 신대륙을 발견한 유럽 제국주의 국가들의 폭발적인 팽창에 편승하여 더욱 힘을 얻을 수 있었습니다.

15세기 콜롬버스(Christoper Columbus, 1450~1506)의 아메리카 대륙 발견과 함께 대항해시대가 열린 이후, 식민지 확장에 열을 올리던 유럽 제국주의 국가들은 자신들의 식민지 지배를 정당화시키고자 '문명화의 사명(Mission Civilisatrice)'이라는 도덕률을 탄생시켰습니다.[72] 그것은 문명(Civilization)과 야만(Barbarism)이라는 이분법적인 시각을 바탕으로 하고 있었습니다. 이러한 구분을 일컫는 개념이 바로 '오리엔탈리즘(Orienatlism)'입니다. 팔레스타인 출신 영문학자 에드워드 사이드(Edward Said, 1935~2003)를 통해 더욱 유명해진 개념인데요, 그는 서양인들이 동양을 왜곡되게 묘사하고 인식함으로써, 서구의 제국주의적 팽창을 정당화하고 있다고 보았습니다.[73] '문

---

72 조현범, 2002, 『문명과 야만』, 책세상.

73 에드워드 사이드, 2015, 『오리엔탈리즘』, 박홍규 역, 교보문고.

명화의 사명'은 오리엔탈리즘과 제국주의가 결합되어 만들어진 개념입니다. 그것은 문명화된 유럽 사람들은 야만적인(문명화되지 않은) 비유럽 사람들을 문명화시켜야할 사명이 있다는 점을 각인시키고, 제국주의 국가의 식민 지배를 정당화시켰습니다. 이것은 100년 전 일제가 조선 침략을 정당화하기 위해 만들어낸 '식민지 근대화론'을 떠올리신다면 이해하기 쉬우실 겁니다.

그런데 제국주의 국가의 '문명화 사명'은 천주교의 선교 소명과 결합되기 쉬웠습니다. 당시까지만 해도 천주교는 '교회 밖에는 구원이 없다'는 점을 굳게 믿고 있었고, 따라서 이교도를 개종시키는 것을 하느님께로부터 부여받은 소명으로 생각했기 때문입니다. 이러한 선교 소명이 제국주의 국가의 '문명화 사명'과 결합되면서, 서구 제국주의 국가의 많은 젊은이들이 그리스도교 선교를 통해 모국(母國)의 '문명화 사명'에 보탬이 되겠다는 의지를 보이게 되었습니다. 조선에 파견된 선교사들은 바로 이 '문명화의 사명'을 가지고 있었습니다.[74]

(2) 적응주의 선교와 조상 제사 금지령

혹시 영화《미션(Mission)》을 보신 적이 있나요? 사실 우리에게는 엔니오 모리꼬네(Ennio Moricone, 1928~2020)가 작곡한 영화음악 "가브리엘의 오보에(Gabriel's Oboe)"로 더 잘 알려진 영화입니다. 사실

---

74 조현범, 2008, 『조선의 선교사, 선교사의 조선』, 한국교회사연구소, 34-37쪽.

"가브리엘의 오보에"가 이 영화를 대표하는 상징이 된 것은 비단 음악 때문만이 아닙니다. 주인공 선교사 가브리엘 신부가 폭포 위 원주민들에게 다가가기 위해 선택했던 방식이 음악이었는데, 그것을 가장 잘 드러낸 장면이 바로 원주민들에 둘러싸여 오보에를 연주하던 가브리엘 신부의 모습이었던 것입니다. 그는 음악을 통해 원주민들과 소통하고, 그들을 개종시킬 수 있었습니다. 이때 가브리엘 신부가 속했던 수도회가 중요한데요, 그는 예수회원이었습니다. 예수회는 1540년에 로욜라의 이냐시오 성인(S. Ignatius de Loyola, 1491~1556)과 그의 동료들이 세운 수도회입니다. 설립 초기부터 해외 선교에 주목하면서, 수많은 예수회원들이 세계 곳곳에 선교사로 파견되었죠. 이때 예수회원들은 직접 선교방식이 아닌 간접 선교방식을 채택하게 됩니다. 그것이 바로 '적응주의 선교'입니다. 그들은 선교지 문화를 탐구하고, 그들의 시선에 맞게 복음을 해석해 전달하고자 애를 썼습니다. 우리가 잘 알고 있는 마태오 리치의 『천주실의(天主實義)』역시 적응주의 선교의 결과물입니다. 예수회원이었던 마태오 리치 신부는 중국의 유교 문화를 연구하여, 유교의 상제(上帝)와 천주교의 하느님이 같다는 점을 중국인들에게 설명했습니다.[75]

그러나 예수회의 적응주의 선교는 신앙의 순수성을 강조하며 뒤

---

[75] 예수회의 적응주의 선교에 대해서는 다음을 참고하세요. 김혜경, 2012, 『예수회의 적응주의 선교』, 서강대학교출판부. 한편 예수회의 동아시아 선교와 적응주의 선교방식은 성 이냐시오 데 로욜라와 함께 예수회를 창립하고 동아시아 선교에 앞장섰던 성 프란치스코 하비에르(S. Francisco Javier, 1506~1552)에게서 기원을 찾을 수 있습니다. 프란치스코 하비에르의 동아시아 선교와 적응주의 선교방식에 대해서는 다음을 참고하세요. 최영균, 2019, "프란치스코 하비에르(Francisco Xavier)의 '동아시아 선교' 프로젝트와 적응주의의 탄생", 『교회사연구』 55.

늦게 중국 선교에 뛰어든 도미니코회와 작은형제회(프란치스코회)의 비판을 받게 됩니다. 특히 그들은 조상 제사와 공자(孔子) 숭배(중국 의례)를 미신으로 취급했습니다. 그것은 유교 문화에 익숙해 있던 중국에서 큰 반발을 불러일으키게 됩니다. 제사 문제를 둘러싸고 벌어진 이 논쟁은 '중국 의례 논쟁'으로 불렸습니다. 선교방식에 대한 견해 차이가 천주교회 내에서 공식적으로 쟁점화된 것이었습니다. 약 100여 년 간 지속된 이 논쟁은 클레멘스 11세 교황(PP. Clemens XI, 재위 1700~1721)이 1715년에 중국 의례를 금하는 명령을 내리면서 중대한 고비를 맞이하게 됩니다. 이 논쟁은 1742년에 베네딕토 14세 교황(PP. Benedictus XIV, 재위 1740~1758)이 중국 의례에 대한 논의 자체를 금지하고, 중국 선교사들에게 이 명령을 따를 것을 지시하면서 비로소 끝이 납니다.[76] 그 결과 적응주의 선교방식은 교회 안에서 공식적으로 퇴출되었고, 직접 선교방식만 인정받게 되었습니다. 그리고 중국 의례에 포함된 조상 제사는 완전히 금지되어버렸습니다. 조선에 교회가 설립된 기쁨도 잠시, 이후 약 100여 년간 지속되었던 조선 왕조의 천주교 박해는 조상 제사를 금지하는 것으로 상징되는 직접 선교방식이 가져온 안타까운 결과였습니다. 다시 말해, 조선에서 벌어진 천주교 박해는 천주교 교리와 유교적 가르침이 정면으로 충돌하면서 벌어진 현상이었습니다. 조선에서 벌어진 박해의 양상과 한국 교회의 대응에 대해서는 다시 자세히 말씀드리도록 하겠습니다.

---

76 자세한 내용은 다음을 참고하세요. 최기복, 2000, "조상 제사 문제와 한국 천주교회", 『민족사와 교회사』, 한국교회사연구소.

(3) 보호권 제도와 파리외방전교회

한국 교회가 창립된 18~19세기 당시 천주교회의 선교방식을 이해하기 위한 또 하나의 키워드는 '보호권 제도(padronado)'입니다. 보호권 제도란 식민지를 지배하던 제국주의 국가에게 식민지 선교와 관련된 권리와 의무를 부여하는 방식을 말합니다.[77]

15~16세기에 교황청은 십자군 형태의 해외 선교를 추진하였습니다. 하지만 유럽 군주들의 무관심과 비협조로 뜻을 이루지 못하고 있었지요. 이러한 상황에서 교황청은 아메리카 대륙의 발견으로 해외 진출에 적극적이었던 포르투갈과 스페인 왕국에 보호권을 부여하고, 이들을 통해 해외 선교를 추진하게 됩니다. 그리하여 포르투갈과 스페인은 교황을 대신하여 아메리카, 아프리카, 아시아 지역 식민지에 교회를 세우기 시작했습니다. 보호권을 소유한 포르투갈과 스페인 국왕은 "자신들이 발견한 지역이나 앞으로 발견할 지역에서의 교구 설립, 주교와 고위 성직자들을 추천하고 임명하는 권리, 선교사들의 선택과 파견, 십일조 및 기타 헌금을 관리함과 동시에 선교에 드는 모든 비용을 책임"지는 등 보호권 행사지역 내 모든 교회에 대해 막강한 권한을 가지게 되었습니다.[78]

그런데 그들은 식민지에 복음을 선포하려는 교황청의 뜻과는 달리, 그 지역을 경제적으로 수탈하는 데 더 큰 관심을 보이게 됩니다.

---

77 이영춘, 2000, "중국에서의 포르투갈 '선교 보호권' 문제 및 조선 대목구 설정에 관한 연구", 『민족사와 교회사』, 한국교회사연구소, 163쪽.

78 이영춘, 2000, "중국에서의 포르투갈 '선교 보호권' 문제 및 조선 대목구 설정에 관한 연구", 『민족사와 교회사』, 한국교회사연구소, 163쪽.

이는 선교활동을 장려하고자 특정 선교지역에 대해 독점적인 보호권을 부여한 교황의 의도에 반하는 것이었습니다. 더욱이 보호권으로 인해, 교황은 포르투갈과 스페인 국왕의 동의 없이 선교지에 영향력을 행사할 수 없게 되었습니다.

보호권을 둘러싼 교황청과 제국주의 국가의 충돌 양상은 아시아 지역에서 더욱 잘 드러났습니다. 17세기 중엽에 들어서게 되면서, 영국과 네덜란드가 아시아 지역에 영향력을 확대하게 됩니다. 이에 따라 아시아 지역에 먼저 진출해 있던 포르투갈의 정치적 영향력이 상실되었고, 아시아 지역을 관할하던 포르투갈의 보호권에도 공백이 생겼습니다. 이렇듯 상황이 변화되자 교황청은 직접 아시아 지역 선교활동을 강화하려고 했습니다. 하지만 아시아 지역 내 영향력이 더욱 축소될 것을 우려한 포르투갈은 보호권을 내세워 교황청의 시도를 방해합니다.[79]

이처럼 보호권 제도에 대한 비판의 목소리가 높아지게 되자, 교황청은 1622년에 선교 업무를 담당할 부서로 '포교성성(布敎聖省, 지금의 인류복음화성)'을 설립하고, 주도적으로 선교 정책을 추진했습니다. 교황청은 포교성성을 통해 해외에 파견될 모든 선교사들을 관리하고, 선교 지역과 선교 방법을 결정하였으며, 선교지역에 대한 상황을 주기적으로 보고받기 시작했습니다. 그리고 선교지 현지인 성직자를 양성하기 위해 포교성성 직속 교황청립 우르바노대학교

---

79 이영춘. 2000, "중국에서의 포르투갈 '선교 보호권' 문제 및 조선 대목구 설정에 관한 연구", 『민족사와 교회사』, 한국교회사연구소, 163-164쪽.

(Pontificia Universitas Urbaniana)를 세웠습니다. 또한 교황청 직속 선교지인 '대목구' 제도를 만들었습니다. 해당 대목구에는 '명의(名儀) 주교'(Episcopus Titularis)[80] 형태의 '교황 대리 감목'을 임명함으로써 보호권과 상관없이 교황청이 선교지에 직접 영향력을 행사할 수 있는 제도를 마련하였습니다. 1831년에 설정된 조선대목구는 이런 배경에서 이해되어야 합니다. 이와 같이 교황청은 제국주의 국가의 무력과 이에 의존하여 활동하던 유럽 수도회 장상(長上)[81]들의 영향력으로부터 벗어나 직접 선교활동에 나설 수 있는 여러 조치들을 취하게 됩니다.

한편, 교황청은 선교사를 직접 파견하기 위해, 1658년 무렵 재속 성직자 선교단체인 파리외방전교회를 설립하였습니다. 프랑스에 본부를 둔 파리외방전교회는 프랑스인으로 구성된 성직자들의 선교 단체로서, 교황청의 지시에 따라 선교지에 파견되어 그 지역에 자립적인 교회를 세우는 것을 목표로 하고 있었습니다. 초기 한국 교

---

80 명의주교교란 "교구의 사목자로서 주교품은 받았으나 그 교구에 대하여 재치권을 행사할 수 없는 주교"를 말합니다(굿뉴스 가톨릭 사전 "명의주교" 참조. https://maria.catholic.or.kr/dictionary/term/term_view.asp?ctxtIdNum=955&keyword=%EB%AA%85%EC%9D%98%EC%A3%BC%EA%B5%90&gubun=01[검색일: 2021.02.12.]). 재치권이란, 교회 내의 입법·사법·행정권을 포함하여 교회를 다스리는 권한을 의미합니다.

81 장상은 교회와 구성원들의 신상에 대한 결정권을 가진 직책을 맡은 사람들을 말합니다. 예를 들어, 교구의 교구장, 수도원의 원장, 신학교의 총장, 본당의 사목구 주임 등이 이에 해당됩니다. 한편, 수도회에도 보호권이 주어져 있었습니다. 그것은 교황 요한 22세(PP. Joaness XXII, 재위 1316~1334)가 1318년 4월 1일자로 발표한 칙서 『우리의 구세주(Redemptor Noster)』를 통해 아시아 전 지역을 둘로 나눠 프란치스코회와 도미니코회에 위임하면서 시작되었습니다. 이 수도회들의 선교 경쟁은 스페인과 포르투갈의 지원 속에 이루어지게 되었습니다. 따라서 두 국가 간의 대리전 양상을 보이게 되었습니다(이영춘, 2000, "중국에서의 포르투갈 '선교 보호권' 문제 및 조선 대목구 설정에 관한 연구", 『민족사와 교회사』, 한국교회사연구소, 164쪽).

회에서 활동했던 선교사들은 바로 이 파리외방전교회 소속이었습니다.

이처럼 보호권 제도는 그것을 둘러싼 갈등과 이를 해결하기 위한 교황청의 노력 그리고 파리외방전교회의 설립으로 이어지는 긴 이야기를 가지고 있습니다. 또한 그 이야기는 지금부터 이어질 조선대목구의 설정과 파리외방전교회의 조선 진출, 그리고 선교사들의 활동을 보다 잘 이해하기 위해 반드시 알아두어야 할 내용이기도 합니다.

2) 파리외방전교회 선교사의 입국과 적응

(1) 선교사의 조선 입국

1831년 조선대목구 설정과 대목구장 임명으로 조선 입국을 시도하던 브뤼기에르 주교는 1835년에 만주에서 뇌일혈로 죽음을 맞이했습니다.[82] 대신 브뤼기에르 주교와 함께 조선 선교를 지원했던 모방 신부가 1836년에 조선 땅을 밟게 됩니다. 그런데 모방 신부가 입국하기 2년 전인 1834년부터 조선에서 선교활동을 펼치던 중국인 출신 신부가 있었습니다. 그의 이름은 여항덕 파치코(余恒德, 1795~1854). 조선에서는 유방제라는 이름을 사용했다고 합니다. 이 신부가 조선 선교를 자원한 이유는 아직 밝혀지지 않은 상태입니다. 학

---

82 꿈에 그리던 조선 땅을 바라보고 죽음을 맞이한 브뤼기에르 주교에게서 모세의 모습이 떠오릅니다. 이스라엘 백성의 이집트 탈출을 이끈 모세 역시 약속의 땅인 가나안 땅을 앞에 두고 죽음을 맞이했기 때문입니다.(신명 34,1-5) 가나안 땅을 바라보며 죽기전 이스라엘 백성에게 남긴 유언은 『신명기』에 잘 담겨 있습니다. 『신명기』의 자세한 뜻풀이는 다음을 참고하세요. 주원준, 2016, 『신명기』, 바오로딸.

자들은 아마도 그가 포함된 중국인 신학생들이 나폴리 신학교에 유학을 갈 때, 정하상과 유진길이 교황에게 보낸 편지를 교황청 포교성성에 전달한 것이 계기가 되지 않았을까 추정하고 있습니다.[83]

그런데 여항덕 신부는 브뤼기에르 주교의 사망으로 조선대목구장 대리를 맡고 있던 모방 신부의 결정에 따라 중국으로 추방됩니다. 그 이유는 여항덕 신부가 선교보다 사리사욕을 채우는 데 골몰했다는 것이었습니다. 하지만 학자들은 포르투갈 선교사들과 파리외방전교회 선교사들 사이에 존재했던 동아시아 지역 보호권 문제와 조선 선교를 둘러싼 갈등이 여항덕 신부 추방 사건의 주된 원인이었을 것이라고 추정합니다. 실제 여항덕 신부는 중국으로 추방 결정이 난 다음에도 8개월 가량 조선에서 계속 선교활동을 했고, 추방당한 이후에도 조선에 다시 들어오려고 시도했습니다.[84] 이러한 사실로 미뤄볼 때, 학자들의 주장대로 여항덕 신부 추방 결정에는 겉으로 드러난 사유 이면에 보호권 문제가 크게 작용했을 가능성이 높아 보입니다.

사실 마카오를 거점으로 아시아 지역 보호권을 주장하던 포르투갈 출신 선교사들은 프랑스 출신 파리외방전교회 선교사들의 조선 진출이 못마땅했던 것으로 보입니다. 1831년경 조선대목구장으로 임명된 브뤼기에르 주교가 마카오에서 중국 대륙을 횡단하여 만주에 도착하는데 4년이나 걸렸던 것도, 당시 중국 선교를 담당하던 포

---

83 전수흥, 1999, "조선인들의 서신과 여항덕 신부", 『신앙과 삶』 3, 135쪽.

84 전수흥, 1999, "조선인들의 서신과 여항덕 신부", 『신앙과 삶』 3, 141쪽.

르투갈 선교사들의 방해 때문이었다고 합니다. 브뤼기에르 주교의 여행기에는 다음과 같은 내용이 담겨 있습니다.

남경 주교가 요동의 교우들에게, 자신이 쓴 편지를 소지하지 않는 한 그 어떤 선교사도 받아들이지 못하도록 한 것을 직접 목격한, 믿을 만한 증인들이 내게 있습니다. 나는 그 편지를 남경 주교에게 간청했지만 소용이 없었습니다. 남경 주교는 그러한 편지를 나에게 허락하지도 않았을 뿐 아니라, 나에게 답장 한 장 써 주는 예조차 갖추지 않았습니다. 그는 같은 취지에서 강남의 교우들에게도 그들 지역에 그 어떤 프랑스 선교사도 받아들이지 못하게 하는 내용의 편지를 썼습니다. 그가 프랑스 선교사들에게 은신처를 제공하려는 사람들에게 내가 알지 못하는 어떤 벌을 주겠다고 위협했다는 보고가 내게 들어왔습니다. 나는 이런 고발을 믿을 생각이 없습니다. 교회의 왕자라는 주교는 자신이 교회에 어떤 빚을 지고 있는지, 그리고 자신이 스스로에게 해야 할 일이 무엇인지를 잊어버려서는 안 됩니다. 이 지방(강남: 역자 주)에 있는 포르투갈 선교사들이, 자기들에게 알리지 않고는 강남을 경유해서 선교사들을 보내는 일이 결코 없도록 움피에레스 신부에게 오래 전부터 요구했음이 확실합니다. 이것은 노골적인 거절이나 매한가지지요. 그러나 나는 남경 주교를 용서합니다. 그는 위험이 도사리고 있다고 생각되면 매우 소심해집니다. 그는 자기 사람들을 도우려는 뜻이 없습니다. 그러니 그가 어찌 남을 도울 수 있겠습니까?[85]

85 바르텔르미 브뤼기에르, 2008, 『브뤼기에르 주교 여행기』, 한국교회사연구소, 249쪽.

이러한 방해는 성직자를 영입하려고 했던 조선 신자들에게도 영향을 미쳤습니다. 포르투갈 출신 북경교구 페레이라 주교가 조선 신자들에게 파리외방전교회 선교사를 받아들이지 말라고 압력을 행사했던 것입니다. 파리외방전교회 선교사들은 포르투갈 선교사들이 기득권을 지키기 위해 자신들의 조선 입국을 조직적으로 방해하고, 결국 브뤼기에르 주교가 조선에 입국하기도 전에 사망하는 모습을 지켜보았습니다. 따라서 천신만고 끝에 조선에 입국한 선교사들이 북경교구 소속 여항덕 신부를 바라보는 시선이 곱지 않았을 것은 당연했습니다. 실제 브뤼기에르 주교를 비롯한 파리외방전교회 선교사들은 여항덕 신부가 자신들의 입국을 방해하고 있다고 생각했습니다. 어쨌든 여항덕 신부는 모방 신부의 추방 결정으로 1836년 12월에 중국으로 돌아갔습니다.[86] 이때 그는 한국 교회 최초의 신학생이었던 김대건·최양업·최방제의 유학길을 인솔했다고 합니다.

한편 1836년 모방 신부의 조선 입국을 시작으로 파리외방전교

---

[86] 조선에서 펼친 여항덕 신부의 사목 활동과 추방 사건에 대한 여러 논의들을 정리한 연구로는 다음을 참고하세요. 이석원, 2019, "1834~1836년 여항덕 신부의 조선 대목구 사목 활동", 『교회사연구』 54. 한편 이 논문에서는 여항덕 신부와 파리외방전교회 선교사들이 반목하게 된 이유를 조금 더 자세하게 제시하고 있습니다. 즉, 여항덕 신부는 파리외방전교회 선교사들에 앞서 조선에 입국하여 현지 상황을 파악할 수 있었는데, 그는 외국인 선교사보다는 조선인 사제를 양성하여 선교 사업을 추진하는 것이 좋겠다는 제안을 했다고 합니다. 그런데 그것이 파리외방전교회 선교사들과 충돌하게 된 직접적인 계기가 되었던 것으로 보입니다. 선교사들의 입장에서 볼 때, 조선은 이미 자신들에게 주어진 선교지였고, 이미 조선대목구장이 임명된 상태였습니다. 따라서 조선의 선교 방식에 대한 결정권은 조선대목구장 주교에게 있었습니다. 이점에서 여항덕 신부의 주장은 대목구장의 권한을 침해하는 월권행위로 여겨졌던 것입니다. 게다가 여항덕 신부는 조선대목구장이 아닌 당시 북경교구 서리였던 남경교구 주교에게 그 내용을 제안했다고 합니다. 남경교구 주교와 보호권을 두고 충돌하고 있었던 파리외방전교회 선교사들이 볼 때, 이것은 여항덕 신부가 파리외방전교회 선교사들, 특히 조선대목구장을 장상으로 인정하지 않는 것으로 보았을 가능성이 큽니다.

회 선교사들이 연이어 조선 입국에 성공하게 됩니다. 1837년에 성 앵베르 주교(S. Laurent Joseph Marius Imbert, 1797~1839)와 성 샤스탕 신부(S. Jacques Honore Chastan, 1803~1839)가 조선에 입국한 것입니다. 이로써 한국 교회는 파리외방전교회 선교사들이 직접 관할하는 교회로서 보편 교회의 한 축으로 자리하게 됩니다.

(2) 선교사의 적응

① 선교사의 조선 인식

파리외방전교회 선교사들의 입국으로 한국 교회는 새로운 변화를 맞이하게 됩니다. 그런데 새롭게 등장한 선교사들은 어떤 사람들이었을까요? 선교사들 가운데 다수는 프랑스 주변부 출신들로서 ([그림 1] 참조), "프랑스의 도시를 중심으로 전개된 산업혁명의 흐름이나 새로운 사조에 대해서는 상대적으로 민감하기 어려운 자들"[87]이었습니다. 즉, 그들은 새롭게 부상하던 자유주의 체제보다 봉건적 권위주의 체제를 옹호하는 보수적 성향을 지녔을 가능성이 높았습니다. 또한 프랑스 혁명정부가 천주교회를 공격하는 모습[88]을 목격한 사람들이었기에, 세상의 공격으로부터 교회를 지켜야 한다

---

[87] 노길명, 1988, 『가톨릭과 조선후기 사회변동』, 고려대학교민족문화연구소, 156쪽.

[88] 프랑스혁명으로 탄생한 혁명정부는 성직자들에게 국가에 충성할 것을 강요하고, 교회재산을 국유화시켰으며, 주일(主日, 일요일)을 없애기 위해 일주일을 7일에서 10일로 바꾸는 등 프랑스 천주교회를 강하게 탄압했습니다. 프랑스혁명과 천주교회의 관계에 대해서는 다음을 참고하세요. 아우구스트 프란츤, 2001, 『세계 교회사』, 최석우 역, 분도출판사, 383-386쪽; 한스 큉, 2013, 『가톨릭의 역사』, 배국원 역, 을유문화사, 203-207쪽.

는 의지가 강했습니다. 그리고 그들은 당시 프랑스에서 유행하던 얀세니즘(Jansenism)[89]의 영향을 받아 엄격주의적인 태도를 보였습니다.[90] 여기에 제국주의 국가들이 공유하고 있었던 오리엔탈리즘(orientalism)은 프랑스 시민이었던 선교사들에게 그리스도교를 통한 야만인(동양인)들의 문명화 즉, '문명화의 사명'[91]을 심어주었습니다.

19세기에 조선에 파견된 파리외방전교회 선교사들은 이와 같은 환경 속에서 성장한 사람들입니다. 프랑스라는 제국주의 국가의 시민이자, 독실한 천주교 신자였던 그들은 조선을 그리스도교로 문명화시키겠다는 소명을 가지고 있었습니다. 그러나 그들이 접했던 문화는 지구 반대편 한반도에 살던 우리 조상들이 형성해왔던 문화와는 전혀 달랐습니다. 여기에 이미 내려진 조상 제사 금지 명령으로 천주교는 조선에서 사교(邪敎)로 취급받고 있었고, 천주교 신자들은

---

89 얀세니즘은 얀센(Corne-lius Otto Jansen, 1585~1638)이 주장한 신학을 신봉하는 흐름을 의미합니다. 성 아우구스티누스(S. Augustinus, 354~430)의 신학사상에 영향을 받은 그는 아담이 지은 원죄로 인해 인간은 절망적인 상태에 빠지게 되었으며, 하느님께서 선택하신 사람만 은총을 통해 그 상태에서 구원될 수 있다고 주장했습니다. 이와 같은 주장은 엄격주의를 불러와 "대단히 엄격한 윤리성을 요구하였고 고해성사나 성체성사를 받기 위해 오랜 준비를 철저하게 요구하여 어지간한 준비로서는 영성체를 할 수 없게" 했다고 합니다. 얀세니즘은 한국 교회에도 영향을 미쳤는데, "지금으로부터 40여 년 전만(1950년대: 인용자 주) 하더라도 영성체 한 번 하기 위해 밤 12시가 넘으면 침도 넘기면 안 되는 것으로 생각하고 손수건으로 계속 혓바닥을 닦아내던 사람들도 많았다"고 합니다(김희중, 1994, "[지상 신학강좌] 318 세계교회사 (78) 근세교회-얀세니즘/김희중 신부", 『가톨릭신문』 1927호 [1994.10.30.] 6면).

90 김진소, 1996, "일제하 한국 천주교회의 선교 방침과 민족 의식", 『교회사연구』 11; 노길명, 1987, "개화기 한국 가톨릭 교회와 국가 간의 관계-한국 교회의 정책, 활동 및 그 결과를 중심으로", 『가톨릭사회과학연구』 4(1); 조광, 1984, "한국교회사와 세계 교회사", 『새벽』 92.

91 조현범, 2002, 『문명과 야만-타자의 시선으로 본 19세기 조선』, 책세상.

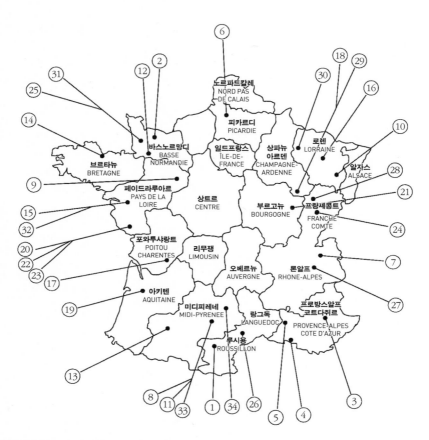

번호	이름	번호	이름	번호	이름	번호	이름
1	브뤼기에르(Bruguière)	10	프티니콜라(Petinicolas)	19	볼리외(Beaulieu)	28	로베르(Robert)
2	모방(Maubant)	11	푸르티에(Pourthié)	20	도리(Dorie)	29	뮈텔(Mutel)
3	샤스탕(Chastan)	12	페롱(Féron)	21	브르트니에르(Bretenières)	30	리우빌(Liouville)
4	앵베르(Imbert)	13	랑드르(Landre)	22	마르티노(Martineau)	31	프와넬(Poisnel)
5	페레올(Ferréol)	14	조안노(Joanno)	23	리샤르(Richard)	32	조스(Josse)
6	다블뤼(Daveluy)	15	리델(Ridel)	24	블랑(Blanc)	33	마라발(Maraval)
7	메스트르(Maistre)	16	칼레(Calais)	25	드게트(Deguette)	34	보두네(Baudonet)
8	장수(Jansou)	17	오메트르(Aumaître)	26	코스트(Coste)		
9	베르뇌(Berneux)	18	위앵(Huin)	27	두세(Ducet)		

[그림 1] 조선 파견 선교사들의 출신 지역 분포(1831년~1866년)[92]

---

[92] 조현범, 2008, 『조선의 선교사, 선교사의 조선』, 한국교회사연구소, 108쪽

많은 박해를 받고 있었습니다. 이처럼 완전히 다른 문화가 숨 쉬는 곳, 천주교를 믿는다는 이유만으로 탄압받으며 심지어 목숨까지 위태로운 지역이었던 조선을 편하게 바라볼 수 있었던 선교사는 아마 없었을 것입니다.

실제로 19세기에 조선에서 활동하던 선교사들은 조선 사람들의 민족성과 도덕성, 생활 습관, 식습관, 사고방식 등 다수의 분야에서 부정적인 평가를 내놓고 있었습니다.[93] 문명화 사명과 이교도 개종이라는 이중의 소명의식을 가지고 있었던 그들에게 조선에 대한 부정적인 인식은 어찌 보면 당연한 것이었을지도 모르겠습니다. 하지만 그것은 선교사들이 나쁜 사람이었다고 말씀드리는 것이 아닙니다. 그들은 신자들을 위해 목숨까지 내놓을 정도로 타인을 향한 애덕의 실천에 투신했던 사람들입니다. 다만, 그들은 '시대의 아들들'로서 당시에 처한 환경 속에서 조선을 바라볼 수밖에 없었다는 점을 알려드리는 것입니다.

물론 선교사들 가운데는 조선 문화에 대한 부정적인 인식이 긍정적으로 변화되는 경우도 있었습니다. 다블뤼 주교가 대표적이었는데요. 선교 초기에는 다블뤼 주교도 조선을 부정적으로 바라보았습니다. 예를 들어 조선 선교를 막 시작한 1846년에 작성된 다블뤼 주교(당시 신부)의 서한을 보면, 조선 사람들에 대해 다음과 같이 말하고 있습니다.

---

93 조현범, 2008, 『조선의 선교사, 선교사의 조선』, 한국교회사연구소.

교육에 대해서는 거의 주의를 기울이지 않습니다. 젖 먹이는 것뿐입니다. 그래서 아이들의 온갖 악덕과 결점들을 그대로 내버려둡니다. 어른들은 그냥 웃고 재미있어 할 따름입니다. 그런데 만약 아이들의 결점을 내버려 두지 않을 때에는 아이들을 지나치게 때립니다. 항상 과도함이 존재합니다.[94]

그런데 선교활동을 펼친 지 15년이 지난 시점에는 보다 긍정적인 묘사가 드러납니다.

조선 사람들은 자기 아이들을 끔찍이 생각하며, 너무나 사랑한다. 그들은 특히 아들에 집착한다. 그들의 눈에는 아들이 딸보다 열 곱절 가치가 있다. 그렇기는 하지만 자연적인 본능에 따라 딸도 그들에게는 소중하다. 그러므로 이 나라에서는 딸이든 아들이든 어떤 자식도 내버리지 않는다. [...] 그럼에도 불구하고 자기 문명을 자랑스럽게 생각하는 사람들(유럽인을 말함: 인용자 주)보다 자연의 가르침에 더 순종적인 조선인들은 자기에게 주어진 모든 것을 솔직하게 받아들인다. 게다가 이런 조선인들이 구세주까지 믿게 된다면 어찌되겠는가, 그토록 많은 그리스도인들이여, 창피한 줄을 알라![95]

놀랍지 않나요? 선교활동 초기에 다블뤼 주교는 조선인들을 야만적으로 묘사했지만, 시간이 흐르자 오히려 유럽인보다 조선인들이 낫

---

94 다블뤼 신부의 1946년 7월 15일자 서한; 조현범, 2008, 『조선의 선교사, 선교사의 조선』, 한국교회사연구소, 244쪽에서 재인용.

95 다블뤼 신부의 『조선사 입문을 위한 노트』; 조현범, 2008, 『조선의 선교사, 선교사의 조선』, 한국교회사연구소, 247-248쪽에서 재인용.

다고 평가하고 있습니다. 선교사들이 한국인과 함께 생활하면서 기존에 가졌던 오리엔탈리즘적인 편견들로부터 벗어나게 되는 과정을 다블뤼 주교의 사례를 통해 살펴볼 수 있습니다. 이것은 다블뤼 주교가 얼마나 조선인들의 삶 속에 깊숙이 들어갔는지 알 수 있는 대목이기도 합니다. 물론 모든 선교사들이 조선을 긍정적으로 바라볼 수 있었던 것은 아닙니다. 하지만 전혀 다른 문화 속에서 한국인들을 위해 일생을 바쳤던 선교사들의 삶을 생각하면, 그것만으로도 그들은 충분히 존경받을만한 자격이 있다고 생각합니다.

② 선교방식으로써 양반문화의 수용

이러한 배경에서 조선에 입국한 선교사들에게 조선의 봉건체제는 낯설지 않은 것이었을지도 모르겠습니다. 물론 완전히 다른 문화 속에 들어와 적응하는 것은 결코 쉬운 일이 아니었을 것입니다. 그럼에도 불구하고 선교사들은 열정적으로 선교활동을 펼쳤습니다. 이때 그들은 조선의 지배계층이었던 양반들과 교제하고 그들의 문화를 습득하는 것이 선교활동에 효과적이라는 사실을 깨닫게 됩니다. 그들은 양반 신자들이 가진 사회적 영향력을 통해 선교활동에 장애가 될 수 있는 여러 문제들을 해결할 수 있었던 것입니다.

예를 들어 제3대 대목구장 페레올 주교(Jean Joseph Ferreol, 1808~1853)는 1839년 기해박해, 1846년 병오박해로 파괴된 교회를 재건하기 위해 전국에 퍼져 있던 교우촌을 순방하는 데 심혈을 기울였습니다. 이때 페레올 주교는 양반 신자들을 측근으로 중용했습니다.

순방기간 동안 만에 하나 발생할 수 있는 위험을 해결하려면 양반 신자들이 필요했기 때문이었습니다. 상상해보시기 바랍니다. 피부색도 다르고, 사용하는 언어도 달랐습니다. 조선 사람들이 공유하던 관습은 낯설었습니다. 이런 상황에서 선교사들이 선교활동을 펼치려면 누군가의 도움이 필요했습니다. 이때 양반 신자들은 선교사들의 결점을 보완해주기에 적합한 협조자들이었습니다. 그들은 선교사들의 안전을 보장해줄 수 있을 뿐만 아니라, 박해로 파괴된 교회를 재건할 수 있는 사회적 권위와 지적 능력을 가지고 있었습니다. 당시 많은 양반 신자들이 공소 회장에 임명되었다는 사실은 그들이 한국 교회에서 중요한 역할을 담당하고 있었고, 또 그렇게 교회를 위해 봉사하는 양반들이 많았다는 점을 알려줍니다.[96]

이러한 긍정적인 측면에도 불구하고 양반 신자들에 대한 선교사들의 총애는 교회 내에 부정적인 영향을 가져오기도 했습니다. 일부 양반 신자들이 외부인에게 뿐만 아니라, 교회 구성원들에게까지 양반 행세를 하면서, 심한 불화를 일으키게 되었던 것입니다. 최양업 신부는 이러한 양반 신자들의 폐단을 다음과 같이 고발하고 있습니다.

우리 조선에서 양반이라는 자들에 대한 여론은 대단히 부정적입니다. 건전한 정신을 가진 양반들까지 포함하여 모든 백성이 양반 계급의 독선, 오만, 횡포, 부도덕이 모든 (사회)악의 근원이고 (백성들의) 온갖 비참의 원

---

96 박해 시기 양반 신자들의 신앙생활에 대해서는 다음을 참고하세요. 서종태, 2000, "병인박해기 신자들의 사회적 배경과 신앙-양반 신자들을 중심으로", 『민족사와 교회사』, 한국교회사연구소, 283-336쪽.

인임을 시인하며 지겨워하고 있는 것이 현실입니다. 그런데 앞에서 말씀드린 주교님(페레올 주교: 인용자 주)은 양반 계급만 너무 편애하시어 이미 너무도 높아진 양반들을 더 높이 추켜주고, 그 반면 이미 너무나 비참하게 억눌려 있는 일반 서민들을 더욱 억누르는 것으로 보였습니다. 그리하여 신자들 사이에 나날이 불화가 심해지고 많은 이들이 의문을 느끼고 자포자기에 빠졌습니다. 또한 교우들의 열심이 갈수록 감퇴되고 악한 사정이 더욱더 악해지는 것으로 보였습니다.[97]

이와 같은 일부 양반 신자들의 폐단과는 별개로, 선교사들은 복음 선포를 위해 양반 문화를 적극적으로 수용하게 됩니다. 그것이 가져다주는 효과를 눈으로 직접 확인할 수 있었기 때문입니다. 예를 들어 1850년대부터 신학 교육 과정을 운영하기 시작한 다블뤼 주교의 편지에는 양반 문화의 수용이 선교활동에 필수적인 것임을 깨달았던 선교사들의 경험이 녹아 있습니다.

이곳에서 신학생들이 (한문을 알고 있어야 한다는 사실은) 가장 중요한 것입니다. 저희의 경우, 그렇게 모르는 것을 그냥 넘어가지만 (외국인 선교사들이 한자를 모르는 것도 그냥 이해하고 넘어가지만), 조선인들에게 그것은 용납되지 않을 것입니다. 따라서 조선인 사제들은 그들에게 필요한 존중과 평가, 신뢰의 대부분이 (한문을 모른다는) 사실 그 자체로(ipso

---

97 리브와 신부에게 보내는 1857년 9월 15일자 최양업 신부의 서한. 최양업, 2021, 『너는 주추 놓고 나는 세우고: 최양업 신부의 편지 모음』, 정진석 역, 바오로딸, 211-212쪽.

facto) (이 모든 것을) 상실하게 될 것이며, 특히 저희가 행동에 있어 좀 더 자유로워 선비들과 접촉이 있었다면, 이러한 결핍(한자를 모르는 것)은 매우 불리했을 것입니다.[98]

이처럼 다블뤼 주교와 선교사들은 한문의 습득과 활용 능력이 당시 조선에서 상류층, 즉 양반이 지녀야할 기본 덕목이며, 그것이 선교 활동에 필수적이라는 점을 이해하고 있었습니다. 조선에서 원만하게 선교활동을 펼치기 위해서는 양반 문화를 적극 활용해야 한다는 것을 경험을 통해 깨닫고 있었던 것입니다. 그것은 선교사들이 실제 선교활동에 나섰을 때에도 마찬가지였습니다. 다음은 다블뤼 주교(당시 신부)가 선교활동 초기에 순방길을 나섰던 상황을 회상하며 작성한 편지입니다.

그 대하(大河)를 건너야만 했는데 설상가상으로 사방에서 밀물이 거세게 드는 때였어. [...] 한참을 애쓴 뒤에 우리는 온통 비에 젖고 흙탕물을 뒤집어 쓴 채 우스꽝스러운 차림으로 강 건너편에 도착했지. 그렇다고 우리의 양반 행색이 조금도 훼손된 것이 아니어서 우리는 그 모습으로 여정을 계속했어. 그날 이후로 우리는 주막을 이용할 때마다 거기에 있던 사람들을 쫓아내고 그들의 방을 차지했지. 때로는 그 가련한 사람들은 아이들을 데리고 밖에서 자느라 무척 추웠을 거야. 나는 그들이 측은해서 마음이 아팠

---

98 다블뤼 신부의 1854년 1월 24일자 편지; 장동하, 2006, 『한국 근대사와 천주교회』, 가톨릭출판사, 52쪽에서 재인용.

지만, 어쩌겠어? 그것이 혹시라도 우리에게 불미스러운 일을 초래할 만남을 피하고 우리를 알아보지 못하게 할 유일한 방법이었거든. 그래서 우리는 항상 정말로 심술궂은 사람들처럼 행동하면서 준엄한 어투로 말하고, 가끔은 옥박지르기도 했어. 남들이 쉽사리 우리를 무시하지 못하게 조선 양반들의 관행을 따른 거지.[99]

다블뤼 주교는 순방길에서 불필요한 문제가 발생하는 것을 미연에 방지하기 위해 양반 행세를 할 수밖에 없었다고 고백하고 있습니다. 물론 선교사들이 진짜 양반처럼 아랫 사람들을 무시하려고 했던 것이 아니었음은 명백합니다. 다블뤼 주교 역시 자신의 양반 행세로 힘들었을 사람들을 측은하게 생각하고 있었습니다. 선교사들은 복음 선포라는 대의를 위해 전략적으로 양반 행세를 선택했습니다. 이렇듯 선교사들은 효과적인 선교활동을 위해 양반 신자들을 중용하고, 양반 문화를 익혀나갔습니다.

다. 조상 제사 금지와 박해

한국 교회가 세워진 해는 1784년입니다. 사실 이때는 중국 의례 논쟁이 종지부를 찍은 1742년으로부터 40여 년이 지난 시점이었습니

---

99 다블뤼 신부의 1848년 8월 서한; 앙투안 다블뤼, 2018, 『다블뤼 주교가 가족들에게 보낸 편지』, 유소연 역, 내포교회사연구소, 94쪽.

다. 그러나 중국으로부터 서구 문물을 간접적으로 받아들였던 조선
의 지식인들은 교황청의 조상 제사 금지령이 아닌, 예수회원들이 중
국에서 펼쳤던 적응주의 선교의 성과물들을 접할 수 있었습니다.
물론 병자호란(1636~1637)으로 청나라에 볼모로 잡혀갔던 소현세
자(1612~1645)가 아담 샬 신부(Adam Schall, 1591~1666)와 교류하며
서양 과학과 천주교를 접하기도 했습니다. 하지만 그의 갑작스런 죽
음(1645)으로 천주교가 조선에 들어오지는 못했습니다. 이후 조선
의 유학자들 가운데는 조선 후기 사회의 폐단을 바로잡지 못하는 유
교의 부족한 점을 보완하기 위해 새로운 학문을 찾는 경우가 있었습
니다. 앞서 말씀드렸듯이, 이를 보유론(補儒論)이라 말합니다. 그렇
게 해서 그들이 접한 학문이 서학(西學) 즉, 천주교였습니다. 그들에
게 서학은 유교를 보완할 수 있는 최적의 학문이었습니다. 그런데 그
들 가운데 서학을 신앙으로 받아들인 사람들이 생겨나게 되었고,
그들의 모임으로 한국에 교회가 세워질 수 있었습니다.

　아직까지 그들은 보편 교회의 흐름을 따라가지 못하는 상황이었
기 때문에 가성직제도(假聖職制度)를 설정하여 교회를 운영해나갔
습니다. 이후 가성직제도가 잘못된 것이라는 점을 알게 된 신자들
이 북경교구 주교에게 문의하자 주교는 가성직제도가 잘못된 것이
기에 공식적으로 서품을 받은 선교사를 조선에 파견하겠다고 답변
합니다. 그런데 1742년에 확정된 중국 의례(조상 제사, 공자 숭배) 금지
령을 덧붙였습니다. 즉, 주교는 조선의 신자들에게 교황청의 명령에
따라 조상 제사를 금한다고 지시한 것입니다.

명나라 멸망이후, 유학의 적통을 계승했다고 믿고 있었던 조선 사람들에게 중국 의례는 나라의 정체성을 이루는 핵심 의례였습니다. 그런데 그것을 미신 행위로 취급하고, 금지하는 교황청의 결정은 조선 신자들에게 큰 충격으로 다가왔을 것입니다. 이제 그들 앞에는 두 가지 선택지가 놓여 있었습니다. 중국 의례, 특히 조상 제사를 포기할 것인가? 천주교를 버릴 것인가? 만약 조상 제사를 포기한다면, 조선 사회로부터 배척당할 것을 각오해야하는 것이었기에 선택이 쉽지 않았을 것입니다. 그래서 많은 신자들이 천주교를 버리게 됩니다. 하지만 조상 제사를 거부하며 끝까지 천주교 신앙을 지킨 사람들이 있었습니다. 그들의 선택은 결국 조선 사회와 충돌을 일으키게 됩니다.

대표적인 사례가 진산사건(1791)입니다. 전라도 진산군에 살던 복자 윤지충 바오로(1759~1791)와 그의 외종사촌 복자 권상연 야고보(1751~1791)는 조상 제사를 금지시킨 교황청의 명령에 따라 제사를 폐지하고 신주를 불살랐습니다. 이어서 윤지충은 1791년 5월에 돌아가신 어머니의 장례를 치렀습니다. 하지만 신주는 세우지 않고 제사도 지내지 않았습니다. 이러한 행동은 조선 사회를 발칵 뒤집어 놓았고, 결국 관아에 붙잡혀 죽음을 맞이하게 됩니다. 이로 인해 발생하게 된 최초의 박해가 신해박해(1791)입니다.[100] 이후 천주교는 임금도 부모도 몰라보는 무군무부(無君無父)의 사교(邪敎)로 낙인찍히

---

[100] 진산사건과 신해박해와 관련된 자세한 내용은 다음을 참고하세요. 조현범, 2010, "제3장 초기 교회의 활동과 교세의 확산", 『한국 천주교회사 1』, 한국교회사연구소, 290-307쪽.

게 되었습니다. 당시 권력자들은 정적(政敵)을 없애기 위한 빌미로 천주교 신자들을 소환하기 시작합니다. 이로 인해 천주교 신자들은 19세기 내내 갖은 박해를 당하게 되었고, 그 결과 수많은 순교자가 생기게 됩니다.

한편 조상 제사 금지령은 1939년에 가경자 비오 12세 교황(V. PP. Pius XII, 재위 1939~1958)이 '중국 의례에 관한 훈령'을 반포함에 따라 풀리게 됩니다. 교황은 조상 제사가 우상 숭배가 아니라 그 나라 민속이므로, 교리와는 아무런 관계가 없다고 밝혔습니다. 제2차 바티칸공의회 역시 이를 다시 확인해주었습니다. 공의회는 다음과 같이 선언했습니다.

교회는 신앙이나 공동체 전체의 선익에 관련되지 않는 일에서, 엄격한 형식의 통일성을 적어도 전례에서는 강요하고자 하지 않는다. 오히려 여러 민족과 인종의 정신적 유산과 자질을 계발하고 향상시킨다. 그리고 민족들의 풍습에서 미신이나 오류와 끊을 수 없는 관계를 맺고 있는 것이 아니면 무엇이든 호의로 존중하고, 또 할 수 있다면, 고스란히 보존하며, 더욱이 참되고 올바른 전례 정신에 부합하기만 하면 때때로 전례 자체에 받아들인다.[101]

그것은 다른 문화를 경직되게 바라보았던 천주교회의 태도가 다른

---

[101] 제2차 바티칸공의회, 1963, 『거룩한 전례에 관한 헌장 「거룩한 공의회」(Sacrosanctum Concilium)』, 교황청, 37항.

문화를 존중하고 이해하려는 모습으로 변화되었음을 의미했습니다. 이후 조상 제사를 둘러싼 천주교회와 한국 사회의 갈등은 사라지게 되었습니다. 오늘날 한국 교회는 "조상 숭배의 의미를 연상시킬 소지"만 없다면, "제사는 조상께 드리는 효심의 표현이고, 조상의 영원한 안식을 청원하는 예절이며, 형제애를 나누는 자리"라고 가르칩니다.[102] 그래서 천주교 신자들은 조상 제사나 장례식장 영정 앞에서 절하기를 두려워하지 않습니다.

라. 박해의 양상과 한국 천주교회의 대응

한편 신해박해로부터 시작된 조선 정부의 박해는 19세기 후반까지 이어졌습니다. 수많은 박해 가운데 1801년의 신유박해(辛酉迫害), 1839년의 기해박해(己亥迫害), 1846년의 병오박해(丙午迫害), 1866년의 병인박해(丙寅迫害)는 4대 박해라 불릴 정도로 규모가 컸다고 합니다. 박해로 순교한 신자들은 수만 명에 이르는 것으로 추정됩니다. 그런데 천주교 신자들이 겪었던 고통은 순교에만 있었던 것이 아닙니다. 박해로부터 살아남은 신자들은 산골에 숨어살아야 했고, 먹을 것이 없어 굶주림에 시달려야만 했습니다. 이러한 상황은 선교사들이라고 예외일 수 없었습니다. 병인박해까지 조선에서 활동한

---

102 한국천주교주교회의, 2015, 『한국 천주교 예비 신자 교리서(개정판)』, 주교회의 교리교육위원회 편, 한국천주교중앙협의회, 29쪽.

〈표 1〉 1866년까지 조선대목구에서 활동한 성직자 명단[103]

연번	성직자 이름	출생	입국	사망	사인
1	주문모 신부	1752	1794	1801	참수
2	여항덕 신부	1795	1834	1854	추방
3	브뤼기에르(Bruguière) 주교	1792	–	1835	병사
4	모방(Maubant) 신부	1803	1836	1839	참수
5	샤스탕(Chastan) 신부	1803	1836	1839	참수
6	앵베르(Imbert) 주교	1797	1837	1839	참수
7	김대건 신부	1822	1845	1846	참수
8	페레올(Ferréol) 주교	1808	1845	1853	병사
9	다블뤼(Daveluy) 신부	1818	1845	1866	참수
10	최양업 신부	1821	1849	1861	병사
11	메스트르(Maistre) 신부	1808	1852	1857	병사
12	장수(Jansou) 신부	1826	1854	1854	병사
13	베르뇌(Berneux) 주교	1814	1856	1866	참수
14	프티니콜라(Petitnicolas) 신부	1828	1856	1866	참수
15	푸르티에(Pourthié) 신부	1830	1856	1866	참수
16	페롱(Féron) 신부	1827	1857	1903	탈회
17	랑드르(Landre) 신부	1828	1861	1863	병사
18	조안노(Joanno) 신부	1832	1861	1863	병사
19	리델(Ridel) 신부	1830	1861	1884	병사
20	칼레(Calais) 신부	1833	1861	1884	탈회
21	오메트르(Aumaître) 신부	1837	1863	1866	참수
22	위앵(Huin) 신부	1836	1865	1866	참수
23	볼리외(Beaulieu) 신부	1840	1865	1866	참수
24	도리(Dorie) 신부	1839	1865	1866	참수
25	브르트니에르(Bretenières) 신부	1838	1865	1866	참수

선교사(성직자) 24명 가운데 14명이 참수를 당하는 등 선교사들은 자신의 생명을 보호하는 것조차도 버거운 상황이었습니다.

당시 한국 교회가 겪고 있던 고통스러웠던 상황은 배론에 있었

---

103 장동하, 2006, 『한국 근대사와 천주교회』, 가톨릭출판사, 72쪽 및 필자 수정 보완.

던 성요셉신학교 학장 푸르티에 신부(Jean Antoine Pourthié, 1830～1866)의 1865년도 보고서를 통해서도 확인됩니다. 푸르티에 신부는 신학생들의 건강 상태를 다음과 같이 설명하고 있습니다.

현재 신학교에는 4명의 신학 과정의 학생과 조금 진전이 있는 몇 명의 라틴어 과정 학생이 공부하고 있다. 빈약하기 짝이 없는 이 신학교의 학생들은 거의 환자들이며, 우리는 병으로 그들을 점차 잃어 가고 있다. 4명의 신학 과정 학생 모두 폐병을 앓고 있다. 이러한 병의 원인은 신선한 공기의 산과 장소의 협소함에 있다기보다, 운동과 활동의 부족에 있다고 본다. 우리 신학교는 위험한 환경에 놓여 있다. 우리는 가난한 농부의 집과 나란히 연결되어 있고, 우리의 모든 건물들이 그 집의 굴뚝에 의지하고 있는 형상이다. 또한 가능한 한 가장 작은 공간에서 생활하고 있어, 나의 불쌍한 학생들은 낮이나 밤이나 문을 굳게 닫고 있으며, 병에 걸린 상태에서 공부하는 학생들은 자기들 옆에 길게 땋아 내린 머리를 넓게 펼쳐 놓은 채 작은 방에서 생활하고 있다. 이웃의 비신자들로부터 주목받고 있다는 걱정이 우리로 하여금 자유롭게 나가는 것을 억제하게 하며, 산들이 많은 이로움에도 불구하고 우리는 아주 드물게 주위를 산보하는 정도이지만, 이것이 학생들을 위한 것이기에 고통스럽지는 않다.[104]

그에 따르면, 대부분의 신학생들은 병을 앓고 있었고, 자기 자신도

---

104 푸르티에 신부의 1865년 4월 2일자 보고서; 장동하, 2006, 『한국 근대사와 천주교회』, 가톨릭출판사, 120쪽에서 재인용.

2부. 빛과 어둠의 순간들, 한국천주교회가 걸어온 길   105

각혈을 하고 있었습니다. 푸르티에 신부는 운동 부족을 그 원인으로 꼽고 있습니다. 그것은 배론에 신학교가 있다는 사실이 비신자들에게 발각되지 않도록 외부 활동을 극도로 자제할 수밖에 없었기 때문이었습니다. 따라서 그와 신학생들은 좁은 골방에 모여 불편한 생활을 지속할 수밖에 없었습니다. 이러한 상황을 알고 있었던 제4대 조선대목구장 베르뇌 주교는 배론보다 환경이 좋고 안전한 곳을 수소문했던 것으로 보입니다. 하지만 배론 이외에 신학생들의 안전을 더욱 분명하게 보장해줄 장소를 찾기는 힘들었습니다. 결국 조선인 성직자의 배출을 누구보다 간절히 염원하던 베르뇌 주교의 소망에도 불구하고, 많은 신학생들이 건강을 이유로 신학교를 중퇴하게 됩니다.[105] 결국 해외 유학을 통해 양성된 김대건 안드레아 신부(1845년 서품)와 최양업 토마스 신부(1849년 서품) 이후, 새로운 조선인 성직자는 종교의 자유가 허락된 1896년에 이르러서야 다시 배출되기 시작했습니다.

한편 신자들은 박해를 피해 지방으로 이주를 했습니다. 이때 그들은 사람들의 시선을 피하기 위해 깊은 산속으로 숨어들었고, 서로 신원이 확인된 신자들끼리 모여 살기 시작했습니다. 그것은 교우촌으로 발전하게 되었습니다. 교우촌 신자들이 험한 산 속에서 살아가기란 결코 쉬운 일이 아니었습니다. 그들은 화전을 일궈 먹을 것을 구했고, 옹기를 구워 내다 팔아 삶을 이어나갔습니다. 신자들이 옹

---

105 장동하, 2006, 『한국 근대사와 천주교회』, 가톨릭출판사, 118-119쪽.

기를 많이 구웠던 것은 옹기장이가 매우 천대받는 직업이라 사람들의 시선을 피하기 쉬웠고, 옹기는 큰 밑천 없이도 이윤을 많이 남길 수 있다는 장점이 있었기 때문이었습니다. 이렇듯 힘든 상황 속에서도 신자들은 함께 모여 신앙생활을 이어나갔습니다. 그리고 그 안에서 공동체 정신을 꽃 피울 수 있었습니다. 박해를 피하고 신앙생활을 지속해나가기 위해 서로 돕지 않으면 안 되는 상황이었기에, 교우촌 신자들 사이에서는 신분과 재산, 학식 등의 구별이 무의미했던 것입니다. 그들은 공동 작업과 공동 분배를 통해 더불어 살아갔으며, 혼인을 통해 더욱 가까워질 수 있었습니다.[106] 뿐만 아니라 신자들은 힘든 상황에서도 가난한 이들에게 희사(喜捨)를 하고, 애덕을 실천했습니다. 이러한 모습은 천주교에 대한 비신자들의 편견을 바로잡는 데 큰 도움이 되었습니다.[107]

이렇듯 한국 교회는 성직자와 평신도 가릴 것 없이 조선 왕조의 박해에 속수무책으로 당할 수밖에 없었습니다. 당시 한국 교회는 자신을 보호할 수 있는 힘이 없었기 때문입니다. 하지만 한국 교회는 박해를 종식시키고 신앙의 자유를 얻기 위해 온갖 노력을 다하게 됩니다.[108] 그것은 당시 천주교회가 세상을 바라보는 방식, 즉 세상은

---

[106] 교우촌의 분포와 공동체적인 삶에 대한 설명은 다음을 참고하세요. 최선혜, 2010, "제1절 '목자 없는 교회': 교우촌의 형성과 확산", 『한국 천주교회사 2』, 한국교회사연구소, 119-151쪽; 노길명, 1984, "박해기·개화기의 한국 천주교회와 사회개발", 『한국교회사논문집 I』, 한국교회사연구소, 171-173쪽.

[107] 샤를르 달레, 1979, 『한국 천주교회사(상)』, 안응렬·최석우 역, 한국교회사연구소, 607쪽; 노길명, 1984, "박해기·개화기의 한국 천주교회와 사회개발", 『한국교회사논문집 I』, 한국교회사연구소, 173쪽.

[108] 조선 왕조의 천주교 공인을 위한 역대 조선대목구장들의 노력은 다음을 참고하세요. 이석원, 2018,

맞서 싸워 이겨야 할 대상이라는 인식과 결합되었습니다. 그래서 조선 왕조의 박해로부터 교회를 보호해줄 세력을 끌어들여 조선 왕조를 제압하자는 주장이 힘을 얻게 됩니다. 이것은 (종교적 이유 때문에) 국가 폭력으로부터 집단학살(genocide)을 당할 위험에 처해 있던 교회 구성원들이 선택할 수 있는 유일한 방법이기도 했습니다.

그 시도 가운데 하나가 이 책의 서두에 말씀드린 황사영의 백서였습니다. 황사영은 서구의 힘을 빌려 조선 땅에서 신앙의 자유를 얻고자 했습니다. 하지만 백서가 사전에 발각되면서, 이 계획은 무산되었지요. 이와 비슷한 시도는 황사영 이전에도 신자들에 의해 몇 차례 시도된 적이 있습니다. 그러한 시도들은 일명 '대박청원서(大舶請願書) 사건'이라고 불립니다. 당시 신자들은 서양의 큰 배가 조선에 온다면 천주교 선교가 중국처럼 쉽게 용인 받아 신앙의 자유를 얻게 될 것이라는 낙관적인 견해를 가지고 있었습니다. 그러한 시도는 1790년과 1796년에 있었고, 그것의 연장선에서 1801년 황사영의 백서 사건이 벌어졌던 것입니다.[109]

이러한 시도는 선교사들이 입국한 다음에도 계속 이어졌습니다. 특히 기해박해(1839)로 3명의 동료 선교사(앵베르 주교, 샤스탕·모방 신부)를 잃은 선교사들은 조선 정부에 동료 선교사들의 죽음에 대한 책임을 묻고, 신앙의 자유를 얻기 위해 자신들의 모국(母國) 프랑

『19세기 동서양 충돌과 조선 천주교-조선대목구장들의 천주교 공인 시도와 조선의 대응』, 수원교회사연구소.

109 평신도 지도자들의 대박청원사건에 대해서는 다음을 참고하세요. 조광, 2010, 『조선 후기 사회와 천주교』, 경인문화사, 131-150쪽.

스를 끌어들이게 됩니다.[110] 이러한 요청에 따라, 아시아 지역에 진주해있던 프랑스 극동함대의 세실 제독(Baptiste Thomas Medee Cecille, 1787~1873)은 조선으로 함대를 이동시켜, 1846년 6월 20일에 충청도 홍주(洪州, 오늘날의 홍성)의 외연도 앞바다까지 진출하게 됩니다. 그런데 마침 병오박해(1846)가 일어났습니다. 이때 페레올 주교는 조선 해안에 정박해있던 세실 제독에게 급히 편지를 보내 체포된 김대건 신부를 구출해달라고 요청합니다. 김대건 신부 역시 프랑스 함대가 자신을 구출해줄 수 있을 것이라는 기대를 갖고 있었던 것으로 보입니다.[111] 그러나 페레올 주교가 보낸 편지는 늦게 함대에 도착했고, 김대건 신부는 결국 1846년 9월 16일에 서울 새남터에서 순교합니다. 이에 페레올 주교는 김대건 신부의 순교와 병오박해로 인해 발생한 한국 교회의 피해 상황을 프랑스 극동함대에 알리고, 프랑스가 조선 정부의 박해에 적극적으로 개입해줄 것을 요청했습니다.[112] 그러나 조선 연안에 등장한 프랑스 함대가 별다른 성과 없이 돌아가는 것을 보고,[113] 선교사들은 "나는 이 프랑스라는 이름이 부끄럽다"며 깊은 실망감을 표했다고 합니다.[114]

---

110 조현범, 2008, 『조선의 선교사, 선교사의 조선』, 한국교회사연구소, 302-307쪽.

111 페레올 주교에게 보내는 1946년 8월 26일자 김대건 신부의 서한. 김대건, 2021, 『이 빈 들에 당신의 영광이: 김대건 신부의 편지 모음』, 정진석 역, 바오로딸: 196쪽.

112 홍순호, 1987, "파리 外邦傳敎會 宣敎師들의 韓國進出에 대한 프랑스政府의 態度: 對韓 帝國主義外交政策을 중심으로 (1831~1886)", 『교회사연구』 5, 46쪽.

113 세실 제독은 프랑스 선교사들의 죽음에 대한 책임을 묻는 '문책서'를 조선 정부에 보내고 돌아갔습니다.

114 조현범, 2008, 『조선의 선교사, 선교사의 조선』, 한국교회사연구소, 303쪽.

하지만 그 이후에도 한국 교회는 비슷한 시도를 이어갔습니다. 대표적인 예가 1866년에 벌어진 병인양요(丙寅洋擾)였습니다. 그런데 병인양요가 벌어지기 직전, 한국 교회는 박해를 면할 수 있는 기회를 맞이하는 듯 보였습니다. 러시아의 남하정책 때문이었습니다. 연해주 지방을 차지하며 조선과 국경을 맞대게 된 러시아는 두만강을 건너 조선에 통상을 요구하기 시작했습니다. 이런 요구에 당황한 조선은 러시아의 남하를 막기 위해 이이제이(以夷制夷) 정책을 고려하게 됩니다. 이이제이란 오랑캐를 오랑캐로 제압한다는 뜻입니다. 러시아라는 오랑캐를 제압하기 위해 프랑스라는 오랑캐를 불러들이려는 시도가 있었던 것입니다. 이를 위해 당시 실권자였던 흥선대원군(1821~1898)은 조선에서 활동하던 프랑스 선교사 베르뇌 주교를 만나기로 합니다. 그것은 교회에 희소식이 아닐 수 없었습니다. 베르뇌 주교의 중재로 조선과 프랑스가 국교를 맺고, 이를 통해 러시아의 남하정책을 막아낼 수 있다면, 조선에서 신앙의 자유를 누릴 가능성이 열리기 때문이었습니다.

하지만 이러한 기대는 수포로 돌아갔습니다. 지방에 머물던 베르뇌 주교가 서울에 도착한 것은 대원군의 면담 요청이 있은 지 한 달이 지난 다음이었습니다. 그런데 그 사이에 국내 정세가 교회에 불리하게 변해버렸습니다. 1860년에 청나라는 영국, 프랑스, 러시아와 베이징조약을 맺었습니다. 베이징조약은 제2차 아편전쟁(1856~1860)에서 패배한 청나라가 어쩔 수 없이 맺은 불평등 조약이었습니다. 중국이 세상의 중심이라고 믿었던 청나라 사람들에게 황제가 사는 북경 자금성이 함락당하는 상황은 가히 충격적이었을 것입니다. 이에 분노한 청나라 백성들이 서양인을 탄압하고 죽이는 경우가 많았습니다. 그런데 이 사실이 마침 프랑스와 관계 개선을 시도하던 시점에 조선 정부에 보고되었습니다. 이로 인해 대원군에게 정치적 부담이 가중되었습니다. 청나라를 무릎 꿇린 프랑스를 조선에 끌어들이는 것을 대원군의 정적(政敵)들이 가만 보고 있지 않았던 것이지요. 여기에 대원군이 살던 운현궁(雲峴宮)에 천주교인이 있다는 소문까지 들려왔습니다. 결국 대원군은 프랑스와 외교 관계를 개선하려던 시도를 접게 됩니다. 그리고 그는 외세의 침략으로부터 나라를 보호하고, 유교 중심의 왕권 강화를 위해 노력하게 됩니다. 이에 그는 천주교를 박해하기 시작했는데, 그것이 병인박해(1866)였습니다. 이처럼 병인박해는 대원군이 자신을 친(親) 천주교 세력으로 덧씌워 공격하는 이들로부터 정치적 입지를 보존하기 위해 시작되었습니다.[115]

병인박해로 베르뇌 주교와 다블뤼 주교, 여러 선교사들 그리고 성 남종삼 요한(1817~1866) 등 한국 교회 지도자 다수가 체포되어 순교했습니다. 이때 박해를 피해 청나라로 피신한 신자들이 있었습니다. 그들은 신자 11명과 리델 주교(Félix Clair Ridel, 당시 신부, 후에 제6대 조선대목구장, 1830~1884)였습니다. 이들 가운데 8명은 미리 귀국하고, 최선일, 최인서, 심순여 등 3명은 리델 주교와 함께 남아 있었

---

[115] 병인박해의 발생 원인에 대한 자세한 내용은 다음을 참고하세요. 방상근, 2010, "제7장 병인박해", 『한국 천주교회사 3』, 한국교회사연구소, 250-257쪽.

습니다. 특히 리델 주교는 청나라 천진(天津)에 있던 프랑스 극동함대 로즈 제독(Pierre-Gustave Roze, 1812~1882)에게 조선 천주교 신자들을 구해달라고 요청합니다. 이에 1866년 10월에 로즈 제독이 7척의 군함을 이끌고 조선으로 출병했는데, 그것이 바로 병인양요의 시작이었습니다. 이때 청나라에 피신했던 조선인 신자들은 조선군의 정보를 프랑스군에게 전달해주는 역할을 수행했다고 합니다.[116]

한편 리델 주교와 함께 박해를 피해 달아났던 페롱 신부(Stanislas Férron, 1824~1903)가 1868년 4월에 독일 상인 오페르트(Ernst Jakob Oppert, 1832~1903)와 공모하여 흥선대원군의 아버지인 남연군(南延君, 1788~1836)의 묘를 도굴하려다 실패하는 사건이 벌어집니다. 페롱 신부는 남연군의 시체를 두고 대원군과 신앙의 자유를 거래하려고 하였던 것입니다. 물론 이러한 행동은 동료 선교사들과 파리외방전교회 본부, 그리고 청나라에 있는 프랑스공사관 당국으로부터 비난을 받았습니다.[117]

이와 같은 사건들은 천주교가 외세를 불러오고 있으며, 조상의 묘를 도굴하는 등 야만적인 종교라는 인식을 조선 사회에 강화시키기 충분했습니다. 신자 아닌 사람들의 눈에는 천주교 신자들이 나라의 안보와 정신적 뿌리를 위태롭게 한다고 느낄 만했던 것입니다. 하지만 신자들은 그만큼 절박했다고 볼 수 있습니다. 국가의 압도적

116 장동하, 2006, 『한국 근대사와 천주교회』, 가톨릭출판사, 170-173쪽.

117 배세영, 1984, "한국에서의 파리외방전교회의 선교방침(1931-1942)", 『韓國敎會史論文集Ⅰ』, 한국교회사연구소, 758쪽.

인 폭력 앞에서 무력할 수밖에 없었던 신자들이 내세울 수 있었던 것은 아시아 지역 천주교회를 보호하던 프랑스의 힘밖에 없었을지 모를 일이었던 것입니다.

물론 현실은 가혹했습니다. 절박했던 신자들의 속사정과는 상관없이, 병인양요와 남연군 묘 도굴 사건 등은 조선 정부의 교회 박해를 정당화하기에 충분했습니다. 여기에 1871년에 미군이 강화도를 침략했던 신미양요(辛未洋擾)로 인해 박해는 계속되었습니다. 결국 1866년에 시작된 병인박해는 흥선대원군이 실각한 1873년까지 이어졌습니다. 이 박해로 대략 8,000명에서 2만 명의 신자들이 순교한 것으로 추정됩니다.

마. 고통 받는 사람들에게 위로를 준 한국 천주교회

지금까지 창립 초기부터 약 100년에 걸친 박해시기를 걸어온 한국 교회의 모습을 돌아보았습니다. 한국 교회는 선교사 없이 자발적으로 세워진 정말 독특한, 그래서 더욱 소중한 교회였습니다. 신자들은 스스로 교회 제도를 갖춰나갔고, 성직자를 영입하기 위해 갖은 노력을 다했습니다. 그 결과 조선대목구가 설정되었고, 파리외방전교회 선교사들이 조선에 입국하여 활동하게 되었습니다. 선교사들은 조선에 적응하는 것이 쉽지 않았기에, 양반 문화를 활용하기도 했습니다. 하지만 목숨을 바쳐가면서까지 우리 선조들의 신앙생활을 위해 헌신했던 선교사들 덕분에, 한국 교회는 크게 성장해나갈 수 있었습니다.

하지만 조선 정부의 박해는 끊이지 않았습니다. 제사 문제로 시작된 박해는 권력자들이 정적(政敵)을 처단하는 수단으로 전락되면서 애꿎은 사람들을 죽음으로 몰아넣었습니다. 이렇듯 조선 정부의 박해가 백여 년간 이어졌지만, 천주교회는 그것을 방어할 수단이 없었습니다. 외부의 도움을 청하는 노력이 있었지만, 그것마저도 번번이 성사되지 못했습니다.

그런데 이상한 일이 벌어졌습니다. 박해가 심해질수록 천주교회에 입교하는 사람들의 숫자는 늘어만 갔던 것입니다. 한반도 땅에 처음으로 교회가 세워졌던 1784년경 1,000명에 불과했던 신자 수가 1790년에는 4,000명, 1796년에는 1만 명을 넘더니, 박해시기를 거치면서는 1859년 1만 6,700명, 1865년에는 2만 3,000명에 달하게 되었습니다.[118]

한편 조상 제사 금지를 계기로 박해가 시작되면서, 천주교가 유교를 보완할 것이라는 기대로 입교했던 많은 양반들이 천주교회를 떠났습니다. 조선 왕조가 천주교를 사교(邪教)로 낙인찍고 대대적으로 박해를 일으키는 상황에서, 잃을 것이 많았던 양반들이 끝까지 신앙을 지키기란 매우 어려운 일이었을 것입니다. 이런 상황을 빗대 보면, 신앙을 위해 목숨을 바쳤던 양반 신자들은 정말 대단한 결단

118 한국천주교중앙협의회, 2018, 『한국 천주교회 총람 2013-2017년』, 한국천주교중앙협의회, 509쪽.

을 내렸었다는 사실을 다시 한 번 절감하게 됩니다.

박해 기간 동안 양반 신자들의 이탈이 지속되면서, 천주교 신자들의 구성에도 변화가 생깁니다. 18세기말에서 19세기 초까지 20퍼센트 대를 유지하던 양반 신자 비율은 19세기 후반에 들어서면 5퍼센트 대로 급감했습니다. 반면 상민과 천민 등 하층민에 속하는 신자 비율은 70퍼센트 대에서 90퍼센트 대로 급증하여 천주교 신자의 대부분을 차지하게 됩니다.

〈표2〉 1784년부터 1876년까지 천주교 신자들의 신분별 구성[119]

(단위: %)

	양반	중인	상민	천민	미상
1784~1801	20.61	6.25	4.05	6.93	62.61
			73.59		
1802~1846	21.32	4.54	22.68	1.13	50.34
			74.15		
1866	14.88	5.79	64.46	10.74	4.13
			79.33		
1866~1876	5.64	3.19	25.00	–	66.18
			91.18		

그렇다면 당시 하층민들은 어떤 마음으로 천주교회에 입교하게 된

---

[119] 노길명, 2005, 『민족사와 천주교회』, 한국교회사연구소, 74쪽: 조광, 1977, "신유박해의 분석적 고찰", 『교회사연구』 1, 51쪽: 최양규, 1988, "을해·병자 교난기 천주교도의 분석적 고찰", 『교회사연구』 6, 241쪽: 石井壽夫, 1977, "고종조의 조선 천주교와 그 박해-특히 포도청 등록을 소재로 하여", 『한국 천주교회사 논문선집』 2, 203쪽: 고흥식, 1986, 『고종조 병인교난 연구』, 고려대학교석사학위논문, 26쪽.

것이었을까요? 아래의 글은 박해 시기 당시 하층민들의 신자들의
마음을 묘사한 소설 『난주』의 일부분입니다.

김씨든 조씨든(세도정치 가문: 인용자 주), 이미 백성들의 마음은 하늘의 임
금에 있으니 그들이 어쩌렵니까. 삼촌(정난주 마리아: 인용자 주)도 왜 그들
이 천주님을 그토록 경외하는지 잘 알질 않습니까. 우리와 같이 근본 없는
천출에 서얼, 중인, 온갖 잡인들은 그저 천주님이 사람으로 지으신 피조물
이라는 것만으로도 감격하는 것입니다. 개소만 못한 삶을 살던 이들에게
천주님의 가르침은 생명 그 자체입니다. 그러니 그 줄을 놓을 수 없지요. 더
욱 퍼지게 될 것입니다. 아무도 뿌리지 않아도 바람에 날려 뻗어가는 들꽃
처럼 말입니다. 곧 이 땅은 백성의 나라, 천주의 나라가 될 겝니다. 몇 개의
문중과 왕족을 위한 나라가 아니라요.[120]

물론 이 글은 작가의 상상 속에 쓰인 것입니다. 하지만 사실에 기초
해 소설이 작성되었다는 점에 비추어보면, 당시 천주교회가 세도정
치와 부정부패로 온갖 고통을 받고 있던 하층민들에게 큰 위로가
되고 있었음을 충분히 이해할 수 있습니다. 양반이 아니면 사람 취
급도 받지 못하던 상황에서, 천주교회는 사람들에게 당신은 하느님
의 자녀이기에 아주 귀한 존재이며, 죽으면 하느님 나라에 가서 영원
한 행복을 누릴 수 있다고 알려주었습니다. 이에 하느님 나라에 대

---

120 김소윤, 2018, 『난주』, 은행나무, 168-169쪽.

한 열망으로 가득 찬 그들은 죽음까지도 기꺼이 받아들일 수 있었습니다.[121]

이처럼 천주교회는 많은 박해를 받고 있었지만, 가난하고 고통 받던 사람들과 함께 했습니다. 사람들은 그것을 알고 있었고, 자신들에게 위로를 주는 교회의 품으로 모여들었습니다. 물론 박해 시기는 한국 교회에게 참으로 고통스러운 시간이었습니다. 하지만 그 시간은 역설적으로 깊은 어둠 속에서 사람들에게 빛을 주는 영광의 시간이었습니다.

---

[121] 하층민들이 한국 교회의 다수를 이루게 되면서, 한국 교회의 신앙은 사회 개혁적인 성격에서 내세를 지향하는 숙명론적인 성격으로 변화되어갔습니다. 초기에 신앙을 받아들인 양반 신자들은 유교의 폐단을 천주교를 통해 보완하려는 사회 개혁적인 지향을 가지고 있었습니다. 하지만 뒤늦게 유입된 하층민 신자들은 고통스러운 현실로부터 벗어날 수 있다는 희망을 천주교 신앙을 통해 발견하고 있었습니다. 그렇게 천주교회는 가장 힘없고 고통 받던 하층민들을 위로하고 있었습니다. 이에 대한 논의는 다음을 참고하세요. 조광, 1988, 『조선후기 천주교사 연구』, 고려대학교민족문화연구소, 102-106쪽.

4. 한국 사회의 일원이 된다는 것(1886~1907)

100여 년에 가까운 조선 왕조의 박해는 1886년에 체결된 한불조약을 계기로 사실상 종식되었습니다. 세상이 바뀌었습니다. 서세동점(西勢東漸)의 시대에 선교사들은 프랑스 시민이라는 지위를 활용해 적극적으로 선교활동을 펼치게 됩니다. 자, 완전히 달라진 환경 속에서 한국 교회는 어떤 여정을 걷게 되었을까요? 지금부터 한불조약 체결 이후부터 프랑스가 조선에서 철수한 1907년까지 걸어온 한국 교회의 여정을 함께 살펴보겠습니다.

가. 한불조약 이후 달라진 한국 천주교회의 위상

1791년에 벌어진 최초의 박해, 즉 신해박해는 조상 제사를 금지했던 교황청의 명령과 조선의 관습이 부딪히면서 발생한 것이었습니다. 이후 조선 정부는 천주교를 사교(邪敎)로 낙인찍고 수차례 대대적인 박해를 일으켰고, 수많은 신자들이 목숨을 잃거나, 박해를 피해 매우 고통스러운 삶을 살아갔습니다.

하지만 19세기 후반에 들어서면서, 한국 교회에도 새로운 희망이 열리기 시작했습니다. 안으로는 쇄국정책으로 일관했던 흥선대원군이 실각했고, 밖으로는 제국주의 국가들의 통상요구가 잦아졌습니다. 조선 정부는 드디어 1876년에 일본과 강화도조약을 맺었습니다. 이후 본격적으로 개화 정책을 펼치게 되는데, 이에 따라 서양 종교인 천주교를 무작정 배척하거나 외국인 선교사 및 신자들을 박해할 수 없게 되었습니다. 이윽고 조선 정부는 1886년에 조불수호통상조약(朝佛修好通商條約), 즉 "한불조약"을 프랑스와 체결했습니다. 이 조약을 계기로 천주교에 대한 조선 정부 차원의 박해는 사실상 끝을 맺게 됩니다.

그렇다면 한불조약이 종교의 자유를 명시적으로 허락한 것일까요? 그것은 아닙니다. 한불조약을 보면, 양국 시민들은 호조(護照, 일종의 여권)를 지니고 전국 곳곳을 다니며 교육활동을 할 수 있도록 허용하고 있습니다.[122] 그런데 당시 조선에서 활동하던 프랑스 시민은 선교사들이 대부분이었으니, 이제 선교사들은 조선 어디서나 자유롭게 교육활동을 내세워 선교활동을 할 수 있게 됩니다. 물론

---

122 한불조약 가운데, 천주교와 관련된 주요 조항은 다음과 같습니다. "III조. §1. 조선에 있는 프랑스 시민은 그들의 인신(人身)과 재산에 관련하여 오로지 프랑스 재판권에 속할 것이다. 조선에서 프랑스인 혹은 외국인이 프랑스 시민에 대하여 제기한 소송은 조선 당국의 하등의 간섭도 받지 않고 프랑스 영사 당국에 의하여 판결된다. §2. 조선 당국이나 조선 사람이 고소한 프랑스 사람은 모두 조선에서 프랑스 영사의 권위로 재판을 받아야 할 것이다. [...] §4. 조선에서 경죄 또는 중죄를 범한 프랑스 시민은 프랑스 관계 당국이 프랑스 법률에 의거하여 처벌한다. IV조. §6. 프랑스 시민은 통상을 위해 개방된 항구와 도시를 중심으로 해서 백 리가 되는 지역이나 두 나라 주무 관청이 만장일치로 정한 어떤 범위 내에서는 자유롭게 통행할 수 있다. 또한 프랑스 사람들은 여권을 소지한다는 유일한 조건 하에 조선 영토의 모든 지역에 갈 수 있으며, 여행할 수 있다. 단, 내지에서 점포를 개설하거나 상설 영업소를 설치할 수 없다. IX조. §2. 조선에서 학문 혹은 언어, 과학, 법학, 예술을 배우고 가르치기 위하여 (조선에) 오는 프랑스 시민은 조약을 체결한 양국이 행동으로 보이는 친선의 증거로서 언제든지 원조와 교섭을 받아야 한다. 프랑스로 가는 조선 사람들도 동일한 편의를 향유한다"(장동하, 2006, 『한국 근대사와 천주교회』, 가톨릭출판사, 260~262쪽).

조선에서 종교의 자유가 공식적으로 보장된 것은 1899년 3월 9일 조선 정부 대표 내무지방국장 정준시(鄭駿時)와 한국 교회 대표 제8대 조선대목구장 뮈텔 대주교(Gustav Charles Marie Mütel, 1921년 대주교[123] 승품, 1854~1933) 사이에 체결된 교민조약(教民條約)을 통해서였습니다.

그런데 한불조약에서 주목할 것이 하나 더 있었습니다. 그것은 프랑스 시민에 대한 재판권은 오직 프랑스 정부에 있다는 내용입니다. 프랑스 시민이 조선에서 무슨 잘못을 저지르던 간에 그를 처벌할 권리는 프랑스 정부에 있으며 조선 정부가 프랑스 시민을 어찌할 수 없게 되었다는 것이니, 결국 그 조항은 조선에 거주하는 프랑스 시민에게 '치외법권'을 부여한다는 의미가 담겨 있었습니다. 그 혜택은 고스란히 선교사들에게 돌아갔습니다. 선교사들은 천주교 성직자였지만, 동시에 프랑스 시민이었기 때문입니다. 수십 년 간 사교(邪敎)의 수장으로 낙인찍혔던 선교사들은 이제 조선에서 누구도 함부로할 수 없는 제국의 시민권자로 탈바꿈하게 되었습니다. 당시 상황을 뮈텔 대주교는 다음과 같이 묘사하고 있습니다.

---

[123] 대주교(archbishop)는 대교구(archdiocese)를 관할하는 주교를 말합니다. 대교구는 큰 도시 지역에 소재하면서, 주변 교구와 함께 관구(管區)를 이루고 있습니다. 대주교는 대교구의 교구장이면서, 동시에 관구의 관구장입니다. 예를 들어 서울대교구장은 서울대교구, 춘천교구, 원주교구, 인천교구, 수원교구, 대전교구, 의정부교구를 아우르는 서울관구의 관구장이며, 광주대교구장은 광주대교구, 전주교구, 제주교구를 아우르는 광주관구장, 대구대교구장은 대구대교구, 안동교구, 마산교구, 부산교구, 청주교구를 아우르는 대구관구장입니다. 이외에 교황청에 근무하는 주교나 교황 사절에게 대주교의 칭호가 주어지기도 합니다(굿뉴스 가톨릭 사전 "대주교" 참조. http://dictionary.catholic.or.kr/content.asp[검색일: 2020.12.29.]).

오늘날은 숨을 필요 없게 되었고, 상복도 필요 없게 되었습니다. 우리는 대명천지에 살고 있으며 얼마 안 가서 자유가 올 것을 생각합니다. 우리에게 이 변화를 가져다준 조약에는 종교에 대한 말이 없는 것이 사실이지만, 우리는 프랑스 국민으로서 보호를 받고 있습니다. 선교사들은 전국을 돌아다닐 수 있게 하는 통행증(정식 명칭은 호조[護照])을 가지고 있는데, 우리는 마지막 장애가 제거되기를 기다리면서 이것을 활용하고 있습니다. 서울과 그 근방에서는 선교사들이 성직자 복장을 하고 다니며, 지방에서도 변화가 일어나, 몇 해가 지나면 모두가 교회법규의 이 규정을 지장 없이 지킬 수 있을 것입니다.[124]

그럼에도 불구하고 각 지역에서 천주교를 박해하는 움직임이 완전히 사라진 것은 아니었습니다. 한불조약이 명시적으로 천주교 박해를 중단한다고 선언한 것이 아니었고, 국가 간 조약이 지역까지 영향을 미치려면 시간이 필요했기 때문입니다. 그런데 천주교에 대한 조선 사회의 시각을 뒤바꾼 인상적인 사건이 있었습니다. 그것은 '대구 로베르 신부 사건'이었습니다. 로베르 신부(Achille Paul Robert, 1853~1922)는 대구를 중심으로 선교활동을 펼치던 파리외방전교회 선교사입니다. 1890년 무렵 로베르 신부가 사목방문을 위해 대구본당 사제관을 비운 일이 있었습니다. 이때 대구 주민들이 사제관을 찾아와 로베르 신부의 하인들을 구타하는 일이 벌어집니다. 다

---

124 『서울教區年報 I』, 1891, 103쪽; 박찬식, 2007, 『한국 근대 천주교회와 향촌사회』, 한국교회사연구소, 29-30쪽에서 재인용.

음 해에는 로베르 신부를 위협하고, 신자들에게 모욕을 주는 일까지 벌어졌습니다. 일이 험악해지자, 로베르 신부는 관련자 처벌을 요구하기 위해 대구 판관을 찾아갔습니다. 하지만 문전박대를 당했습니다. 그래서 경상 감사를 만나려고 했는데, 감사는 오히려 로베르 신부를 경상도에서 추방시켰습니다. 로베르 신부는 이 일을 조선 대목구장 뮈텔 대주교에게 보고했고, 뮈텔 대주교는 주한 프랑스 공사관에 알렸습니다. 이에 당시 주한 프랑스 공사였던 콜랭 드 플랑시 (Victor Emile Marie Joseph Collin de Plancy, 1853~1922)는 조선 정부에 공식 사과와 시정조치를 요구했습니다. 하지만 조선 정부는 늑장을 부리며 사과와 시정조치에 미온적인 태도를 보였습니다. 결국 프랑스는 군함을 인천 제물포 앞바다에 출동시켰습니다. 그제야 조선 정부는 공식 사과와 재발 방지를 약속했습니다.[125]

이 일을 계기로 고위 관료에서 일반 백성에 이르기까지 선교사와 천주교를 바라보는 시선이 달라졌습니다.[126] 선교사 한 명을 위해 강대국인 프랑스가 군함까지 파견하는 모습은 어찌 보면 그들에겐 충격이었을 것입니다. 이로 인해 조선 사람들은 일개 외국인인줄 알았던 선교사들이 제국주의 국가의 시민이라는 점을 분명히 인식하게 되었습니다. 선교사 뒤에 프랑스 제국이 있다는 것을 알게 된 사람들 가운데 많은 이들이 천주교회에 입교하기 시작했습니다. 그들 가운데는 지배층의 수탈로부터 자신을 보호하기 위해 교회에 의탁한

---

125 양인성, 2014, "1891년 대구 로베르 신부 사건 연구", 『교회사연구』 44.

126 장동하, 2005, 『개항기 한국 사회와 천주교회』, 가톨릭출판사, 277-278쪽.

이들이 있는가 하면, 정치·경제적 출세를 위해 교회에 들어온 사람들도 있었습니다.[127] 어찌됐든 선교사들은 "박해와 탄압에서 막 일어서려는 교회를 위해 모든 것을 아끼지 않겠다는 입장을 견지"[128]하고 있었습니다. 따라서 신자들의 송사에 적극 개입하고 감옥에 갇힌 신자를 관가의 허락 없이 풀어주는 등 적극적으로 신자들 편을 들어줬습니다. 이러한 상황은 선교사들이 프랑스 제국의 시민으로 그 특권적 지위를 조선 사회로부터 인정받게 되었다는 사실을 보여줍니다. 그래서 그랬던 것일까요? 사람들은 선교사를 '양대인(洋大人)'이라 부르곤 했다고 합니다. 즉, 조선 사람들에게 프랑스 선교사는 서양 제국의 시민으로 비춰졌던 것이지요.

그런데 궁금한 점이 있습니다. 프랑스가 천주교회를 보호하는 데 앞장섰던 이유는 무엇일까요? 사실 프랑스 국내 상황을 보면, 천주교회와 국가는 좋은 관계가 아니었습니다. 대혁명 이후, 프랑스 사람들은 천주교회를 앙시앵 레짐(Ancien Regime), 즉 구체제의 일부로 보고 부정적으로 바라보았습니다. 그래서 결국 종교가 정치에 관여하지 못하도록 하는 '정교분리'를 국가의 가장 큰 원칙으로 삼게 됩니다. 하지만 나라 밖에서는 달랐습니다. 프랑스는 천주교회를 보호하는 것을 우선적인 외교정책으로 삼았고, 교회 역시 프랑스라는 제국주의 국가를 통해 자신을 보호하는 데 거리낌이 없었습니다.

그것은 제국주의 시대에 천주교회가 취했던 독특한 선교방식인

---

127 박찬식, 2007, 『한국 근대 천주교회와 향촌사회』, 한국교회사연구소.
128 장동하, 2005, 『개항기 한국 사회와 천주교회』, 가톨릭출판사, 233쪽.

보호권(Padronado) 제도와 깊은 관련이 있습니다. 앞서 설명 드렸다시피 보호권 제도란 제국주의 국가에게 식민지 선교와 관련된 일체의 권한을 부여하는 제도를 말합니다. 하지만 제국주의 국가는 교회를 활용해 식민지 개척과 수탈을 강화하는 수단으로 이 제도를 악용하게 됩니다. 이에 교황청은 보호권 제도의 폐해를 없애고자 선교지를 직접 관할하는 포교성성을 설립하고, 대목구 제도를 만들었습니다. 이때 포교성성이 만든 선교단체가 파리외방전교회였고, 교황청은 조선대목구를 파리외방전교회에 맡겼습니다. 파리외방전교회가 조선을 선교할 수 있는 권한을 얻게 된 것은 바로 이러한 맥락에서 이루어진 것이었습니다.

파리외방전교회의 아시아 진출은 모국(母國)인 프랑스에게도 새로운 기회를 제공하였습니다. 즉, 아시아 지역에 대한 보호권을 가지고 있던 포르투갈의 쇠퇴와 교황청의 직접 선교 방침으로 공백이 생긴 보호권을 파리외방전교회를 통해 비공식·간접적으로 행사하며, 제국의 영향력을 아시아 국가들에 확대하려고 했던 것입니다. 그것은 프랑스 혁명 이후 파탄에 이르렀던 프랑스 정부와 천주교회의 관계가 공화정의 몰락과 왕정복고로 다시 친밀해진 탓도 있지만, 뒤늦게 뛰어든 제국주의적 식민지 확장에 천주교 선교활동이 효과적이라는 프랑스 정부의 판단 또한 숨어 있었습니다. 나폴레옹(Napoléon Bonaparte, 1769~1821)의 발언은 1800년대 프랑스의 교회 보호 정책의 숨은 의도를 잘 보여줍니다.

나는 여러 나라의 정보를 수집하기 위해 선교사를 파견할 것이다. 선교사의 성직자 복장은 선교사를 보호할뿐더러 국가의 정치적, 상업적인 의도를 숨기는 데에도 도움이 될 것이다.[129]

실제 프랑스는 1844년 중국과 맺은 황포조약(黃浦條約)으로 중국 개항지 내에서 선교의 자유를 얻었고, 중국인 신자들에게 "형법"을 적용하지 못하도록 하였습니다. 또한 이 조약을 근거로 중국 황제로부터 신앙의 자유에 대한 칙령을 이끌어냈습니다. 이어서 1858년의 천진조약(天津條約), 1860년 베이징조약을 통해 선교사들의 선교권과 현지 신자들의 신앙의 자유를 얻어냈습니다. 이후 선교사들은 치외법권적 지위를 이용하여 공격적인 선교를 펼쳤습니다.[130] 일본과도 1858년에 불일협상(佛日協商)을 맺고 자국민들(선교사 포함)의 치외법권과 개항지 내 종교 활동에 대한 자유를 얻었습니다.

프랑스는 조선에서도 천주교 보호를 구실삼아 몇 차례 무력시위를 펼친 적이 있습니다. 1846년경 프랑스 군함이 서해 바다에 나타났습니다. 그것은 1839년 기해박해 때 자국민인 앵베르 주교, 샤스탕 신부, 모방 신부가 참수 당하자 이에 항의하려는 것이었습니다. 뿐만 아니라 1866년의 병인양요는 같은 해 일어난 병인박해를 막아달라는 리델·페롱·칼레(Alphonse Calais, 1833~1884) 신부의 요청

129 최석우, 1987, "파리 外邦傳敎會의 韓國進出의 意義 - 한국진출을 전후한 시기의 국가와 교회의 관계를 중심으로 -", 『교회사연구』 5, 18쪽.

130 장동하, 2006, 『한국 근대사와 천주교회』, 가톨릭출판사, 242-243쪽.

에 따른 것이었습니다. 결국 프랑스는 1886년에 체결된 한불조약을 통해 조선에서 천주교회를 보호할 수 있게 됩니다. 그것은 선교사들에게도 이득이 되었습니다. 프랑스를 통해 100여 년간 지속된 박해로부터 벗어나 종교의 자유를 얻을 수 있었고, 강화된 사회적 위상을 적극 활용하여 선교 활동에 매진할 수 있게 되었기 때문입니다. 교황청도 이러한 프랑스의 활동을 지지하고 있었습니다. 예를 들어 교황 레오 13세는 제7대 조선대목구장 블랑 주교(Marie Jean Gustave Blanc, 1844~1890)의 요청을 받아 초대 주한 프랑스 공사 콜랭 드 플랑시에게 '성 그레고리오 교황 십자 대훈장'을 수여했습니다. 그것은 그가 한국 교회를 적극 보호해준 데 대한 감사의 표시였습니다.

나. 지역 사회와의 충돌과 적응

1) 교안의 발생: 신축교안을 중심으로

앞서 말씀드렸지만, 조선에 파견된 선교사들에게는 오리엔탈리즘에 입각한 '문명화의 사명'이 의식의 바탕에 깔려 있었습니다. 여기에 제국의 시민이라는 사회적 인식과 치외법권적 지위가 더해지고, 어떤 방식으로든 교회를 보호하려는 선교사들의 의지가 결합되었습니다. 이에 따라 선교사 그리고 그들의 보호를 받게 된 천주교 신자들의 행동은 다소 과격해지는 경향을 보이게 됩니다. 예를 들어

마을에 형성된 민간 신앙을 미신으로 취급하여 신목(神木)을 잘라 버리거나, 관아에 잡혀간 신자를 구하기 위해 관아로 쳐들어가고, 신자에게 잘못한 외교인을 성당으로 끌고 와 사사로이 처벌하는 경우가 발생한 것입니다. 이로 인해 각 지역에서 지역 주민들과 천주교회 사이에 충돌이 벌어져 소요 사태가 발생했는데, 이것을 교안(敎案)이라고 부릅니다. 교안은 한불조약이 체결된 1886년부터 을사늑약(乙巳勒約, 1905)으로 조선 왕조의 외교권이 박탈된 직후인 1906년 사이 약 20여 년 간 전국 각지에서 벌어졌습니다.

물론 각지에서 벌어진 교안은 1895년을 기준으로 사건 발생 주체가 나뉩니다. 1886년부터 1895년까지는 지역 주민들이 교회를 공격하여 발생한 교안이 많았고, 그 이후에는 선교사와 신자들이 원인이 되어 교안이 발생한 경우가 많았던 것입니다. 1895년 이전에 발생한 교안은 외국인의 갑작스러운 등장에 따른 위기감이 주민들에게 반영된 것이었습니다. 새롭게 세력화하는 천주교인들을 배격하려는 움직임이 교안으로 나타났습니다. 반면 1895년 이후에 발생한 교안은 치외법권적 지위를 확고히 한 선교사들과 그들을 등에 업은 신자들이 공격적인 선교·교회보호 활동을 펼치다 주민들과 충돌한 것이었습니다.[131] 이렇게 사건 발생 주체는 시기별로 구분될 수 있지만, 교안이 발생하게 된 핵심 원인은 같습니다. 힘을 갖게 된 천주교회의 등장 때문이지요.

---

131 장동하, 2000, "한말 교안의 성격", 『민족사와 교회사』, 한국교회사연구소, 389-391쪽.

이 시기에 벌어진 가장 대표적인 교안을 꼽자면, 1901년에 제주도에서 벌어진 신축교안(辛丑敎案)을 들 수 있습니다. 이 교안은 수백 명의 사상자를 냈다는 점뿐만 아니라, 교안 발생의 원인 또한 당시 조선과 천주교회가 처한 상황을 복합적으로 잘 보여주고 있다는 점에서 상세히 살펴볼 필요가 있습니다.

혹시《신과 함께》라는 영화를 보셨나요?《신과 함께》1탄에 이어 2탄까지 모두 천만 관객을 모아서 쌍천만 영화라고 부를 정도니, 영화를 직접 보지 않은 분이라도 그 영화가 있다는 사실만큼은 아실 것이라 생각합니다. 그런데 이 영화, 그리고 이 영화의 원작인 웹툰 『신과 함께』가 제주 신화를 모티브로 하고 있었다는 것도 알고 계셨나요? 이 사실이 말해주듯, 제주도는 수많은 신들이 살고 있는 신화의 땅입니다. 척박한 환경 속에서 제주도민들이 의지할 곳은 민간 신앙밖에 없었던 탓이지요. 그래서 제주 신화는 오늘날까지 많이 전해져오고 있습니다. 사실 이러한 현상은 매우 특이한 것입니다. 근대화 과정에서 많은 민간 신앙들이 미신으로 취급받아 사라져갔는데, 제주도에는 유독 원형이 많이 보존되어 있기 때문입니다.

신들의 섬, 제주도에 최초로 선교사가 파견된 것은 1899년 5월의 일이었습니다. 조선대목구장 뮈텔 대주교는 페네 신부(Jean Charles Peynet, 1873~1948)와 김원영 아우구스티노 신부(1869~1936)를 제주도에 파견했습니다. 이 당시 제주도에 대한 선교사들의 인상은 그리 좋지 않았습니다. 뮈텔 대주교는 제주도민들이 "거칠고, 다분히 미개하며, 타향인들을 불신하고, 무엇보다도 미신적인 데에 매우 열중"[132]해 있다고 볼 정도였습니다.

그런데 그것은 당시 시각에서는 당연한 것이었을지도 모릅니다. 비단 선교사가 아니었다 하더라도, 중심부인 한양 지배층의 시선으로 볼 때, 변방 제주도는 유교로 교화되지 않은 미신의 땅이었기 때문입니다. 오죽하면 제주 목사였던 이형상(재임 1702~1703)이 1702년경 제주도내에 산재했던 신당(神堂)들을 불태워버렸을 정도였습니다. 물론 목사 이형상이 떠나자 신당들은 다시 재건되었습니다. 같은 맥락에서 제주에 파견된 당시 선교사들도 제주도를 바라보는 육지 사람들의 시선에 영향을 받았을 것입니다. 더욱이 선교사들에게는 '문명화의 사명'이 있었습니다.

이런 시선은 제주에 파견된 페네 신부의 증언에서 발견됩니다. 페네 신부는 제주로 들어가는 배에서 접한 뱃사람들(제주도민들)을 "정말로 야만인 같았"다고 표현했습니다.[133] 결국 페네 신부는 "저는 이제 막 일 년을 보냈고 그 기간 동안 어떤 일이건 하는 것은 제게 불가능했"으며, "극도의 혐오감을 느낀"다면서 뮈텔 대주교에게 선교지 변경을 요청했습니다.[134] 결국 페네 신부는 1년 만에 제주를 떠났고, 후임으로 1900년 6월에 라크루 신부(Marcel Lacrouts, 1871~1929)

---

132 뮈텔 대주교가 파리외방전교회에 보낸 1899년 연말 보고서; 제주 선교 100주년 기념 사업 추진위원회·한국교회사연구소 역·편, 1997,『초기 본당과 성직자들의 서한(2)』, 천주교 제주교구, 234-237쪽.

133 1899년 5월 28일자 페네 신부 서한,『뮈텔문서』1899-157; 제주 선교 100주년 기념 사업 추진위원회·한국교회사연구소 역·편, 1997,『초기 본당과 성직자들의 서한(2)』, 천주교 제주교구, 20-21쪽.

134 1900년 3월 20일자 페네 신부 서한,『뮈텔문서』1900-37; 제주 선교 100주년 기념 사업 추진위원회·한국교회사연구소 역·편.1997,『초기 본당과 성직자들의 서한(2)』, 천주교 제주교구, 46-47쪽.

가 제주에 파견되었습니다. 한편 김원영 신부는 당시 제주 지역의 민간 신앙과 풍습을 기록한 책 『수신영약(修身靈藥)』(1900)을 저술했습니다. 이 책을 보면 당시 선교사들이 제주도를 바라보는 시선을 잘 살펴볼 수 있는데요. 제주도의 민간 신앙을 미신으로 취급하고, 그리스도교를 통해 제주도민들을 문명화시켜야 한다는 선교사들의 '문명화 사명'이 고스란히 드러나 있습니다.

다음은 『수신영약』의 일부입니다.

어찌하여 제주 사람들이 안질이 많은가. 내 차분히 생각하니, 하느님께서 인생에게 두 눈을 주사 선악을 분멸하여 행선피죄(行善避罪)하게 하시며, 또 두 눈이 높은 면상에 있게 하사 만물을 얼른 바라보고 그것을 근거로 삼아 천주 조물자(造物者)를 얼어 보게 하신 것이다. 그런데도 오히려 사욕 편정과 토목 사상에만 골몰(汨沒)하여 예의에 벗어나고 옳지 못한 일을 하니, 이런 사람을 천주 벌써 이 세상에서도 암암지중(暗暗之中)에 고초를 당하게 하시고, 사후세(死後世)에는 사람의 입으로 말할 수 없는 어두운 감옥소로 보내어 벌을 주시리라.[135]

그것은 단지 부정적인 시선으로만 끝난 것이 아닙니다. 당시 정부 문서에 따르면, 선교사와 신자들은 "멋대로 마을을 돌아다니면서 신

---

[135] 『수신영약』 제26항; 제주 선교 100주년 기념 사업 추진위원회 편, 2001, 『제주 천주교회 100년사』, 천주교 제주교구, 798쪽.

당을 훼손하고 그 나무(神木)를 파괴"[136]하고 있었습니다. 즉, 당시 천주교회는 제주의 민간 신앙을 비롯한 토착 문화를 전면 배격하고 있었습니다. 여기에 교회를 우선적으로 보호하려는 선교사들의 강한 의지가 종종 사회 상규를 넘어서게 되었는데요. 신자들을 동원하여 관아에 잡혀 있는 신자를 관계자의 허락 없이 구출하고, 신자를 괴롭힌 비신자를 사사로이 끌고 와 형벌(私刑)을 가하는 등 제주도민들이 이해하기 어려운 행동을 보였던 것입니다.[137] 프랑스라는 제국주의 국가의 시민과 그와 결탁한 신자들의 행태를 보면서, 도민들은 천주교 신자들을 "법국 새끼(Pep-Kouk-Saiki)"[138]라고 불렀다고 합니다. 즉, '프랑스 놈'이라고 폄하하여 부른 것이지요. 이렇듯 제주도민들은 천주교회를 제국주의 국가의 첨병으로 인식하게 되었습니다.

여기에다 조선 정부의 수탈은 제주도민들의 삶을 옥죄어오고 있었습니다. 특히 제주에 선교사가 갓 당도했을 때 강봉헌이라는 봉세관(封稅官, 세금을 걷던 벼슬아치)이 제주에 새롭게 파견되었는데, 마침 그는 천주교 신자였습니다. 그는 도민들에게 세금을 걷기 위해 신자들을 보조 세금 징수원으로 삼았습니다. 불행히도 그것은 천주교회

---

136 제주목사 이재호가 신축교안에 대해 의정부찬정외부대신(議政府贊政外部大臣)에게 보낸 보고서. 『전남북래안(全南北來案)』1901.06.02., 서울대학교규장각한국학연구원 청구기호 奎 17982-1; 박찬식, 2001, "한말 천주교와 토착문화의 갈등-1901년 제주교안을 중심으로-", 『한국민족운동사연구』 29, 93쪽에서 재인용

137 당시 제주에서 발생한 다양한 교폐(敎弊)에 대해서는 다음을 참고하세요. 제주 선교 100주년 기념 사업 추진위원회 · 한국교회사연구소 역 · 편, 1997, 『신축교안과 제주 천주교회』, 천주교 제주교구, 23-77쪽.

138 1901년 9월 28일자 라크루 신부 서한, 《뮈텔문서》 1901-165; 제주 선교 100주년 기념 사업 추진위원회 · 한국교회사연구소 역 · 편, 1997, 『초기 본당과 성직자들의 서한(1)』, 천주교 제주교구, 106-107쪽.

를 도민 수탈의 앞잡이로 낙인찍게 만들었습니다. 그래서 봉세관 강봉헌의 주장에 따르면, 세금을 징수하려는 신자들을 도민들이 구타하기도 했다고 합니다.[139]

신축교안이 발생한 최초 지역인 대정현(지금의 서귀포시 모슬포 지역)은 국가의 세폐(稅弊)로 고통 받던 사람들이 많았습니다. 이에 사람들이 궐기하여 서편, 동편으로 나눠 제주읍(현 제주시)으로 행진을 시작했는데, 이 소식을 들은 제주읍 천주교 신자들이 그들을 선제공격했습니다. 이로 인해 조선 왕조에 대한 제주도민들의 원망이 천주교에 대한 원망으로 완전히 뒤바뀌게 되었습니다. 분노한 도민들은 제주읍성을 넘어 그 안에 숨어 있던 천주교 신자들을 찾아내 무차별 학살했습니다. 신축교안은 프랑스 군함이 출동하면서 마무리 되었지만, 이로 인해 천주교 신자 300~350명 가량이 희생되었습니다.[140]

신축교안으로 많은 천주교 신자들이 희생당했고, 제주도민들은 천주교회에 지불할 배상금 때문에 또 고통 받아야 했습니다. 신축교안은 천주교(외래 문화)가 선교지역 문화에 적응한다는 것이 결코 쉬운 일이 아니라는 점이 드러난 불행한 사건이었습니다.

---

139 1901년 5월 5일 이후 강봉헌이 내부(內部)에 보낸 조회(照會), 『뮈텔문서』 제주-141; 제주 선교 100주년 기념 사업 추진위원회·한국교회사연구소 역·편, 1997, 『신축교안과 제주 천주교회』, 천주교 제주교구, 81쪽.

140 제주 선교 100주년 기념 사업 추진위원회 편, 2001, 『제주 천주교회 100년사』, 천주교 제주교구, 102~104쪽.

2) 신축교안 이후 한국 천주교회와 지역 사회

하지만 선교활동은 멈출 수 없었습니다. 어떤 어려움이 있더라도 복음을 선포하는 것이 중요했기 때문입니다. 선교사들은 죽음의 공포 속에서도 제주도를 떠나지 않았습니다. 신축교안 직후 제주에 남아 있던 선교사들은 군인 없이는 선교 활동이 불가능할 정도로 불안감을 느끼고 있었습니다.[141] 그러나 그들은 배상금 지급 지연으로 발생한 이자를 제주도민들에게 돌려주는 파격적인 선택을 했습니다.[142] 도민을 적으로 보지 않고, 사랑을 실천해야 할 대상으로 바라보았던 것입니다. 당시 조선 정부는 배상금과 그 이자의 지불 의무를 도민들에게 떠넘긴 상태였습니다. 이러한 선택을 계기로 선교사들과 천주교회는 도민들에게 인심을 얻기 시작했습니다. 그리고 교육 사업에 진력하여, 비신자까지 자기 자녀를 천주교 학교에 보내고자 할 정도로 신망을 얻게 되었습니다. 그 학교가 현재 천주교 제주교구가 운영하고 있는 신성여자중학교·고등학교입니다. 라크루 신부 후임으로 부임한 김양홍 스테파노 신부(1874~1945)는 당시 상황을 다음과 같이 증언하고 있습니다.

현재 많은 개종을 기대하기란 어렵습니다. 장래의 희망은 여학교(즉 신성여

---

141 1903년 3월 4일자 타케 신부 서한, 『뮈텔문서』 제주-78; 제주 선교 100주년 기념 사업 추진위원회·한국교회사연구소 역·편, 1997, 『초기 본당과 성직자들의 서한(2)』, 천주교 제주교구, 118-119쪽.

142 1904년 6월 7일자 라크루 신부 서한, 『뮈텔문서』 1404-6; 제주 선교 100주년 기념 사업 추진위원회·한국교회사연구소 역·편, 1997, 『초기 본당과 성직자들의 서한(1)』, 천주교 제주교구, 194-197쪽.

학교)를 보존하는 데 많이 달려 있을 것 같습니다. 이 학교는 현재까지 좋은 명성을 얻었습니다. 그래서 읍내의 외교인들도 거의 모두가 그들의 딸들을 공립 학교가 아니라 우리 학교에 보내고 싶어 합니다. 학생은 70명으로 거의가 다 외교인이지만 입교를 원하고 있습니다. 지금은 입교를 못하지만 후에 자립하면 많은 이들이 입교할 것이 확실합니다. 이런 이유에서 이 학교를 보존하도록 지시했습니다.[143]

천주교회에 대한 제주도민들의 인식 변화로 제주를 바라보는 선교사들의 인식도 긍정적으로 바뀌어 갔습니다. 1910년에 라크루 신부는 성무에 지친 뮈텔 대주교에게 제주에 와서 휴식을 취할 것을 권유하는 편지를 보내기도 했습니다.

장소와 일을 바꾸는 것은 주교님의 이러한 피곤을 완전히 없애 줄지도 모릅니다. 한라산이 얼마간 주교님의 관심을 끌 수 있다면 다른 공기를 마시러 이곳으로 오십시오. 그러면 주교님은 다시 젊어지고 모든 사람들에게 위로가 될 것입니다.[144]

또 라크루 신부는 제주도 민요를 수집하면서 감탄을 금치 못했습니다. 그것은 프랑스 본국에 그대로 보고되었습니다.

---

[143] 1915년 7월 13일자 김양홍 신부 서한, 『뮈텔문서』 1915-85; 제주 선교 100주년 기념 사업 추진위원회·한국교회사연구소 역·편, 1997, 『초기 본당과 성직자들의 서한(2)』, 천주교 제주교구, 162-163쪽.

[144] 1910년 6월 10일자 라크루 신부 서한, 『뮈텔문서』 1910-78; 제주 선교 100주년 기념 사업추진위원회·한국교회사연구소 역·편, 1997, 『초기 본당과 성직자들의 서한(1)』, 천주교 제주교구, 250-251쪽.

제가 고아(孤兒)의 노래를 불러봤는데 그 노래는 감상적인 어조를 띤 제주 말로 된 단아한 곡입니다. 눈물을 흘리려고 하는 사람들도 있었습니다. 저는 저를 보러 오는 이교도들에게 이 노래를 불러 줍니다. 이것이 관계되는 것은 그들이니까요. [...] 『미션 가톨릭』 편집장님께, 편집장님의 독자들을 위해서 제주도의 노래 몇 개를 모아 번역했습니다. 다른 언어로 번역할 수 없는 마음의 고귀함과 표현들이 있기 때문에 번역에서 많은 것을 잃었습니다.[145]

뒤늦게 제주에 파견된 타케 신부(Emile Joseph Taquet, 1873~1952) 역시 제주도의 고유한 가치를 발견해 나갔습니다. 그는 특히 제주도에서만 자라는 자생 식물을 수집하여 학계에 알리는데 공을 들였습니다. 예를 들어 현재 왕벚꽃 나무 자생지가 제주도라고 인정받게 된 것은 모두 타케 신부 덕분입니다. 이렇듯 신축교안 이후 제주에서 지속적으로 활동을 펼치던 선교사들은 지역 문화를 가능한 존중하고, 그 지역의 고유한 가치를 발견하려는 모습을 보였습니다. 그것은 교안으로 벌어졌던 도민들과의 거리를 좁히는 효과를 가져왔고, 선교활동에도 보탬이 될 수 있었습니다.[146]

---

145 1910년 1월 21일자 라크루 신부 서한, 『뮈텔문서』 1910-12; 제주 선교 100주년 기념 사업 추진위원회·한국교회사연구소 역·편, 1997, 『초기 본당과 성직자들의 서한(1)』, 천주교 제주교구, 238-239쪽.

146 신축교안 전후 제주도를 바라보는 선교사들의 인식 변화에 대해서는 다음을 참고하세요. 김선필, 2020, "종교와 지역 사회의 공존-20세기 전반 천주교 선교사들의 제주 문화 인식을 중심으로-", 『종교연구』 80(1).

다. 자선사업과 수도자, 가난한 이들과 함께 한 한국 천주교회

오늘날 자선사업은 한국 교회를 상징하는 대표적인 활동이라고 할
수 있습니다. 천주교회는 "네 이웃을 너 자신처럼 사랑해야 한다."
(마르 12,31)는 예수님의 가르침을 실천하기 위해 오래전부터 자선사
업을 펼쳐왔습니다. 특별히 한국 교회의 자선사업은 박해시기 때부
터 시작되었습니다. 조선 사람들에게 19세기는 유난히 힘든 시기였
습니다. 세도정치로 삼정(三政)[147]이 문란해지면서 백성들의 삶은 피
폐해져 갔고, 잦은 자연재해로 그 고통은 더해 갔습니다. 이러한 상
황을 두고 볼 수 없었던 신자들은 가난한 이들에게 희사를 하는 등
자발적으로 자선을 실천해왔습니다.[148]

한국 교회가 조직적으로 자선사업을 펼치기 시작한 것은 아동복
지사업을 통해서였습니다. 선교사들은 프랑스 어린이 신자들로 구
성된 성영회(聖嬰會, La sociétéde la Sainte-Enfance)[149]의 지원을 받아,

---

147 삼정은 국가 재정의 기본을 이루는 전정(田政), 군정(軍政), 환곡(還穀)을 거둬들이는 일을 말합니다.

148 샤를르 달레, 1979, 『한국 천주교회사(상)』, 안응렬·최석우 역, 한국교회사연구소, 607쪽; 노길명,
1984, "박해기·개화기의 한국 천주교회와 사회개발", 『한국교회사논문집 I』, 한국교회사연구소, 173쪽.

149 성영회는 1843년 프랑스 낭시(Nancy)의 포르뱅 장송 주교(De Forbin-Janson, 1785~1844)가 만들었
습니다. '성스러운 어린이(The Holy Child)'라는 뜻을 가진 이 단체는 세례를 받은 21세 이하 어린이들
이 가입할 수 있었습니다. 성영회는 "비그리스도교 문화권의 타종교 부모에게서 출생한 아이들을 구
원하고자 하는 것이 목적"이었기에, 성영회에 가입한 어린이 회원들은 "고아나 굶주린 동양의 어린이
들을 위해 물질적 도움과 정신적 기도를 통하여 그리스도의 사랑을 실천"할 수 있었습니다. 이를 위해
그들은 매일 성모송을 바치고, 가입 신청금과 매달 5상팀(centime, 100상팀이 1프랑이다.)의 회비, 가
입 신청금, 성영회 연보 구독료 그리고 자발적인 의연금과 기부금을 납부했습니다(장동하, 2006, 『개
항기 한국 사회와 천주교회』, 가톨릭출판사, 116-118쪽). 성영회는 이후 1922년 교황청전교기구에 편입
되어, 현재는 '교황청어린이전교회'라는 명칭으로 활동하고 있습니다.

고아들을 돌보는 일을 시작했습니다. 하지만 지속되는 박해 속에서 고아들의 보육과 교육을 담당할 교육기관을 설립하는 것은 불가능했습니다. 그래서 고아들은 신자들의 집에서 돌봄을 받을 수밖에 없었습니다. 그렇게 교회가 돌본 아이들은 1859년에 43명,[150] 1862년에는 78명[151]으로 늘어났습니다. 하지만 1866년에 시작된 병인박해로 사업은 중단되었습니다.

이후 한국 교회의 자선사업은 선교활동에 숨통을 트이게 한 1886년 한불조약 전후에 본격적으로 시작됩니다. 특히 박해시기에 추진하다 중단된 성영회 활동은 1885년경 서울에 고아원을 설립하게 된 것을 계기로 재개되었습니다.[152] 이때 한국 교회의 밀알 역할을 맡아 왔던 수도자들이 등장하게 됩니다. 1888년 7월 22일경 프랑스 출신 샬트르 성 바오로 수녀회 수도자들이 서울 고아원에서 활동하기 위해 조선에 입국했습니다. 그들이 한국 최초의 수도자들이었습니다. 성영회의 지원말고는 거의 재정 지원을 받지 못하는 열악한 상황 속에서도 선교사들과 수녀들은 아이들을 끝까지 돌보았고, 그 결과 1903년경 서울 고아원에는 205명, 인천 제물포 고아원에는

---

150 노길명, 1984, "박해기·개화기의 한국 천주교회와 사회개발", 『한국교회사논문집 I』, 한국교회사연구소, 169쪽.

151 장동하, 2006, 『개항기 한국 사회와 천주교회』, 가톨릭출판사, 114쪽.

152 한국 교회는 1885년에 서울에 고아원을 세우고 39명의 아이들을 받았으며, 경상도 대구에도 고아원을 세워 60~70명 가량의 아이들을 보살폈습니다. 같은 해 서울 고아원에는 250명의 아이들이 머물렀지만, 콜레라가 유행하면서 다수가 사망하여 80명이 남아 있었고, 지방의 신자 가정에서 키우는 아이들은 약 150명 정도가 있었습니다(노길명, 1984, "박해기·개화기의 한국 천주교회와 사회개발", 『한국교회사논문집 I』, 한국교회사연구소, 190쪽).

110명의 아이들이 교회로부터 보살핌을 받을 수 있었습니다.[153]

　　노인복지사업도 1885년 고아원 설립과 동시에 시작되었습니다. 블랑 주교가 서울 종로에 있는 큰 기와집 한 채를 구입하여 양로원을 설립했는데, 그것은 고아원과 마찬가지로 한국 최초의 일이었습니다. 오갈 데 없던 가난한 어르신들이 이곳을 찾게 되면서, 한 때 마흔 명이 넘는 어르신들이 이 양로원에 계셨다고 합니다. 이곳에도 수녀들이 파견되어 헌신적인 활동을 펼쳤습니다.[154] 또한 수녀들은 제물포 본당에서 고아원과 더불어 시약소(施藥所)를 운영하고, 방문 진료를 수행하면서 아픈 사람들을 치료해주는 의료사업을 펼치게 됩니다.[155]

　　교육사업도 함께 추진되었습니다. 사실 한국 교회의 교육사업은 신학생 양성을 중심으로 추진되어왔습니다. 그것은 현지인 성직자 양성을 통해 지역 교회를 자립시키려는 파리외방전교회의 창립 목적과 결부되어 있었기 때문입니다. 하지만 19세기 후반부터는 신자를 대상으로 한 학교들을 설립했습니다. 다음의 표는 당시 한국 교회의 학교 운영 현황입니다.

153 장동하, 2006, 『개항기 한국 사회와 천주교회』, 가톨릭출판사, 120-124쪽.

154 노명신, 1984, "한말·일제하 샬트르 성 바오로 수녀회의 육영사업", 『한국교회사논문집 I』, 한국교회 사연구소, 224쪽. 설립 2년차 때, 33명의 정원을 넘어 어르신 46명을 양로원에 모셨습니다. 신청자가 계속 늘었지만, 재원 부족으로 거절할 수밖에 없는 상태였다고 합니다(윤선자, 2009, "한말·일제강점기 천주교회의 양로원 설립과 운영", 『한국학논총』 31, 419쪽).

155 베르뇌 주교의 서한에 따르면, 한국 교회는 1859년에 이미 중요한 도시마다 시약소를 세우고, 빈민이나 산골사람들을 치료해주었다고 합니다(샤를르 달레, 1981, 『한국 천주교회사(하)』, 안응렬·최석우 역, 한국교회사연구소, 296쪽; 노길명, 1984, "박해기·개화기의 한국 천주교회와 사회개발", 『한국교회사논문집 I』, 한국교회사연구소, 175쪽).

〈표 3〉 한국천주교회 학교 운영 현황(1890년~1930년)[156]

연도	1890	1895	1900	1905	1910	1915	1920	1924	1930
성당 수(개소)	9	18	40	45	54	38	40	44	42
학교 수(개소)	19	42	61	58	124	71	49	73	39
학생 수(명)	474	463	823	578	3,048	1,957	2,097	5,432	3,988
교사 수(명)	-	-	-	-	-	-	-	280	189

* 1911년 조선대목구에서 대구대목구가 분리되어 나감에 따라 1915년부터는 서울대목구의 통계만 적용

선교사들과 한국인 성직자들은 파견된 본당에 소학교들을 세워 학생들을 교육하는 데 공을 들였습니다. 이처럼 한국 교회는 교육사업에 헌신적이었지만, 재원 부족과 인력난으로 어려움을 겪었습니다. 이에 수녀들이 여러 학교에 파견되어 학생 교육을 도왔습니다.[157] 그럼에도 교육사업은 한계가 있었습니다. 뮈텔 대주교는 이를 타개하기 위해 유럽 곳곳을 찾아 교육사업을 맡아줄 수도자들을 초청했습니다. 그 결실로 독일 오틸리엔(Ottilien)에 위치한 성 베네딕도회 수도자들이 1909년 12월에 한국에 도착했습니다.[158] 그들은 1911년경 지금의 서울 혜화동에 2년제 사립사범학교인 '숭신학교'를 설립하고, 교사 양성에 심혈을 기울였습니다. 하지만 한국인을 수탈의 대상으로 삼으려 했던 일제의 탄압으로 1913년에 폐교되었습니다. 이

---

156 김정환, 2011, "한말·일제강점기 뮈텔 주교의 교육활동", 『한국 근현대사 연구』 56, 23쪽에서 편집.

157 노명신, 1984, "한말·일제하 샬트르 성 바오로 수녀회의 육영사업", 『한국교회사논문집 I』, 한국교회사연구소, 231쪽.

158 뮈텔 대주교는 교육을 담당할 수도회를 초청하기 위해 다방면으로 노력했습니다. 이와 관련해서는 다음을 참고하세요. 김정환, 2011, "한말·일제강점기 뮈텔 주교의 교육활동", 『한국 근현대사 연구』 56, 9-18쪽.

후 성 베네딕도회 수도자들은 1910년에 설립했던 4년제 실업학교 '숭공학교'를 계속 운영했지만, 이 학교 역시 상황이 어려워지면서 1923년에 폐교하고 말았습니다.[159]

이처럼 한불조약을 전후로 자유로운 선교활동이 허락되면서, 한국 교회는 다양한 자선사업을 펼치게 됩니다. 그것은 고통 받고 가난한 사람들을 보살펴주는 애덕의 실천행위였습니다. 이를 통해 한국 교회는 교회에 대한 사람들의 부정적인 인식을 개선시킬 수 있었고, 새로운 신자들을 얻을 수도 있었습니다. 이것은 한국인을 위해 자기 것을 내놓은 외국 신자들의 재정 지원[160]과 조선에서 활동하던 선교사·수도자들의 노력이 있었기 때문에 가능했던 것이었습니다. 그렇게 시작된 한국 교회의 자선사업은 오늘날 2,100개소 이상의 사회사업 시설들로 성장해나갈 수 있었습니다.[161] 그렇게 한국 교회는 지난 240년 간 우리 사회 곳곳에 있는 가난한 이들과 함께 하며, 예수께서 가르치신 이웃사랑을 실천해나가고 있었습니다.

---

159 제1차 세계대전(1914~1918)을 계기로 독일과 일본이 적국(敵國)이 되면서, 조선에 거주하는 독일인의 소유물을 적산(敵産)으로 몰수하려는 일제의 시도가 있었습니다. 숭공학교는 독일인들로 구성된 성 베네딕도회가 소유하고 있었기 때문에, 일제에 의해 몰수될 위험에 처하게 되었습니다. 이를 막기 위해 1918년경 경성대목구가 학교 소유권을 넘겨받으면서, 학교 운영에 어려움을 겪게 되었습니다. 1920년에 성 베네딕도회가 원산대목구 및 덕원자치수도원구를 맡으면서, 학교 운영이 더 어려워졌습니다. 결국 숭공학교는 1923년 6월에 폐교되었습니다.

160 오늘날 한국 교회는 어려울 때 받았던 외국 신자들의 도움을 되새기고 본받고자 여러 해외 자선기금을 운영하고 있습니다. 대표적인 단체가 한국천주교주교회의에서 운영하는 '한국카리타스인터내셔널'입니다. 이 기관은 한국 교회의 해외원조 업무를 전담하는 단체입니다. 또한 교황청 산하 '고통받는 교회돕기 ACN(Aid to the Church in Need) Korea'도 있습니다. 이 기관은 천주교를 믿는다는 이유로 고통당하고 있는 외국 신자들을 돕기 위한 자선단체입니다.

161 한국천주교중앙협의회, 2020, 『한국 천주교회 통계 2019』, 한국천주교중앙협의회, 41-47쪽.

특별히 그 어려운 시기에 한국에 파견된 수도자들의 헌신은 오늘날 한국 교회가 다양한 자선사업을 펼칠 수 있도록 이끌어준 마중물과 같았습니다. 1888년에 샬트르 성 바오로 수녀회 수도자가 한국에 첫발을 내딛은 이후, 많은 수도회들이 한국에 진출하거나 국내에서 새롭게 창설되었습니다. 그들은 아동·노인·장애인·의료 등 여러 분야에서 가난하고 소외받은 이들을 보살피는 데 헌신해왔습니다. 2019년 현재, 한국 교회에는 48개의 남자 수도회(교황청립 32개, 교구설립 6개, 사도생활단 10개)와 121개의 여자 수도회(교황청립 78개, 교구설립 34개, 재속회 5개, 사도생활단 4개), 1,594명의 남자 수도자(수사)와 1만 159명의 여자 수도자(수녀)들이 있습니다.[162] 그들은 오늘도 자신을 드러내지 않으면서 가난한 이들을 돕기 위해 헌신적인 활동을 펼치고 있습니다.

지금까지 1886년 한불조약 체결 이후부터 러일전쟁으로 프랑스가 한반도에서 철수했던 1907년까지 약 20년 동안 걸어온 한국 교회의 여정을 살펴보았습니다. 창립 초기부터 거의 100년에 가까운 시간 동안 박해를 받아왔던 한국 교회는 외부의 힘 즉, 프랑스의 보호 속에 신앙의 자유를 얻을 수 있었습니다. 하지만 그것은 조선 왕조가 천주교 신앙 자체를 허락했다기보다, 서세동점의 시대에 프랑스와의 외교 관계를 고려하여 신앙의 자유를 허락했다고 보는 것이 타당해 보입니다. 이후 프랑스 출신이었던 선교사들은 제국의 시민

---

162 한국천주교중앙협의회, 2020, 『한국 천주교회 통계 2019』, 한국천주교중앙협의회, 18-30쪽.

으로서, 평소 가지고 있던 '문명화의 사명'을 거침없이 수행하게 됩니다. 그것은 야만적인 조선의 문화를 그리스도교로 문명화시키는 것이었습니다. 이러한 선교사들의 행보는 지역 사회와 충돌을 일으켰습니다. 수천 년간 이 땅에 살면서 만들어온 전통 문화가 송두리째 부정당하는 상황에 직면하자, 각 지역 주민들은 천주교를 제국의 앞잡이로 인식하기 시작했고, 그것이 충돌로 나타나게 된 것입니다. 그 대표적인 사례가 제주도에서 벌어진 신축교안이었습니다. 주민들의 거대한 저항에 직면한 천주교회는 많은 피해를 입었습니다.

하지만 그 피해 속에서 교회는 지역 주민들과 함께 하는 법을 깨우쳐나가게 됩니다. 주민들에게 필요한 것은 무엇인지, 주민들의 마음속에는 무엇이 있는지, 그 지역의 특성은 무엇인지 탐구하고 이해해 나가면서, 천주교회는 점차 한국 사회의 일원으로 거듭나기 시작했습니다. 한편 한국 교회는 소외받고 가난한 이웃들을 위해 다양한 자선사업을 펼쳐 나갔습니다. 지속된 박해와 재원 부족 등 여러 어려움이 있었지만, 이웃사랑이라는 교회 본연의 사명을 실천하기 위해 노력했던 것입니다. 특별히 우리는 가난한 이들을 돌보는 데 투신했던 수도자들을 기억할 필요가 있습니다. 그들은 한국 교회가 한국 사회의 아픔과 함께 하며 성장할 수 있도록 이끌어준 누룩과 같은 존재들로서, 오늘도 한결같이 가난한 이들 곁에 머물고 있습니다.

5. 교회와 민족 사이에서(1907~1945)

조선 왕조로부터 신앙의 자유를 얻은 지 얼마 되지 않아, 일제의 한반도 강점 시도가 노골화됩니다. 이렇게 국권을 침탈당할 상황에서 천주교회는 나라를 구하기 위해 다방면으로 노력했습니다. 예를 들어 뮈텔 대주교는 고종 임금(재위 1863~1907)을 알현하고 고위관리들과 접촉하면서, 프랑스를 통해 일본과 러시아를 견제하는 방법을 여러 차례 논의하였습니다.[163] 또한 드망즈 신부(Florian Demange, 후에 주교에 오름, 1875~1938)는 1906년 10월 19일에 『경향신문』을 창간하여, 신문을 통해 한국인들에게 "참된 개화의 방향을 제시해주고자" 했습니다.[164] 뿐만 아니라 선교사들은 일제의 침략에 맞서기 위해 일어났던 애국계몽운동의 흐름에 맞춰 학교를 세우는 등 한국인 교육에 열과 성을 다했습니다. 안중근 토마스 의사(1879~1910)와 같은 평신도 역시 교육을 통해 애국계몽운동을 펼쳐나갔습니다.[165] 이러한 노력에도 불구하고 일제가 한반도를 강점하는 것은 기

---

[163] 노길명, 2005, 『한국의 종교운동』, 고려대학교출판부, 65~67쪽.

[164] 홍순호, 1985, "독립운동과 한불조약-1906년에서 1945년까지", 『한국정치외교사논총』 2, 256쪽. 한편 『경향신문』은 1910년에 폐간되었습니다. 『경향신문』은 1946년에 천주교 서울대목구가 다시 창간했습니다. 서울대목구는 1962년경 『경향신문』을 민간인에게 매각했으며, 이후 『경향신문』은 한국교회와 무관한 언론사로 운영되고 있습니다.

[165] 애국계몽운동의 일환으로 펼쳐진 안중근의 교육운동에 대해서는 다음을 참고하세요. 조광, 2010, 『한국 근현대 천주교사 연구』, 경인문화사, 85~97쪽.

정사실처럼 되었습니다. 그리고 1907년을 기점으로 프랑스가 조선에서 철수하게 되면서, 한국 교회는 든든했던 후견인을 잃어버립니다. 전혀 새로운 상황, 즉 일제강점기를 맞이하게 된 한국 교회는 과연 어떤 여정을 걷게 되었을까요?

가. 정교분리, 교회 보호를 위한 선택

2019년 3월 1일은 일제에 맞서 독립을 염원했던 3·1운동 100주년을 맞이하는 날이었습니다. 이 날에 맞춰 한국 교회 역시 한국천주교주교회의 의장 김희중 히지노 대주교(2010년 대주교 승품, 1947~)의 이름으로 담화문을 발표했습니다. 담화문에는 다음과 같은 내용이 담겨 있습니다.

조선 후기 한 세기에 걸친 혹독한 박해를 겪고서 신앙의 자유를 얻은 한국천주교회는 어렵고 힘든 시기를 보냈습니다. 그런 까닭에 외국 선교사들로 이루어진 한국 천주교 지도부는 일제의 강제 병합에 따른 민족의 고통과 아픔에도, 교회를 보존하고 신자들을 보호해야 한다는 정교분리 정책을 내세워 해방을 선포해야 할 사명을 외면한 채 신자들의 독립운동 참여를 금지하였습니다. 나중에는 신자들에게 일제의 침략 전쟁에 참여할 것과 신사 참배를 권고하기까지 하였습니다.

3·1운동 100주년을 맞이하며 한국 천주교회는 시대의 징표를 제대로 바라보지 못한 채 민족의 고통과 아픔을 외면하고 저버린 잘못을 부끄러운 마음으로 성찰하며 반성합니다. 그리고 당시 교회 지도자들의 침묵과 제재에도, 개인의 양심과 정의에 따라 그리스도인의 이름으로 독립운동에 참여한 천주교인들도 기억하고자 합니다. 그들의 발자취를 찾아 기억하려는 것은, 한국 천주교회의 지난 잘못을 덮으려는 것이 아니라, 시대의 아픔과 좌절에도 쓰러지지 않고 빛과 소금의 역할을 했던 그들을 본받고 따르기 위함입니다.[166]

일제강점기 당시 천주교회에 무슨 일이 있었기에, 한국 교회를 대표하는 주교회의 의장이 과거를 반성한다고 했을까요? 아픈 기억일지는 모르겠지만, 김희중 대주교의 담화문처럼 지난 잘못을 덮지 말고 과거를 통해 미래로 나아가야 할 필요가 있다는 점을 상기하며 그 당시 있었던 일을 돌아보기로 합시다.

일제는 1905년 을사늑약 체결을 빌미로 조선 왕조의 외교권을 강제로 빼앗았습니다. 그 결과 조선에 주재하던 외국 공사관들이 철수했습니다. 이제는 조선을 관리하는 일본을 직접 상대하면 되었기 때문입니다. 프랑스 역시 비슷한 시기에 한반도에 대한 영향력을 상실했습니다. 그 발단은 '러일전쟁'(1904~1905)이었습니다. 전쟁 당시 프랑스는 러시아를 지원했는데, 일본이 러시아를 이겼던 것입니다.

---

166 김희중, 2019, "3·1운동 100주년 기념 담화: 3·1운동 정신의 완성은 참평화", 『보도자료』, 한국천주교주교회의·한국천주교중앙협의회.

결국 프랑스는 1907년경 일본과 불일협상을 체결했고, 조선에 대한 권리를 완전히 포기합니다.[167] 이것은 단순한 외교 문제가 아니었습니다. 당시 조선에서 치외법권적 지위를 누리던 천주교회의 지위가 급변했기 때문입니다. 그것은 선교사들을 보호해줄 존재가 사라졌음을 의미했습니다. 조선에서 프랑스의 영향력은 조선 왕조가 존립할 때만 가능했던 것이었습니다. 한불조약의 당사자가 조선 왕조였기 때문입니다. 조선 왕조가 몰락하고, 프랑스가 철수하게 되면서 제국의 보호 아래 놓여 있던 천주교회의 특권도 모두 사라졌습니다. 수십 년간 조선 왕조의 박해를 받아왔던 천주교회의 입장에서 볼 때, 이것은 매우 중대한 일이었을 것입니다.

우리는 신중하게 바라보아야 합니다. 오늘날의 입장에서만 단편적으로 바라본다면, 당시 상황을 온전하게 이해할 수 없기 때문입니다. 왕조가 몰락하고, 새로운 지배자가 나타나는 격동의 상황 속에서 한국 교회를 이끌었던 뮈텔 대주교와 선교사들에게 가장 중요했던 것은 무엇일까요? 아마도 교회를 보호하는 일이 최우선이었을 것입니다.[168] 19세기 내내 조선 정부로부터 박해를 받아오다가, 이제야 본격적으로 선교활동을 펼치려던 참이었습니다. 더욱이 그들은 교회를 박해하는 조국 프랑스의 상황을 몸소 겪었던 사람들이었습

167 『불일협상』에는 "프랑스는 러일 전쟁의 결과 일본이 획득한 한국 및 만주에서의 특권을 승인하는 대신, 일본은 프랑스의 인도차이나 영토권을 존중"한다는 합의 내용이 담겨 있었습니다(홍순호, 1985, "독립운동과 한불관계-1906년에서 1945년까지", 『한국정치외교사논총』 2, 253-254쪽).

168 배세영, 1984, "한국에서의 파리외방전교회의 선교방침(1931-1942)", 『韓國敎會史論文集I』, 한국교회사연구소, 760쪽.

니다.[169] 한국 교회가 또 다시 박해를 받아서는 안 될 일이었습니다. 이런 상황에서 선교사들에게 조선 왕조가 몰락한 것보다 더 중요했던 것은 새롭게 한반도를 지배하기 시작한 일제의 태도였습니다. 일제가 교회를 박해하는 일만큼은 막아야 할 상황이었던 것입니다. 그런데 희소식이 들려왔습니다. 다음은 영국 천주교 잡지인 『타블렛(Tablet)』 1910년 1월 10일자에 실린 내용입니다.

조선 통감인 이등박문(伊藤博文, 이토 히로부미)이 바티칸에 한 장의 서한을 보냈는데, 그는 현재 한국에 있는 모든 천주교 선교사들을 다른 선교사로 교체해 줄 것을 요구했다. 왜냐하면 그는 모든 MEP(파리외방전교회: 인용자 주) 선교사들이 소련에 대한 동정심과 일본에 대한 증오심을 신자들에게 심어주고 있다고 확신했기 때문이다. 바티칸은 일본 정부에 대하여 이러한 비난을 증명해 줄 것을 요구하고 교구장에게 편지로 매우 신중히 행동하고 신자들을 진정시키는 데 모든 영향력을 행사하라고 지시했다. [...] 이등박문은 바티칸의 견해가 자신의 견해와 다른 것을 보고, 그 이유를 설명하기 위해 직접 로마로 가서 교황 레오 13세[170]를 만날 결심을 했다.

---

169 1789년 대혁명이후, 프랑스에서 천주교회는 구체제(Ancien Regime)의 일원으로 청산되어야 할 대상으로 지목되었습니다. 이후 약 100여 년간 교회는 왕정과 공화정이 번갈아 교체되는 혼란 속에서 상당한 피해를 입었고, 1905년에 제정된 정교분리법을 통해 정치로부터 완전히 분리되었습니다. 그것은 교회의 세속적인 힘이 사라졌다는 의미가 있었지만, 반대로 정치로부터 교회를 보호할 수 있게 되었음을 의미했습니다. 이러한 환경 속에서 성장한 프랑스 선교사들이 교회를 보호하기 위해 정교분리적인 태도를 취하는 것은 자연스러운 일이었을 것입니다.

170 조선통감부는 1906년부터 1910년까지 존속했고, 이토 히로부미는 1906년부터 1909년까지 조선통감이었습니다. 반면 레오 13세 교황은 1903년에 선종했습니다. 따라서 인용된 글에 적시된 교황은 레오 13세가 아니라 그의 후임인 비오 10세 교황(재위 1903~1914)이었다고 보는 것이 타당해 보입니다.

교황이 그에게 무슨 말을 했을까? 그것을 아무도 정확히 알 수는 없지만, 분명한 것은 교황은 다른 사람에게 보여준 그의 매력을 이등박문에게도 십분 과시하였다는 점이다. 즉 알현을 마친 후 이등박문은 "교황은 너무나 현명한 분이다! 그는 한국의 비참한 상황을 나보다 더 잘 알고 있다. 그는 일류 외교관이다." 그 때부터 한국 선교사들의 교체는 문제가 되지 않았다.[171]

이토 히로부미는 조선에서 활동하는 다른 제국주의 국가의 영향력을 제한시키고 싶어 했습니다. 그런데 조선에는 프랑스 시민이었던 천주교 선교사들이 있었습니다. 그래서 그는 교황을 직접 만나기 위해 로마로 향했고, 프랑스 선교사들의 교체를 요구했습니다. 그리고 교황으로부터 긍정적인 답변을 받았던 것으로 보입니다. 직접적인 내용을 확인할 수는 없지만, 교황이 제시한 해법을 유추할 단서가 몇 가지 있습니다.[172] 첫째, 러일전쟁 당시 교황청은 일본에 한국 교회를 보호해줄 것을 부탁했습니다. 그것은 교황청이 조선을 일본의 속국으로 인식하고 있었음을 보여줍니다. 둘째, 레오 13세 교황은 1892년 회칙 『배려의 환경(*Au Milieu Des Sollicitudes*)』을 통해 전통적인 천주교 국가에서는 정교분리가 묵인될 수 없지만, 어떤 국가에서는 정교분리가 묵인될 수 있다는 점을 언급했습니다. 그것은 교세

171 배세영, 1984, "한국에서의 파리외방전교회의 선교방침(1931-1942)", 『韓國敎會史論文集I』, 한국교회사연구소, 760-761쪽.

172 김진소, 1995, "일제하 한국 천주교회의 정교 분리 정책", 『사목』 193, 한국천주교중앙협의회.

가 약한 지역에서는 교회를 보호하기 위한 수단으로 정교분리를 용인할 수 있다는 것을 의미했고, 조선의 상황이 여기에 적용될 가능성이 높았습니다. 셋째, 교황청은 1919년에 일본에 교황사절을 파견하면서, 한국 교회를 주일 교황사절의 관할 아래 두었습니다. 당시 한국 교회는 교황청 직속 선교지인 대목구가 설정된 지역으로써 해당 지역에 파견된 교황사절의 영향력 아래에 있었습니다. 이 단서들을 종합해볼 때, 교황은 이토 히로부미에게 한국의 지배권을 인정하고 선교사들이 정치적인 사안에 관여하지 않게 정교분리 원칙을 지키도록 하겠다는 대답을 했을 것으로 보입니다.

이러한 교황청의 입장은 조선에서 활동하던 선교사들의 경험과 결합되면서 즉각적인 태도로 나타나게 되었습니다. 선교사들은 오랜 기간 박해를 받다가 얻어 누렸던 종교의 자유를 다시 빼앗길 수 있는 상황에 직면하자, 교회를 보호하기 위해 한반도에 들어선 새로운 정권 즉, 일제와 정교분리적인 관계를 맺길 원했던 것입니다. 그들은 모국 프랑스에서 교회가 탄압받는 모습을 지켜봤고, 당시 프랑스 교회가 자신을 보호하는 방식이었던 정교분리적 태도에 익숙했습니다. 게다가 100여 년 간 교회를 박해했던 조선 왕조에 대한 불신, 동양을 야만적으로 바라보는 오리엔탈리즘적 시선 그리고 근대화된 일본에 대한 선호 등 선교사들의 복합적인 인식이 어우러지면서, 일제의 조선 강점은 그렇게 부정적인 것이 아니었습니다.

일제 역시 서양 선교사들을 회유하는 데 공을 들였습니다. 일제는 개신교를 포함한 그리스도교 선교사들의 선교활동을 보장하는

가 하면, 종교단체 소유의 재산들을 그대로 인정해주고, 면세 특권을 제공했으며, 단체 운영보조비를 지원해주기까지 했습니다.[173] 이러한 특혜에는 서구 열강의 대외적 창구로 인식되던 그리스도교 선교사들의 환심을 사고, 그들로부터 호의적인 반응을 이끌어냄으로써 한반도 식민지배의 정당성을 확보하려는 일제의 의도가 깔려 있었습니다.[174] 실제 1910년 한일병합 이후, 데라우치 마사타케 조선총독(寺内正毅, 1852~1919)은 종교가 정치에 관여하지 않는다면, 종교활동의 자유를 보장하겠다고 공표하였습니다.[175]

한국 교회 입장에서 볼 때, 그것은 나쁜 일이 아니었습니다. 객관적으로 보면, 교회를 수십 년간 박해해왔고 또 교회를 탐탁지 않게 보던 조선 왕조보다는 선교활동을 지원해주는 일제가 더 좋은 파트너로 보였을 가능성도 있었습니다. 무엇보다 한국 교회는 조선 왕조나 일제에 대한 정치적인 견해보다도 교회를 보호하는 것이 우선인 상황이었습니다. 일제강점기 때 보인 한국 교회의 정교분리적 모습은 이런 맥락에서 종합적으로 이해되어야 할 필요가 있습니다.

이처럼 교황청의 정교분리 정책, 선교사들의 경험 그리고 일제의 회유가 어우러지면서, 교회 보호를 최우선 가치로 두고 있던 한국 교회는 정교분리 원칙을 내세워 일제에 대응하게 됩니다. 다음은 『뮈텔 주교 일기』의 일부입니다.

---

173 윤경로, 1990, "일제의 기독교정책과 조선전도론(I)", 『기독교사상』 376, 108-109쪽.

174 윤선자, 2001, 『일제의 종교정책과 천주교회』, 경인문화사, 38-39쪽.

175 윤선자, 2001, 『일제의 종교정책과 천주교회』, 경인문화사, 54쪽.

천주교는 정치 문제에 무관심하고 항상 일본을 합법적인 정부로 인정하고 있다. 이것은 나와 우리 모든 신부들의 공통된 생각이고 또한 이렇게 신자들을 가르치고 있다.[176]

한편 뮈텔 대주교는 안중근의 하얼빈 의거(1909. 10. 26)에 분노했다고 합니다. 그리고 죽음을 앞둔 안중근에게 성사를 허락하지 않았을 뿐만 아니라, 이를 어기고 성사를 준 빌렘 신부(Nicolas Joseph Mare Wilhelm, 1860~1938)에게 2개월 간의 성무 집행 정지령을 내렸습니다. 뮈텔 대주교는 도대체 왜 그랬을까요? 초대 통감을 지냈던, 일본에서 가장 영향력 있는 정치인이었던 이토 히로부미를 저격한 사람이 천주교인이고, 천주교회가 그를 비호하고 있다는 인상이 비춰지면 일제의 화살은 분명 천주교회를 향했을 것입니다. 맞습니다. 우리 민족에겐 다시없을 영웅 안중근 의사를 대하는 뮈텔 대주교의 모습, 그 모습 뒤편에는 한국 교회를 보호하려는 그의 노력이 존재했던 것입니다.

이점을 고려한다면, 같은 동족을 배반한 친일파들과 천주교회를 같은 선상에 두고 평가할 수는 없습니다. 이완용과 같은 친일파들은 민족의 고통을 충분히 이해할 수 있는 조선인이었지만, 동족의 고통을 이용해 본인의 배를 불린 이들입니다. 이들이 비난받는 것은 당연합니다. 하지만 적어도 당시까지 천주교 특히 외국인 선교사들

---

176 뮈텔 대주교의 1911년 6월 16일자 일기: 노길명, 2005, 『한국의 종교운동』, 고려대학교출판부, 77-78쪽에서 재인용.

에게 조선 왕조는 한반도를 지배하는 하나(one of them)의 정권에 불과했을 가능성이 큽니다. 따라서 일제가 한반도를 지배하게 된 것은 정권이 바뀐 것과 다름없었을 수 있습니다. 물론 그것은 한국인들에 대한 선교사들의 애정과 헌신적인 활동과는 분명히 다른 차원의 문제입니다.

> 국상을 당하여 일반 신자가 마땅히 애도하는 마음과 국가를 사랑하는 정을 표하기 위해여 어장례일(御葬禮日)까지 매주일과 파공첨례에 아래의 경문을 외울지니, 성당이나 공소에 모여 외울 것이로되, 각기 집에서 욈도 무방하고 책이 없는 자와 무식한 자는 천주경, 성모경, 영광경 각 다섯 번씩 대송할지어다. 천주강생일천구백십이년팔월십오일 경성주교 민아오스딩.[177]

위의 글은 1912년에 사망한 메이지(明治) 일왕(日王)을 위해 기도하라는 뮈텔 대주교의 권고입니다. 당시 한반도를 지배하던 정권의 최고 책임자가 사망하자, 한국 교회의 최고 책임자였던 뮈텔 대주교가 신자들에게 죽은 사람을 위해 기도하라는 권고였습니다. 이것은 친일행위로 비춰지기도 하지만, 바뀐 정권 아래에서 외국인 선교사가 취할 수 있는 행동을 했다고도 볼 수 있습니다.

물론 선교사들과는 달리 한국인이었던 신자들 가운데에는 조국의 독립을 위해 힘썼던 영웅들이 있었습니다. 앞서 언급한 안중근이

---

[177] 한국천주교중앙협의회, 1912, 『경향잡지』 221, 337쪽. '민아오스딩'은 뮈텔 대주교를 말합니다. 민덕효(閔德孝)가 뮈텔 대주교의 한국식 이름이었기 때문입니다.

대표적인 사람이었지요. 그들은 절절한 신앙심을 지니고 있었지만, 선교사들과는 생각이 달랐습니다. '삶의 자리(Sitz im Leben)'가 달랐기 때문입니다. 이처럼 한국 교회 안에는 일제에 협력하려는 움직임과 독립을 위해 헌신하려는 움직임이 동시에 존재했습니다. 다만 당시 한국 교회를 이끌었던 사람들은 선교사들이었고, 신자들은 그들이 행사했던 교도권[178]에 따라야 할 의무가 있었습니다. 그렇기에 당시 한국 교회의 주류는 정교분리 원칙을 통해 일제에 대응하는 모습을 보였다고 할 수 있습니다.

한국 교회가 교회를 보호하기 위해 정교분리적인 태도를 취함으로써 우리 민족 구성원들에게 고통을 안겨주었던 것은 사실입니다. 이에 대해서 교회 밖에 있는 사람들이 당시 천주교회의 모습을 친일이라고 평가한다면, 그들이 그렇게 볼 수도 있다는 사실을 겸허히 받아들여야 합니다. 그리고 그렇게 비춰질 수 있는 행동을 한 점에 대해 반성하며, 다시는 그런 행동을 하지 않도록 노력해야 할 것입니다. 그렇다고 한국 교회 전체를 친일이라고 평가하는 것은, 다시 말씀드리지만, 현상의 한 단면만 바라보는 것이라는 점을 상기시켜 드립니다. 우리는 과거의 일을 평가할 때, 현재의 잣대를 유일한 기준으로 들이미는 실수를 범해선 안 됩니다. 옛 사람들은 현대인이 아니라 당시의 정치·경제·문화적 환경과 지배적인 세계관의 지평 내

---

[178] 교도권이란, "교회가 복음을 선포하는 임무를 유권적으로 이행하는 권한"을 말합니다. 간단히 말해, "교회의 가르치는 권한"을 말하는데, 통상적으로 교황과 주교들이 신자들에게 제시하는 가르침을 말합니다(굿뉴스 가톨릭 사전 "교도권" 참조 http://dictionary.catholic.or.kr/dictionary.asp?name1=%B1%B3%B5%B5%B1%C7[검색일: 2021.02.03.]).

에서 태도를 선택할 수밖에 없었다는 점을 충분히 고려할 필요가 있습니다.

그렇다고 현재의 시선으로 과거를 평가하는 것이 무의미한 것은 아닙니다. 과거를 통해 현재 우리가 살아가야 할 방향을 고민할 수 있기 때문입니다. 앞서 소개해드린 주교회의 의장 김희중 대주교의 3·1운동 100주년 기념 담화는 일제강점기 당시 교회의 모습을 바라보는 현재 한국 교회의 인식을 잘 보여줍니다. 지금 교회의 시선으로 볼 때, 당시 교회는 "민족의 고통과 아픔을 외면하고 저버"리고 있었던 것입니다. 하지만 당시 교회 지도자들은 그렇게 생각할 수 있는 상황이 아니었습니다. 이러한 시각에서 일제강점기 한국 교회의 모습을 바라보면, 평소에 보이지 않았던 당시 교회 지도자들의 고민 어린 결정들까지도 동시에 바라볼 수 있을 것입니다.

나. 교민주의 선교방식

한국 교회는 일제와의 호의적인 관계를 바탕으로 적극적인 선교활동을 펼치게 됩니다. 대표적인 것이 '교민주의(敎民主義) 선교'였습니다. 교민주의 선교란, "교회가 대규모의 부동산을 소유하고 있으면서 이를 교민이나 비(非)교민에게 전작(田作)케 하거나 임대하여 한편으로는 소작료나 임대료로 교회 경비를 위한 기금을 마련하면서 다른 한편으로는 교민 및 비교민에게 생계수단을 제공함으로써 교민을 유지·확대하는" 선교방식을 말합니다.[179] 이것은 본래 중국 선교에 활용되던 것이 한국 선교에도 적용된 것이었는데, 서양 신자들로부터 받은 선교후원금을 선교지역의 토지 구매에 적극 활용하는 방식으로 추진되었습니다. 한국 교회는 꾸준히 부동산을 매입하여 1922년에는 전국에 273만 5,756만 평을 소유하게 되었다고 합니다.[180] 한국 교회가 소유한 토지 가운데 농지(경작지)의 비율은 꽤 높았는데, 1924년을 기준으로 원산대목구 소유 부동산의 87퍼센트, 평양지목구 소유 부동산의 89퍼센트, 경성대목구 소유 부동산의 76퍼센트가 농지에 해당됐다고 합니다.[181] 이러한 교민주의 선교방식은 지주와 관료들의 횡포 및 착취로부터 신자들과 지역주민을 보호하고, 신자들에게 안정적인 소작지를 제공함과 동시에 교세를 확장시키는 긍정적인 효과가 있었습니다.[182]

한편 교민주의 선교방식은 성직자와 신자의 관계를 경제적 관계로 전환시킬 가능성이 있었습니다. 성당 운영을 책임지는 사람은 성직자였고, 성당 소유의 토지를 분배할 권리 역시 성직자에게 있었기 때문입니다. 따라서 소작농(신자)에겐 좋든 싫든 성직자의 말에 따라야 먹고 살 길이 마련될 수밖에 없었으므로, 성직자와 신자의 관

---

179 허원, 1994, 『청말 서양교회의 내지 부동산 조매권과 교안』, 연세대학교박사학위논문; 강인철, 2006, 『한국 천주교의 역사사회학』, 한신대학교출판부, 71쪽에서 재인용.

180 김현숙, 2008, "식민지시대 합덕리의 토지소유관계와 구합덕본당의 농업경영", 『역사와 현실』 67, 295쪽.

181 윤선자, 1997, 『조선총독부의 종교정책과 천주교회의 대응』, 국민대학교석사학위논문, 165-167쪽; 강인철, 2006, 『한국 천주교의 역사사회학』, 한신대학교출판부, 72쪽.

182 강인철, 2006, 『한국 천주교의 역사사회학』, 한신대학교출판부, 203쪽.

계는 단순한 종교적 관계가 아니라 지주-소작 관계로 확장될 가능성이 있었습니다. 실제 성직자와 신자 사이에 전근대적 관계가 나타났던 경우가 있었다고 합니다.[183]

이렇게 성직자에 대한 사회적 인식이 종교적 차원을 넘어서게 되면서, 성직자는 신분상승의 표지로 이해되는 경우도 있었습니다. 사제 양성과정 즉, 신학교 수업을 통해 보다 체계적으로 서양 학문을 교육받은 성직자들은 월등한 지식과 종교적인 권위, 교회가 가진 자산들을 통해 사회적으로 높은 지위를 획득할 수 있었던 것입니다. 성직자가 되려는 신학생들의 지원 동기도 흥미롭습니다. 예를 들어 노기남 바오로 대주교(1902~1984)는 어린 시절 공소였던 자신의 집에 선교사가 오면, 그가 머무는 한 달 동안 끼니 때마다 계란찜이 반찬으로 올라가는 것을 보았습니다. 그래서 자신도 성직자가 되면 계란찜을 매일 먹을 수 있을 것이라는 생각에 신학교에 입학했다고 합니다.[184] 김남수 안젤로 주교(1922~2002) 역시 성직자가 되면 계란을 먹을 수 있고 또한 출세를 할 수 있으며, 가장 보람되는 일을 할 수 있다고 생각하여 신학교에 입학했다고 합니다.[185] 1946년에 신학교에 입학한 한 신부의 경험은 더 직접적입니다. 그 신부는 은행원이 되길 바라는 아버지를 설득하면서, 다음과 같이 이야기 했다고 합니다.

---

183 조광, 2010, 『한국 근현대 천주교사 연구』, 경인문화사, 373-374쪽.

184 카푸친작은형제회 홈페이지 http://www.capuchin.or.kr/xe/menu3_4/1142(검색일: 2015.12.20.)

185 김남수, 2001, "[다시 태어나도 이 길을 - 은퇴 사제의 삶과 신앙] 수원교구 김남수 주교 (2)", 『가톨릭신문』 2273(2001.11.04.).

"내가 은행원으로 아무리 잘 되어도 과장으로 대여섯 명을 거느리지만 신부가 되면 수천 명을 다스리게 됩니다." 성스러운 사제직을 충분히 이해하지 못했던 부모님께 사제로서의 삶이 결코 "세속적으로도 밀지지 않는다"고 설득함으로써 나는 비로소 허락을 받을 수 있었다.[186]

물론 사람마다 성직자가 되고 싶은 동기는 다양할 수 있고, 그 첫 동기가 종교적이지 않다고 해서 한평생을 성직자로 살아온 그들의 삶을 함부로 폄하할 수는 없습니다. 천주교는 하느님께서 다양한 방식으로 사람들을 부르신다는 사실을 충분히 인식하고 있습니다. 실제저 위에 언급된 성직자들은 신학교 양성 과정과 성직 생활을 통해자신의 성소(聖召)를 돌아보고, 성직자로서의 삶에 더욱 매진했던분들입니다.

어쨌든 이렇게 공고해진 성직자의 위상은 한국 교회의 가슴 아픈과거인 친일 논란과도 맞닿아 있습니다. 한국 교회는 정교분리 원칙을 명분으로 일제의 한반도 점령을 묵인해왔습니다. 그리고 일제강점기 동안 독립운동에 소극적인 태도를 보여 왔습니다. 이러한 태도는 당시 한국 교회를 운영하던 선교사들과 그들로부터 양성을 받은한국인 성직자들의 의지가 반영된 것이라고 볼 수 있었습니다. 즉,성직자 중심의 조직문화가 형성되어 있던 당시 한국 교회의 상황을이해한다면, 그러한 태도는 자연스러운 것이었습니다. 실제 1919년

---

186 혹시 의도하지 않게 개인의 명예가 실추될 우려가 있어 출처는 따로 표기하지 않습니다.

에 일어난 3·1운동 당시, 뮈텔 대주교와 드망즈 주교는 신자들에게 만세운동에 참가하는 것은 대죄를 짓는 것이라고 경고하면서 신자들을 통제하였고, 그렇게 3·1운동에 참가하지 않은 신자들의 모습을 보면서 자랑스러워했다고 합니다.[187]

물론 예외인 경우도 있었습니다. 경기도 안성성당 주임사제였던 공베르 신부(Antoine Gombert, 1875~1950)는 만세운동에 가담한 주민들을 성당에 피신시켜주기도 했습니다. 하지만 이러한 행위는 일부 구성원들의 일탈행위로 볼 수 있었고, 그들에게는 엄격한 처벌이 가해졌습니다. 예를 들어 안중근의 경우, 뮈텔 대주교에게 종부성사[188]를 요청했지만 거절당했습니다.[189] 안중근의 본당 사제였던 빌렘 신부는 뮈텔 대주교의 명을 어기고 여순 감옥을 방문하여 안중근에게 고해성사와 성체성사를 베풀었습니다. 이에 뮈텔 대주교는 빌렘 신부에게 2개월 간의 성무 집행 정지령을 내렸으며, 그는 결국 동료 선교사들에 의해 한국에서 쫓겨나는 신세가 되었습니다.[190] 3·1운동에 참여한 신학생들 역시 신학교에서 퇴학을 당했습니다.[191] 이런

---

187 윤선자, 2001,『일제의 종교정책과 천주교회』, 경인문화사, 98쪽.

188 종부성사란 죽을 위험에 있는 신자에게 베푸는 성사입니다. 제2차 바티칸공의회 이후 '병자성사'라고 부르고 있습니다.

189 하얼빈 의거에 분노했던 교회 지도자들의 냉담 속에서도 안중근은 자신이 천주교 신자라는 점을 자랑스럽게 여겼으며, 신앙에 따라 이토 히로부미를 암살했다고 당당하게 밝혔습니다(노길명, 1987, "개화기 한국 가톨릭 교회와 국가 간의 관계-한국 교회의 정책, 활동 및 그 결과를 중심으로",『가톨릭사회과학연구』4(1), 75-76쪽).

190 최석우, 1994, "안중근의 의거와 교회의 반응",『교회사연구』9, 114-118쪽.

191 윤선자, 2001,『일제의 종교정책과 천주교회』, 경인문화사, 106-109쪽.

상황에서 교회 구성원들이 뮈텔 대주교를 위시한 성직자들의 의지에 반하기란 쉽지 않았을 것입니다.

다. 신사참배, 제2의 중국 의례 논쟁?

교회를 보호하기 위해 정교분리 원칙을 고수하는 한국 교회의 태도는 일제강점기 내내 지속됩니다. 그런데 문제가 발생했습니다. 1919년 3·1운동을 계기로 일제가 문화통치를 강화하게 되면서, 일왕에게 충성을 바칠 것을 정당화하는 '신사참배'를 조선인들에게 강요하기 시작했던 것입니다. 이것은 과거 중국 의례 문제로 큰 고통을 겪은 한국 교회에 또 다른 고민을 안겨주었습니다. 신사(神社)는 일본 전통 신앙인 신도(神道)를 믿는 사람들이 찾는 예배 장소인데, 이곳에 가서 신도가 기리는 일본의 전통 신들에게 참배를 하라는 것이었습니다. 일제는 신사참배를 하지 않으면 교회를 박해할 분위기였습니다. 다시 말해 신사참배를 거부한다면, 한국 교회는 조상 제사 금지로 겪은 박해를 다시 겪어야 할지도 모를 상황이었습니다. 그럼에도 불구하고 뮈텔 대주교는 1922년경 신사참배를 금지한다는 결정을 내립니다.

일본의 시민적인 예절들은 거의 모든 것이 미신적인 기원을 가지고 있지만, 정부의 공식적인 발표에 의하면 지금은 단지 시민적인 특성만을 지닐

뿐이다. 정부 인가 학교들이 초대받는 경우에는 참석할 수 있다. 그렇지만 미신적인 행동이 되는 것이라면 천주교 신자들은 능동적인 행위로 예절에 가서는 안 된다. 천황의 사진에 경례하는 것은 미신적인 행위가 아니다. **신사참배를 하거나 신사에서 행해지는 예식들에 참석하는 것은 그것이 어떤 목적이든 간에 금지된다.[192]**

이에 따라 한국 교회는 신사참배를 두고 일제와 대립하는 모습을 보이게 됩니다. 특히 1924년 10월에 강경(江景)공립보통학교에서 벌어진 신사참배 거부 사건을 계기로 교회 내에서 신사참배가 중요한 문제로 인식되기 시작했습니다. 이 사건은 강경신사 제례일에 천주교 신자 학생 20명이 불참하고, 개신교 신자 학생 6명이 예식에는 참여하였으나 신사참배를 거부한 사건이었습니다. 이로 인해 개신교인 교사 1명이 사직했고, 천주교인 학생 20명과 개신교인 학생 6명이 퇴학을 당했습니다. 이에 대해 관할 나바위 본당 주임사제가 반발했지만, 퇴학당한 학생들은 다른 공립학교에 입학할 수도 없게 되었습니다.[193] 이에 뮈텔 대주교는 모든 신자들이 알 수 있도록 1925년에 발간한 교리서에 신사참배를 금지한다는 내용을 포함시켰습니다.

전에 중국과 조선풍속에 죽은 사람을 공경하는 예와 공자를 유도법(儒道

---

192 1922년에 발표된 『경성대목구 지도서(Directorium Missions de Seoul)』 제22항; 윤선자, 2001, 『일제의 종교정책과 천주교회』, 경인문화사, 249쪽에서 재인용. 볼드는 인용자.

193 정동훈, 1996, "일제 강점기하의 한국 천주교회와 신사 참배에 관한 고찰", 『교회사연구』 11.

法)대로 공경하는 예절이 순전한 나라 풍속인지 이단인지 교우들끼리 토론한즉 주교가 그 사정을 교종께 품달하매 교종[194]께서 명백히 정하시기를 이런 예절은 분명한 이단이라 하셨으니 그때부터 아무 이론(理論)없이 모든 교우가 다 이런 예절을 이단으로 알고 끊어버렸도다. **일본 예절로 말하더라도 신사참배라 하는 것은 확실히 이단이니 아주 금하는 것이고** 살아있는 임금의 어진(御眞)앞에 절함은 이단이 아니오.[195]

이후에도 한국 교회는 신사참배를 요구하는 일제에 맞서 참배를 거부했습니다. 그럼에도 일제로부터 크게 불이익을 당하지는 않았습니다. 1920년대 후반까지는 일제가 신사참배 정책을 강하게 추진하지 않았기 때문입니다.

하지만 1930년대에 들어서면서 상황이 달라졌습니다. 일제는 1931년 만주사변, 1932년 상해사변과 괴뢰국가 만주국의 건국을 통해 중국과 전쟁을 앞두고 있었습니다. 우리 민족 내부에서는 이봉창 의사(1900~1932)와 윤봉길 의사(1908~1932)의 의거로 독립운동 열기가 높아지고 있었습니다. 일제는 전쟁에 집중하기 위해 내부 통제를 강화하려 했고, 그 일환으로 한국인들에게 신사참배를 강하게 요구하기 시작했습니다.[196] 일제는 신사참배에 반대하는 개신교 학

---

194 '교종'은 '교황'의 다른 표현입니다(주교회의 천주교용어 편, 2018, 『천주교 용어집(개정 증보판)』, 한국천주교중앙협의회, 26-27쪽).

195 최루수 편, 1925, 『天主敎要理(大問答) 2권』, 45쪽; 문규현, 1994, 『민족과 함께 쓰는 한국 천주교회사 I』, 빛두레, 167쪽에서 재인용. 볼드는 인용자.

196 방상근, 2000, "일제하 한국 천주교회의 신사 참배에 대한 연구", 『민족사와 교회사』, 한국교회사연구소.

교들을 폐교시키는 등 구체적인 행동에 들어갔습니다. 이에 따라 한국 교회의 입장도 변화를 보이게 됩니다. 신사참배를 용인하기 시작한 것입니다. 다음은 1932년에 발간 된 교리서의 내용입니다. 자세히 보면 신사참배에 대한 해석이 달라진 것을 확인할 수 있습니다.

전에 중국과 조선풍속에 죽은 사람을 공경하는 예와 공자를 유도법(儒道法)대로 공경하는 예절이 순전한 나라 풍속인지 이단인지 교우들끼리 토론한즉 주교가 그 사정을 교종께 품달하매 교종께서 명백히 정하시기를 이런 예절은 분명한 이단이라 하셨으니 그때부터 아무 이론(理論)없이 모든 교우가 다 이런 예절을 이단으로 알고 끊어버렸도다. **그러나 신사참배는 비록 그 시작은 종교적이라 할지라도 지금은 일반의 인정과 관계당국의 성명에 의하야 국가의 한가지 예식으로 되어 있으니 저것(유교적 제사)과 혼동할 것이 아니며,** 천황폐하의 어진 앞에 예함도 이단이 아닌즉 국민된 자가 히 행할 것이오.**[197]**

그 다음해인 1933년 1월에는 한반도를 관할하는 주일 교황사절 무니 대주교(Edward Aloysius Mooney, 1882~1958)가 신사참배를 허용한다는 교령을 발표합니다. 이를 계기로 한국 교회는 그해 3월 주교회의를 열어 개인 차원의 신사참배는 허용한다고 결정하기에 이릅니다. 하지만 공식적인 발표는 유보했습니다. 교회 내에 신사참배

---

197 최루수 편, 1932, 『天主敎要理 1권』, 273-274쪽; 문규현, 1994, 『민족과 함께 쓰는 한국 천주교회사 I』, 빛두레, 171쪽에서 재인용. 볼드는 인용자.

에 반발하는 움직임이 있었기 때문이었습니다. 특히 메리놀외방선교회가 담당했던 평양지목구의 미국인 선교사들이 신사참배 허용에 반발했습니다. 그러나 평양지목구장이었던 모리스 몬시뇰(John Edward Morris, 1889~1987)이 교황청의 권위에 순명하면서 1936년 2월경 신사참배를 허용하게 됩니다. 교황청 포교성성은 같은 해 5월 훈령 『여러 번 그리고 강하게(Pluries Instanterque)』를 통해 신사참배를 공식적으로 허용하게 됩니다. 이러한 교황청의 결정은 비단 한반도만을 두고 결정된 것은 아닌 듯 보입니다. 일제가 지배하는 지역이 광범위했고, 그 지역에서 활동하는 교회들이 있었기 때문입니다. 따라서 조상 제사 금지로 박해를 겪은 한국 교회의 입장은 말할 것도 없거니와, 주일 교황사절, 더 나아가서는 교황청까지 움직여 신사참배를 허용한 것은 일제의 지배 아래 있는 지역 교회들을 모두 보호하기 위한 조처였을 가능성이 높습니다.

라. 일제의 직접 통치 전략에 대응한 신의 한 수, 노기남 대주교

2009년경 대통령 직속 친일반민족행위 진상규명위원회는 노기남 대주교를 친일반민족행위자로 결정하고, 이 사실을 서울대교구에 통보했습니다. 노기남 대주교는 주교 서품을 받은 최초의 한국인으로 잘 알려져 있습니다. 노기남 대주교는 일제강점기, 광복, 한국전쟁 그리고 산업화 등 혼란스러운 시기에 한국 교회의 수장으로서 여러 고통을 감내하며 교회의 성장을 이끌어온 지도자로 기억되고 있습니다. 그런데 그런 그가 친일반민족행위자로 지목됐습니다. 이에 대해 서울대교구는 "노 주교가 일제 말기 조선총독부 강요로 교회 차원에서 어쩔 수 없이 몇몇 단체를 조직해 일제에 협력할 수밖에 없었"지만, "당시 노 주교의 행동은 개인의 사적 이익을 위한 것이 아니라 '천주교회 수장'으로서 교회와 교인을 지키기 위한 최소한의 행위였다는 점에서 다른 친일 행위자들과 분명하게 구분할 필요가 있다"고 주장했습니다.[198] 도대체 일제강점기 때 노기남 대주교에게 무슨 일이 있었던 것일까요? 우리는 노기남 대주교를 어떻게 바라보아야 할까요?

다시 일제강점기로 돌아가 보겠습니다. 일제는 1937년에 중일전쟁을, 1941년에는 진주만 공습을 통해 태평양전쟁을 일으키게 됩니다. 일제는 온 힘을 다해 전쟁에 뛰어들었고, 조선인들도 여기에 투입되어야만 했습니다. 모든 것이 전쟁에 활용되어야 했고, 종교 역시 일제의 지배 아래 있는 신민(臣民)들을 독려하여 전쟁을 승리로 이끌어야 할 책무를 맡게 되었습니다. 이 과정에서 한국 교회가 일제에 협력하는 모습을 보인 것은 사실입니다. 그런데 일제는 더 확실하게 한국 교회를 움직이기 위해, 선교사들이 맡고 있었던 교구장(대목구·지목구장) 자리에 일본인 성직자를 앉히려고 했습니다. 일본 본토 내에서도 서양인 선교사에서 일본인으로 교구장이 대거 교

198 남정률, 2009, "교회 지키기 위한 최소한의 행위: 서울대교구 노기남 대주교 친일 관련 이의 공문", 『평화신문』 1035(2009.09.13.).

체되는 상황이었습니다.[199] 이를 눈치 챈 경성대목구장[200] 라리보 주교(Adrien-Joseph Larribeau, 1883~1974)는 사임을 결심하고, 후임으로 한국인 성직자가 올 수 있도록 교황청에 은밀히 요청했습니다. 이에 1942년 초, 교황 비오 12세는 노기남 신부를 후임 경성대목구장으로 지명하게 됩니다. 이로써 한국 최초의 주교가 탄생할 수 있었습니다. 일본인 성직자로 인해 한국 교회가 일제에 완전히 굴복당하는 일을 방지하려고 했던 라리보 주교의 기지가 빛을 발한 것이었습니다. 이에 불만을 품은 일제는 서울 용산 소재 예수성심신학교를 1942년 2월에 폐쇄하는 등 경성대목구에 불이익을 줬습니다. 그리고 다른 교구를 압박하여 대목구·지목구장 자리에 일본인 성직자를 앉히려고 했습니다. 이에 따라 대구대목구와 광주지목구는 일본인 성직자를 대목구·지목구장으로 맞이합니다. 대구대목구는 하야사까 구베에 주교(早坂久兵衛, 1887~1946), 광주지목구는 와끼다 아사고로오 신부(脇田淺五郎, 1881~1965)가 임명된 것입니다.

이런 상황에서 최초로 주교가 된 한국인이자, 한반도를 대표하는 경성대목구의 대목구장이 된 노기남 대주교는 민족 자존을 살려주었다는 면에서 그 자체만으로도 상징성이 컸습니다. 그렇다면

---

199 일본 천주교회에서 외국인 선교사 대신 일본인 성직자가 교구장으로 임명된 것은 하야사카 쿠노스케 신부(早坂久之助, 1883~1959)가 1927년 7월 나가사키(長崎)대목구의 대목구장으로 임명된 것이 처음이었습니다. 1941년을 기점으로 일본 교회는 모든 교구장이 일본인 성직자로 채워졌습니다. 이후 일본 교회는 외국인 선교사와 관계를 끊는다는 것을 조건으로 1941년경 일본 정부로부터 교단 인가를 받게 됩니다. 그리고 일본의 전시체제를 적극 옹호하게 됩니다(윤선자, 2005, 『태평양전쟁 발발 이후 일제의 인적 지배와 그리스도교계의 대응』, 집문당, 89~96쪽).

200 조선대목구는 1911년에 경성대목구와 대구대목구로 분리되었습니다.

노기남 대주교는 어떤 일을 했을까요? 안타깝게도 일제강점기 당시 노기남 대주교는 일제에 협력하는 모습을 보이는 경우들이 있었습니다.

일례로 노기남 대주교의 경성대목구장 취임사를 들어보실까요?

대개 열심한 신자요 충량한 국민은 자기책임수행에 심혈을 기울이며 그 책임이 중대한것이면 자기 생명까지라도 아낌없이 희생한다. 현금 국가의 시국은 이런 국민을 요구하고 현금 교회의 정세는 이런 신자를 요구한다. 우리 모든 이가 열심한 가톨릭자로서 국가에 대한 책임에 이런 태도로써 나선다면 이보다 더 낳은 종교보국은 있을 수 없다 [...] 국가의 시국을 돌파키 위하야 행정당국에서 지시하는 바는 절대 신뢰하고 무언 복종하라.[201]

노기남 대주교는 라리보 주교의 기지로 일제의 감시망을 벗어나 임명된 최초의 한국인 주교였기에, 일제의 시선이 노기남 대주교의 경성대목구장 취임사에 쏠려 있었을 것은 자명했습니다. 그런 자리에서 일제에 충성하고 복종하라는 대주교의 취임사가 과연 본심이었을지 의문이 듭니다. 한국인 주교가 일제에 반발하자고 선동하는 발언을 했다면, 아마 그 자리에서 일제의 천주교 탄압이 시작되었을지도 모르겠습니다. 살얼음판을 걷는 시기에 경성대목구장이라는 자리에 앉게 된 만큼, 노기남 대주교의 발언과 행동은 그의 의지와

---

201 한국천주교중앙협의회, 1942, 『경향잡지』 943, 12-13쪽.

는 상관없이 일제에 협력하는 모양새를 띠어야만 했을 것입니다. 그래서 노기남 대주교는 일제가 전 국민이 전시 동원 체제에 협력하도록 만들기 위해 각급 기관 및 단체에 만들도록 했던, 그래서 천주교역시 만들었던 '국민총력 천주교경성교구연맹'에서 이사장을 맡아야 했고, 또 전쟁에 나가는 이들과 세계 평화를 위해 기도하는 '대동아전쟁기구'라는 기도문을 만들어 신자들에게 배포[202]해야만 했습니다.

　노기남 대주교와 한국 교회가 진정으로 일제에 적극 협조했는지를 살펴보기 위해서는 광복 이후의 행보를 살펴볼 필요가 있습니다. 노기남 대주교는 광복 이듬해인 1946년경 대한민국 임시정부 요인들을 명동성당으로 초청하여 환영회를 열었습니다. 이 자리에는 김구 주석 등 임시정부 주요 요인들이 참석했다고 합니다. 또한 우리는 앞서 뮈텔 대주교가 안중근을 박대했던 사실을 살펴보았습니다. 뮈텔 대주교에게는 교회를 보호하는 것이 우선이었기 때문에, 안중근의 이토 히로부미 저격 사건이 탐탁지 않았습니다. 그런데 1947년 3월 26일, 명동성당에서 안중근 의사의 순국(殉國)을 기념하는 미사가 열렸습니다. "안중근(도마) 순국 37주년 기념 대례(大禮) 연미사"라고 불린 이 미사는 안중근 가문의 주최로 열리게 되었는데, 노기남 대주교가 주례를 했고 직접 안중근의 업적을 기리는 강론을 했던 것으로 보입니다. 또한 그는 광복 직후부터 안중근의 친척들을

---

202 한국천주교중앙협의회, 1942, 『경향잡지』 944, 17쪽.

정신적·물질적으로 크게 도와줬다고 전해집니다.[203]

우리는 천주교회가 아직 민족사에 완전하게 동화되지 않은 상태에서, 일제강점기 때 취할 수 있었던 최선의 행동은 교회를 보호하는 데 있었다는 사실을 다시 한 번 상기할 필요가 있습니다. 이점에서 노기남 대주교를 친일반민족행위자로 선정한 대통령 직속 친일반민족행위 진상규명위원회의 결정을 완벽한 것이라고 보기에는 부족함이 있습니다. 일제에 협력한 것 그 자체로만 친일 행위를 평가한다면, 노기남 대주교를 친일반민족행위자로 볼 수도 있을 것입니다. 하지만 서울대교구의 주장처럼 친일 행위의 실제 동기를 자세히 살펴본다면, 노기남 대주교는 개인적인 차원에서 친일 행위를 한 것이 아니라 교회의 대표로서 어쩔 수 없이 그렇게 한 것일 가능성이 높다는 것을 확인할 수 있습니다. 서울대교구가 일제강점기 당시 노기남 대주교가 보였던 모습을 "개인의 사적 이익을 위한 것이 아니라 '천주교회 수장'으로서 교회와 교인을 지키기 위한 최소한의 행위였다는 점에서 다른 친일 행위자들과 분명하게 구분할 필요가 있다"고 말한 이유가 여기에 있겠습니다.[204]

---

203 노길명, 2005, 『한국의 종교운동』, 고려대학교출판부, 135-136쪽. 이후 안중근에 대한 한국 천주교회의 현양사업은 천주교정의구현전국사제단이 1986년 3월 26일 안중근 순국 76주기 추도 미사를 거행하고, 1990년 3월 26일 순국 80주기 추도 미사 거행 및 『안중근(도마) 의사 추모 자료집』 발간하는 등의 형태로 이어졌습니다. 이후 1993년 8월 21일에 한국가톨릭문화사연구회가 주최한 안중근 추도 미사에 김수환 추기경 및 여러 성직자들이 함께했는데, 이때 김수환 추기경은 안중근의 이토 저격 행위를 정당한 것으로 선언하였습니다. 이로써 안중근은 교회에서 완전히 신원(伸寃)되었습니다.

204 남정률, 2009, "교회 지키기 위한 최소한의 행위: 서울대교구 노기남 대주교 친일 관련 이의 공문", 『평화신문』 1035(2009.09.13.).

지금까지 일제강점기 당시 한국 교회의 모습을 돌아보았습니다. 일제강점기 전까지 한국 교회는 무너져가는 조선 왕조를 지키기 위해 여러 가지 노력을 펼쳤습니다. 하지만 프랑스가 조선에서 철수하고, 일제가 한반도를 완전히 점령하면서 상황이 달라졌습니다. 이 시기 한국 교회는 교회를 보호하기 위해 정교분리적인 태도를 고수했습니다. 어쩌면 그것은 자연스러운 것이었을지도 모릅니다. 이제야 비로소 박해가 끝난 줄 알았더니, 박해를 멈춘 조선 왕조 대신 일제가 한반도를 점령했습니다. 그런데 일제는 신앙의 자유를 허락했습니다. 따라서 일제의 비위를 건드릴 필요가 없었습니다. 어렵게 얻은 신앙의 자유였습니다. 더욱이 그것은 세상으로부터 교회를 보호하는 것을 중요한 가치로 두며, 정교분리적 입장을 지지했던 당시 보편 교회의 입장과도 일치했기에 교회 내적으로도 정당한 것이었습니다. 때문에 일제강점기 동안 한국 교회는 정치와는 무관한 듯 일제에 순응하며 교회를 보호했습니다.

그런데 이 시기에 천주교에 입교한 사람들의 숫자는 매우 적었습니다. 1910년 12월 당시 천주교 신자 수는 7만 3,517명이었는데, 광복 직전인 1944년 5월에는 17만 9,114명으로 35년간 약 10만 명 증가에 그쳤던 것입니다.[205] 물론 교회를 보호하기 위해 일제에 협력하는 것이 교회 구성원들에게 중요한 것이었을 가능성이 높습니다. 어찌 보면 그것은 조선 왕조로부터 받아온 박해 경험이 트라우마

205 한국천주교중앙협의회, 2018, 『한국 천주교회 총람 2013~2017년』, 524쪽.

(trauma)로 나타난 것이었습니다. 그렇게 한국 교회는 안정을 찾았지만, 안타깝게도 일제 치하에 있던 사람들에게 위로를 주는 존재가 되지는 못했던 것 같습니다. 사람들은 누가 자신을 위해 함께 아파해주는지 금세 알아차립니다. 적어도 겉으로 볼 때, 교회는 사람들의 고통을 외면했고, 그것을 알아차린 사람들 역시 교회를 외면했다고 볼 수 있습니다.

그럼에도 불구하고 일제강점기는 한국 교회가 민족사의 일부가 되어가는 과정으로서 충분한 의미가 있습니다. 1942년 노기남 대주교의 경성대목구장 착좌 사건은 이를 잘 보여줍니다. 교회가 한국인과 아무 상관이 없었다면, 일제의 종교정책과 정면으로 충돌하는 한국인 대목구장 임명을 감행하지 않았을 것이기 때문입니다. 교회를 보호하기 위해 어쩔 수 없이 일제에 협력했더라도, 태평양 전쟁 이후 심해지는 일제의 압박 속에서 한국 교회는 한국인의 고통에 공감할 수 있는 경험을 하게 됩니다. 이러한 경험은 다음 장에서 살펴보게 될 이승만 정권의 장기 독재에 저항하는 모습 그리고 제2차 바티칸공의회 이후 박정희 정권과의 충돌과 민주화 운동에 앞장서는 모습으로 더 확장되어 갑니다. 그 과정을 통해 천주교회는 한국 사회를 건강하게 만드는 빛과 소금으로 우뚝 서게 됩니다.

6. 혼란 속에서 길을 찾아(1945~1965)

일제강점기 동안 교회를 보호하기 위해 정교분리 원칙을 고수했던 한국 교회는 갑작스런 조국 광복 소식에 어떻게 대처했을까요? 그리고 새롭게 세워질 나라의 성격을 둘러싼 여러 정치 세력 간의 경쟁 속에서 한국 교회는 어떤 태도를 취했을까요? 광복이후부터 1965년 즉, 천주교회를 현대적으로 적응시킨 제2차 바티칸공의회 폐막 전까지, 한국 교회가 걸어왔던 여정을 함께 살펴보겠습니다.

가. 하느님의 섭리, 광복 사건

일제강점기 동안 정교분리 원칙을 통해 교회를 보호했던 한국 교회는 갑작스런 광복으로 위기를 맞게 됩니다. 친일파를 척결해야 한다는 분위기가 한국 사회 전반에 퍼져 있었고, 일제에 협력하는 모습으로 비춰졌던 한국 교회도 이를 피해갈 수 없었기 때문입니다. 그러나 우연인지는 모르겠지만, 광복을 맞은 8월 15일은 성모 마리아의 승천을 기념하는 대축일(성모 승천 대축일)이었습니다. 더욱이 1948년 12월 8일은 유엔 정치위원회가 대한민국 승인 건을 총회에 상정시킨 날이었는데, 공교롭게도 그날은 성모 마리아의 원죄 없이 잉태됨을 기념하는 대축일(원죄없이 잉태되신 복되신 동정 마리아 대축일)이었습니다. 한국 교회 지도자들은 조국 광복과 대한민국의 국제 승인을 성모 마리아의 도우심으로 해석함으로써, 광복 사건을 하느님의 뜻으로 자연스럽게 연결시킬 수 있었습니다. 다음은 노기남 대주교의 1949년 연두사입니다.

이제 우리는 완전한 독립국가로서 처음으로 새해를 맞이하는 바이다. 회고하면 우리 민족이 일본제정 밑에 잡혀있을 때에는 우리의 해방이라는 것은 거의 불가능한 것처럼 생각되었으나, 천주의 안배는 실로 오묘하여, 제2차 세계대전을 기회로 우리는 해방되었던 것이다. 해방된 다음에도 내외 여러 가지 정세는 건국의 앞길에 암담한 그림자를 던짐이 한두 번이 아니었으나, 이 모든 난관을 극복하고 우리 한국은 독립정부를 세워 거년 성모승천첨례날(성모 승천 대축일: 인용자 주) 세계 만국을 향하여 한국의 독립을 선포하였고, 역시 성모시잉모태첨례날(원죄없이 잉태되신 성모 마리아 대축일: 인용자 주) 국제총회 정치위원회는 한국 문제를 총회석상에 상정하여 열국의 승인을 얻도록 할 것을 48대6으로 가결하였던 것이다. 해방됨으로부터 완전독립까지의 모든 중요한 계단을 생각하면 대한천주교회의 대주보이신 성모 마리아께서는 확실히 한국의 독립을 돌보신 것을 의심할 수 없다. 우리는 진심으로 이 큰 은혜를 감사할 줄 알아야 할 것이다.[206]

---

206 한국천주교중앙협의회, 1949, 『경향잡지』 1006, 1-2쪽.

마침 한국 교회는 성모 마리아와 그 배필인 성 요셉을 주보성인으로 모시고 있었습니다. 따라서 한반도의 독립과 대한민국의 국제 승인은 한국 교회의 주보성인인 성모 마리아의 도움으로 이루어진 하느님의 섭리(攝理)로 이해될 수 있었습니다. 이렇듯 광복 사건을 신앙의 차원으로 연결시키면서, 과거로부터 자유롭지 않았던 한국 교회의 위상은 광복 이후에도 크게 훼손되지 않았습니다. 더욱이 남한에 진주한 미군정의 친일파 기용과 친(親) 그리스도교적인 태도는 한국 교회에 유리한 환경을 만들어주었습니다.

나. 공산주의와 천주교회

공산주의는 칼 마르크스가 주창한 사상에 기초합니다. 마르크스는 인간의 역사가 경제적인 것(먹고 사는 일)에 의해 결정되어 왔으며, 특히 생산수단을 가진 자(지배 계급)와 가지지 못한 자(비지배 계급)와의 갈등 속에서 발전을 이루어왔다고 설명합니다. 그의 역사유물론에 따르면, 자본주의 사회는 프롤레타리아 혁명을 거쳐 공산 사회로 넘어가게 됩니다. 이때 사유 재산제가 폐지되며, 능력에 맞게 일하고 필요에 따라 자원을 사용하는 시대가 열린다고 보았습니다.

한편 법과 제도, 교육, 문화, 종교 등 경제적인 것 이외의 것들은 지배·피지배 계급 간의 갈등 속에서 지배 계급의 지배를 정당화하기 위해 만들어진 허위의식에 불과합니다. 여기서 종교는 지배 관계를 정당화하는 역할을 담당합니다. 그래서 "종교는 인민의 아편이다"라는 마르크스의 그 유명한 발언이 나옵니다. 종교가 부조리한 사회를 변혁해야 할 인민들을 현실 순응적으로 만든다는 것이지요. 이로써 사회 변혁의 장애물로 인식되기 시작한 종교는 사라져야 할 존재가 되어버립니다.

이를 간파했던 역대 교황들은 공산주의의 위험성에 대해 지속적으로 경고해왔습니다. 공산주의 사상이 한참 태동하던 1846년에 복자 비오 9세 교황은 『오류목록(Syllabus)』을 발표하고, 공산주의가 자연법에 위배되며 결국 사회 자체가 파괴되고 말 것이라고 경고했습니다. 후임 교황 레오 13세 역시 1891년에 회칙 『새로운 사태(Renum Novarum)』을 반포하면서, 공산주의자들의 폭력적인 사유재산제 폐지 움직임에 대해 반대 입장을 분명하게 내놓았습니다. 또한 그는 공산주의가 발호하게 되는 자본주의의 병폐도 함께 비판했습니다. 즉, 노동자들의 고통을 가중시키는 자본주의자들의 탐욕을 비판하고, '재화의 보편적 성격'을 강조하면서 노동자들이 정당한 임금을 받고 노동조합을 설립할 권리가 있음을 명확히 지적했습니다. 그리고 노동자와 부녀자 및 아동이 자본가의 착취로부터 보호받아야 한다는 점을 강조하고, 국가는 재산권의 보호뿐만 아니라 약자와 가난한 자를 보살펴야 할 의무가 있다는 점을 상기시켰습니다.

그런데 이 회칙이 반포된 지 30년이 채 지나지 않은 1917년에 러시아에서 공산주의 국가가 탄생했습니다. 레닌(Vladimir Lenin, 1870~1924)이 이끄는 볼셰비키가 10월혁명에 성공해 러시아를 지배하게 된 것이지요. 그것뿐만이 아니었습니다. 러시아 볼셰비키가 수립한 소련은 동유럽 국가들을 위성 국가로 세우면서 세력을 확장해나갔습니다. 이제 국가 권력을 획득하고 국제적인 영향력을 갖게 된 공산주의 세력이 종교, 특히 그리스도교를 탄압하는 일이 현실화되기 시작했습니다. 즉, 공산당(국가)에 협조하지 않는 그리스도교회의 재산을 몰수하고 성직자를 가두거나 처형하는 일이 빈번하게 발생했던 것입니다.

이에 교황 비오 11세는 1931년『새로운 사태』반포 40주년을 기념하는 회칙『사십주년(Quadragesimo Anno)』을 반포하면서, 계급투쟁과 사유 재산제의 완전 철폐를 내세우는 공산주의를 비판했습니다. 1937년에는 무신론적 공산주의를 직접적으로 다룬 회칙『하느님이신 구세주(Divini Redemptoris)』을 반포하고, 공산주의를 "전염병"이라고 표현할 정도로 강하게 비판했습니다. 교황 비오 12세의 재위기간(1939~1958)은 천주교회사에서 가장 강력한 반공주의 시기였습니다.[207] 교황은 자주 공개적으로 공산주의를 단죄했고, 1942년에는 러시아를 성모 성심에게 봉헌하는가 하면, 1947년에는 소련의 '붉은 군대'에 대응한다는 의미로 파티마 성모[208]의 뜻을 따르는 '푸른 군대(파티마의 세계 사도직)'를 공식 승인하여 러시아의 회개와 세

---

207 문규현, 1994,『민족과 함께 쓰는 한국 천주교회사 II』, 빛두레, 83쪽.

208 파티마의 성모는 포르투갈 파티마(Fátima)라는 마을에 발현한 성모 마리아를 일컫습니다. 성모 마리아는 1917년 5월 13일부터 10월 13일까지 총 여섯 차례에 걸쳐 그 마을 세 명의 어린 목동에게 나타났습니다. 이때 성모 마리아는 공산화된 러시아를 자신에게 봉헌하라는 내용의 메시지를 남겼습니다. 이후 파티마의 성모는 공산주의에 대적하는 천주교회의 상징으로 자리 잡았습니다.

계 평화를 위해 기도하도록 권고했습니다. 이렇듯 공산주의에 대한 천주교회의 비판이 거세지는 상황에서 한국 교회는 광복을 맞이하게 됩니다.

다. 한국 천주교회와 공산주의 정권의 충돌

한국 교회가 공산주의를 경계하는 모습은 일제강점기, 특히 1920년 대부터 발견됩니다. 신자들과 교회 소유 토지를 경작하는 소작농들이 러시아에서 수입된 공산주의에 물들기 시작했던 것입니다. 그러나 한국 교회가 본격적으로 반공주의를 내세우기 시작한 것은 광복 이후 소련이 북한을 점령하고, 이로 인해 교회에 여러 피해가 발생하기 시작하면서부터라고 할 수 있습니다. 광복 이후, 38도선 이북에는 소련이 지원하는 공산주의 정권이 들어섰습니다. 이 정권은 1946년 3월경 토지개혁을 전격적으로 단행했습니다. 이때 토지개혁은 지주들로부터 토지를 무상 몰수하고, 그것을 국민들에게 무상 분배하는 방식이었습니다. 그것은 당시 상당한 수준의 토지를 소유하고 있었던 한국 교회로서는 받아들이기 힘든 것이었습니다.

토지개혁 이후, 북한에 위치한 천주교회의 상황이 당시 공식 교계 잡지였던 『경향잡지』에 속속 실리기 시작했습니다. 그 대표적인 예가 함흥 덕원에 있었던 성 베네딕도회 소유 토지가 몰수된 사건이었습니다. 당시 성 베네딕도회는 수도원 내 정원과 건물 대지 5헥타르 이외의 모든 토지를 몰수당했습니다. 그것은 장원 형태의 농장 운영을 주 수입원으로 하고 있던 성 베네딕도회를 몹시 고통스럽게 만들었습니다. 이로 인해 수도원과 부속 신학교에는 식량난이 발생했고, 신학교 방학을 앞당기게 되었습니다.[209] 성 베네딕도회의 아빠스[210]이자, 함흥대목구 및 덕원자치수도원구장이었던 사우어 주교(Bonifatius Sauer, 1877~1950)가 노기남 대주교에게 도움을 요청할 정도였으니, 상황이 심각했던 것으로 보입니다.[211]

교회를 적으로 돌리며 무신론을 강조하는 공산주의 세력이 북한 지역을 점령한 것도 위협적인데, 그들이 교회 재산을 강제로 몰수하는 상황이 발생하자 공산주의를 향한 한국 교회의 반응은 점차 격해졌습니다. 덕원 성 베네딕도회 소식을 전했던 『경향잡지』는 이러한 한국 천주교회의 반응을 잘 보여줍니다.

이제 눈을 돌이켜 덕원을 바라보면 역시 점점 더 곤궁에 빠지고 있다. 수도원 전체와 대소신학생 47인은 모두 식량난으로 굶주리고 있는 형편이다. 그렇다고 그 모든 시설을 내버리고 남조선에로 나올 수도 없는 것이오. 평화시절까지 직장을 지키고 있자니 그 곤란은 여간 아니다. 현금 감내하기도 어렵지만 오랫동안 굶주린 끝에 건강을 잃어 모두 허약하여지고 병들

---

209 한국천주교중앙협의회, 1946, 『경향잡지』 981, 77쪽.

210 아빠스(abbas)는 대수도원장을 일컫는 말로, 성 베네딕도(S. Benedictus, 480~547)가 작성한 수도 규칙서를 따르는 수도회의 원장을 일컫습니다.

211 한국천주교중앙협의회, 1947, 『경향잡지』 989, 124쪽.

게 된다는 역시 큰 문제다. 그러므로 신 주교[212]께서도 달리할 도리는 없어 서울 노 주교께 도움을 청하셨다.

가톨릭과 악마의 전쟁은 벌어졌다. 가톨릭은 그리스도의 한 집안이오 한 나라이다. 남조선 가톨릭도 곤란치 않은 바는 아니오. 이에서 더 발전함도 좋기는 하지만, 함경도 가톨릭의 총본영(덕원 성 베네딕도회: 인용자 주)이, 북간도 가톨릭의 총사령부(연길지목구: 인용자 주)가 전멸을 당하는 것을 보고만 앉았을 수는 없다! 안전한 연락의 길은 이미 마련되어 있고 이제부터 들어오는 구제금은 덕원과 연길에 적정히 분배될 것이니 교형자매들이 시어 남의 일로 알지 말고 총 궐기하시라![213]

이제 한국 교회는 공산주의 세력을 악마라고 부르면서, 악마와의 전쟁이 시작되었다고 선언한 것입니다. 이러한 인식은 북한 지역 교회 구성원들에게도 전달되면서, 북한 정권과 교회의 충돌은 더 커져갔습니다. 이후 북한 정권의 교회 탄압이 더욱 강화되었습니다. 사제, 수도자 등 교회 구성원들이 체포되고 추방당했으며, 교회 건물들은 폐쇄되거나 몰수당했습니다. 예를 들어 사우어 주교가 『가톨릭청년』 1949년 4월호에 북한 당국의 공산주의적 여성 정책을 비판하는 글을 실은 직후, 성 베네딕도회 인쇄소 책임자가 체포되는 사건이 벌어졌습니다. 체포 사유는 "불온물 인쇄"였는데, 수도원 인쇄소에서 반공 삐라와 반공인사 명단을 작성하였다는 것이었습니다. 같은

---

212 사우어 주교의 한국식 이름은 '신상원(辛上院)'입니다.
213 한국천주교중앙협의회, 1947, 『경향잡지』 987, 90-91쪽.

해 5월 8일에는 사우어 주교를 비롯한 장상 4명(수도원장, 부원장, 신학교 교수 신부), 9일에는 독일인 신부 8명, 수사 22명, 한국인 신부 4명이 체포됐으며, 나머지 수사와 신학생 등 99명이 북한 지역에서 추방됐습니다. 덕원 성 베네딕도회와 부속 건물들은 모두 폐쇄되고 몰수됐습니다. 이에 반발한 평양대목구장 홍용호 프란치스코 주교(1906~1949[피랍행불])가 즉시 북한 당국에 항의서한을 발송했습니다. 그런데 홍용호 주교 역시 남한과 내통했다는 명목으로 5월 14일경 정치보위부에 의해 체포됩니다. 이후 평양대목구 소속 신부들도 체포되었습니다.[214]

라. 미군정과 이승만 정권 그리고 한국전쟁

이러한 상황에서 남한에 진주한 미군정은 북한 정권과 대립하고 있던 한국 교회의 든든한 협력자였습니다. 군정을 파견한 미국은 제2차 세계대전 이후 형성된 냉전 체제에서 자유주의 진영을 대표하는 국가로서, 공산주의 진영을 대표하는 소련과 대척점에 서 있었습니다. 미군정은 자유주의 진영의 최전선에 놓여 있던 한반도의 상황을 고려하여, 그리스도교 지역이 아니었던 남한 지역에 성탄절을 공휴일로 제정하고, 그리스교 중심의 종교 방송을 송출하는 등 그리

---

214 문규현, 1994, 『민족과 함께 쓰는 한국 천주교회사 II』, 빛두레, 208-209쪽.

스도교에 유리한 특혜를 제공했습니다. 이렇듯 천주교회에 유리한 상황 속에서 미군 군종사령관이자 미국 루즈벨트 대통령(Franklin Delano Roosevelt, 1882~1945)의 개인 특사이고, 뉴욕대교구의 교구장이었던 스펠만 추기경(Francis Spellman, 1889~1967)이 한국 교회와 미군정 사이에 가교 역할을 했습니다. 이를 계기로 한국 교회는 미군정과 함께 공산주의에 대적하는 데 앞장서게 됩니다.

뿐만 아니라 교황청 역시 남한을 전폭적으로 지원했습니다. 교황 비오 12세는 아직 정부가 수립되지 않은 남한에 교황사절 즉, 외교관을 보내는 파격을 보여줬습니다. 이때 파견된 교황사절이 번 주교(Patrick Byrne, 1888~1950)입니다. 번 주교는 초대 평양지목구장을 맡았던 경력이 있었습니다. 그는 광복 후 다시 교황사절로 한국에 돌아왔다가 한국전쟁 당시 북한군에 체포되었습니다. 이후 참혹했던 '죽음의 행진' 도중 죽음을 맞이했습니다.[215] 한편 교황청은 1948년에 단독 정부를 수립한 대한민국이 국제 승인을 받는 과정에서 전폭적인 지원을 아끼지 않았습니다. 후일 총리가 되는 장면 요한(1899~1966)이 한국 대표로 유엔총회에 참석했을 때, 비오 12세 교황의 적극적인 지원으로 남한 정부가 국제 승인을 받을 수 있었던 것은 이미 널리 알려진 사실입니다.

---

215 '죽음의 행진'은 한국전쟁 당시 북한군에 의해 연행된 성직자와 수도자 들이 혹한의 날씨 속에 포로 수용소로 끌려가 가혹한 노동, 고문, 기아를 겪었던 여정을 일컫습니다. 전쟁 초기부터 전쟁이 끝나던 1953년까지 죽음의 행진은 계속되었습니다. 번 주교의 활동과 죽음의 행진, 사망 과정에 대해서는 다음을 참고하세요. 최선혜, 2014, "한국 전쟁기 천주교회와 공산 정권-초대 주한 교황사절 번 주교(Bishop Byrne)를 중심으로", 『교회사연구』 44.

이렇듯 국제 사회에서 천주교회의 도움을 받은 이승만 정권은 한국 교회를 적극 후원하게 됩니다. 예를 들어 장면은 이승만 대통령의 신임을 얻어 국무총리가 되었습니다. 또한 이승만 정권은 김대건 신부가 처형당했던 새남터 부지를 한국 교회가 사용하도록 허락하는 한편, 종교 방송 송출 기회를 제공하고, 군종제도에 천주교회를 편입시켜 주는 등 다양한 혜택을 한국 교회에 제공했습니다.

이 와중에 한국전쟁이 발발했습니다. 누구보다 교황청이 한국전쟁에서 남한이 승리하도록 지원을 아끼지 않았습니다. 예컨대 교황 비오 12세는 회칙 『복음의 선포자들(Evangelii Praecones)』(1951)을 반포하고, "고대로부터 수준 높은 문명으로 잘 알려져 있고, 교양 있고 존경할 만한 한국인과 중국인 들이 하늘의 것을 경멸하고 지상의 것만 추구하는 해로운 교리뿐만 아니라, 난폭한 파벌과 전쟁으로부터 가능한 빨리 자유로워지기를 기원한다"고 선언했습니다.[216] 그리고 1952년 1월에는 한국인들을 위해 기도할 것을 모든 신자들에게 요청했습니다. 이처럼 비오 12세 교황은 한국전쟁을 공산주의와의 전쟁으로 규정하고, 이 전쟁에서 남한이 승리할 수 있기를 바란다는 마음을 숨기지 않았습니다.[217] 또한 그는 유럽 순방 중 한국전쟁이 발발하자 급히 귀국하려는 노기남 대주교에게 "너 착한 목자야. 양떼를 찾아 목숨을 아깝다하지 않고 불바다 속으로 뛰어들었으니 장하다. 장하다."라는 내용의 친서를 보냈습니다. 이 친서를

---

216 Pius XII, 1951, *Evangelii Praecones*, Vatican, §27.

217 문규현, 1994, 『민족과 함께 쓰는 한국 천주교회사 II』, 빛두레, 238쪽.

받은 노기남 대주교는 교황의 격려에 감격하고, 교황에게 특별한 애정을 지니게 되었다고 합니다.[218] 실제 노기남 대주교는 "주교 대사"라고 불릴 정도로 한국전쟁 당시 활발하게 외교활동을 전개했습니다.

또한 한국 교회는 의료봉사, 사회복지활동을 통해 전쟁으로 고통받고 있던 사람들을 보호하고, 순교신심운동과 성모신심운동을 전개하여 공포와 불안에 떠는 사람들을 영적으로 보살펴주었습니다. 외국 교회로부터 들어오는 구호물자를 피난민들에게 나눠주면서 많은 사람들이 천주교에 입교하기도 했습니다. 그래서 "밀가루 신자"라는 말이 등장했습니다. 하지만 구호물자는 행정기관과의 협조 아래 공정하게 분배되었고, 이점이 천주교회에 대한 시민들의 친화감을 증대시켜 교세 확장에 도움이 될 수 있었던 것으로 보입니다.[219]

보다 직접적으로 전쟁에 참여한 경우도 있었습니다. 교회가 탄압받는 상황을 두고 보지 못한 신자들이 무력으로 북한군과 맞섰던 것입니다. 예를 들어 황해도 장련본당 청년 신자들은 '가톨릭 십자군 유격대'를 조직하였습니다. 1950년 6월 본당 주임사제 신윤철 베드로 신부(1906~1950)가 체포되었다는 소식을 듣게 된 것이 그 계기가 되었습니다. 그들은 9월 말경 본격적인 유격 활동을 벌여 10월에는 장련읍 전역을 장악하기도 했습니다. 한편 부산 범어동성당에서는 성직자, 신학생, 신자 등 청년 3,000명이 모여 '가톨릭 청년 결

218 노길명, 2005, 『한국의 종교운동』, 고려대학교출판부, 153쪽.

219 노길명, 2005, 『한국의 종교운동』, 고려대학교출판부, 239쪽.

사대'를 조직하기도 했습니다. 그들은 무기 공급이 어려워 전쟁에 참여하지 못하게 되자, 후방에서 사회복지 사업에 헌신했습니다. 신학생들은 자원 입대하여 군복무를 하는가 하면, 군종제도를 통해 성직자가 군대에 입대하여 군인사목을 시작했습니다.[220]

이러한 노력에도 불구하고 한국전쟁은 1953년 7월 27일 휴전을 맞이했습니다. 북한 지역은 더 이상 찾아갈 수 없는 곳이 되었고, 교회 역시 완전히 북한 정권의 손에 넘어가게 되었습니다. 많은 교회 구성원들이 죽임을 당했고, 남한 교회 역시 상당 부분 파괴되었습니다. 이렇듯 상당한 피해를 입게 된 것은 정말 안타까운 일이 아닐 수 없었습니다.

마. 분단국가에서 종교란?

한국전쟁이 휴전을 맞이하게 되고, 한반도의 분단이 영속화되면서 남한 즉, 한국 사회는 반공주의에 기반 한 군대 문화가 급속히 확산되었습니다. 그것은 한국 교회에도 영향을 미치고 있었습니다. 특히 대부분의 남성들이 징집되어 군대 경험을 가지게 되었는데, 그것은 교회 신자들과 사제를 지망하던 신학생들에게도 예외는 아니었습니다. 더욱이 남자들끼리 모여 기숙생활을 하던 신학생 양성과정은

---

220 김연수, 2018, "북한 가톨릭교회의 역사적 변천 연구", 북한대학원대학교 박사학위논문, 83-84쪽.

의도하지는 않았더라도 군 생활의 연장선과 같은 성격이 존재했을 가능성이 높았습니다.[221] 그것은 비단 신학생에게만 적용되는 것은 아니었습니다. 군대 문화에 익숙해진 사람들이 교회를 다니게 되었으므로, 교회 안에 군대 문화가 이식되는 것은 자연스러운 일이었습니다. 따라서 교회 안에서 구성원 간 상명하복의 군대 문화를 발견하기는 어렵지 않았습니다.

이와 더불어 한국 교회에 강력한 영향을 준 것 가운데 하나는 산업화를 정당화했던 성별 분업 이데올로기였습니다. 쉽게 말해 그것은 국가 경제 발전을 위해 남자는 회사에 출근하고, 여자는 집에서 가사와 육아에 전념해야 한다는 논리를 말합니다. 이것은 북한과 체제경쟁을 벌이던 군사정권이 경제개발을 위해 강조한 논리로서 한국 사회에 지대한 영향을 미쳤습니다. 그것은 조선 시대부터 존재했던 가부장 문화를 유지·강화시키는 효과를 발휘했고, 한국 교회 역시 그러한 가부장 문화에 익숙할 수밖에 없었습니다. 이로 인해 성직자가 신자들의 아버지로서 권위를 행사하는 것은 자연스러운 것으로 이해될 수 있었습니다.

뿐만 아니라 교회 안에서 남녀 간의 역할도 성별 분업의 연장선에 놓이게 되었습니다. 한국 사회가 그랬던 것처럼, 교회의 지도자 역할은 남성들이 맡고, 여성들은 뒤에서 그것을 보조하는 역할에 머무르는 경우가 보편화된 것입니다. 이러한 분위기를 거스르는 여성들의

---

221 박영대, 2008, "신학생 양성의 걸림돌 신학교 기숙생활", 『갈라진 시대의 기쁜소식』 839, 24–25쪽.

활동에 대해서는 부정적인 인식이 존재했습니다. 예를 들어 1977년에 창립된 한국가톨릭농촌여성회는 농촌여성 문제에 관심을 가진 여성들이 주축이 되어 활동했던 단체입니다. 급속한 산업화로 이촌향도 현상이 심해지면서, 과도한 농사 및 가사노동에 시달리게 된 농촌여성들의 어려움을 개선할 필요가 있다고 느꼈던 것입니다. 하지만 그들의 활동은 가정과 지역 사회 그리고 교회 안에서 환영받지 못했습니다. 여성의 목소리가 커지고 외부 활동이 잦아지는 것을 좋지 않게 보는 사회적 분위기가 있었고, 그들의 활동이 이미 조직되어 있던 교회 내 단체를 약화시킬 것이라고 오해를 받기도 했습니다. 또한 그것이 정치적인 활동으로 비춰지면서 활동 중단 압력을 받기도 했습니다.[222] 초기 한국 교회에서 강완숙 골롬바와 같은 여성 지도자들이 적극적으로 활동했던 것을 생각할 때, 이러한 분위기는 여성 신자들의 활동을 제약하는 분위기가 교회 안팎으로 존재했음을 보여줍니다.

그럼에도 불구하고 오늘날까지 여성 신자들은 교회 곳곳에서 궂은일을 도맡아 하면서 한국교회를 지탱하는 주춧돌이 되었습니다. 특히 그들은 레지오 마리애(Regio Mariae), 성모회, 자모회 등 자신이 속한 성당(본당)의 신심 단체에 가입하여, 성당 내에서 치러지는 각종 행사들을 지원하고 노약자와 병자들을 방문하는 등 성직자·수도자와 함께 본당 사목의 핵심적인 역할을 담당해왔습니다. 아마 그

---

222 편집부, 2020, "시대를 앞서갔으나 미완으로 끝난 가톨릭 여성농민운동 : 한국가톨릭농촌여성회 초대 총무 엄영애", 『가톨릭평론』 28.

들의 노고가 없었다면 현재와 같은 한국 교회의 모습은 존재하지 못했을 수도 있습니다. 이점에서 그동안 교회 안에서 희생과 봉사를 다해온 여성 신자들의 노고를 기억하고, 그들이 그러한 노고에 걸맞은 대우를 받을 수 있는 분위기가 한국 교회 안에 확산될 수 있기를 기대합니다.

바. 민족사와 한국 천주교회, 타자와 주체의 경계에서

이 땅에 처음 교회가 세워진 1784년부터 한국전쟁까지, 한국 교회는 쉼 없이 달려왔습니다. 적어도 한불조약이 체결되기 전까지, 교회는 조선 왕조와 사회로부터 공식·비공식적으로 수많은 박해를 받아야 했습니다. 이 박해는 천주교회의 조상 제사가 조선 왕조의 통치 이념인 유교, 더 간단히는 부모에게 효도하고 왕에게 충성하라는 가르침에 저촉된다고 보았기 때문에 발생했습니다. 중국 이외에 다른 나라와는 거의 교류가 없던 조선의 입장에서, 저 멀리 유럽의 못 배운(유교로 문명화되지 못한) 사람들의 종교는 일고의 가치도 없었던 것입니다. 그런데 천주교를 믿고, 조상의 신주를 불태우며, 제사를 거부하는 사람들이 나타났습니다. 그것은 조선 왕조의 통치 기반을 무너뜨리는 행위였습니다. 그래서 가혹한 박해가 시작됐습니다. 천주교회와 그것을 믿는 신자들은 조선이라는 공동체의 일원이 아닌 타자(他者)로 취급되었던 것입니다.

한국 교회 역시 한반도에 발을 딛고 살아가는 사람들을 가슴으로 품기엔 환경이 너무 척박했습니다. 교회가 세워지자마자 시작된 박해로 인해, 구성원들은 교회와 자신을 지키는 일에 온 신경을 곤두세울 수밖에 없었습니다. 여기에 오리엔탈리즘적 인식에 기반 한 '문명화의 사명'은 교회를 이끄는 선교사들의 조선 문화 적응에 장애물이 되었습니다. 이런 상황에서 그리스도교로 문명화되지 못한 조선 사회는 남(타자)이 될 수밖에 없었습니다. 다시 말해, 조선은 천주교회를 받아들이지 않았고, 천주교회 역시 자신을 박해하는 조선을 받아들일 수 없었던 것입니다.

이런 상황에서 한국 교회는 이미 품 안에 들어온 신자들을 타자로부터 보호하는 데 집중할 필요가 있었습니다. 따라서 교회는 타자로부터 자신을 보호하기 위해 같은 그리스도교인들에게 도움을 요청하는 것을 마다지 않았습니다. 그들이 비록 외국인이라 할지라도 말입니다. 우리들은 이런 시선에서 황사영 알렉시오의 백서와 선교사들의 프랑스 함대 조선 출병 요청을 바라볼 필요가 있습니다.

타자로부터 교회를 지키려는 기조는 한불조약 이후부터 대한제국 시기를 거쳐, 일제강점기까지 이어졌습니다. 한국 교회는 급변하는 정세 속에서 자신을 보호하는 데 주의를 기울였습니다. 앞서 말씀드렸듯이 당시 교회의 입장에서 볼 때, 일제가 조선 왕조를 무너뜨리고 식민통치를 시작한 것은 단지 정권이 교체된 것에 불과했을지도 모릅니다. 아직까지 교회가 민족의 아픔을 자신의 아픔으로 느끼기에는 시간이 모자랐던 탓이었습니다. 그러나 그것은 누구의 허물도 아니었습니다. 수많은 박해를 견뎌오면서 자연스럽게 형성된 태도였기 때문입니다.

한국 교회는 자신을 지키기 위해 일제의 수탈을 못 본 체하기도 했습니다. 현재의 시각에서, 이러한 교회의 행위는 적어도 민족주의적 관점에서는 비판받아 마땅합니다. 교회가 민족의 아픔과 함께 하지 못하고, 오히려 자기 사람들만을 지키기 위해 동족을 배반한 것처럼 보이는 모습이 읽히는 것은 부정할 수 없기 때문입니다. 이점에 대해서는 우리 교회도 마음 깊이 반성할 필요가 있습니다. 그런데 주의할 것은 그것이 당시에 살았던 신앙의 선조들을 비판하기 위한 것이 아니라는 점입니다. 과거 반성은 그것을 통해 우리 교회가 나아가야할 방향을 다잡기 위해서 필요합니다. 이점은 주교회의 의장 김희중 대주교의 3·1절 100주년 기념 담화문을 통해 잘 드러나고 있습니다. 하지만 그것만이 전부는 아닙니다. 우리는 과거를 살아보지 않았기 때문에, 당시 교회가 가지고 있던 사고의 지평을 이해하려고 노력해야 합니다. 그리고 교회를 박해하려는 타자에 맞서 자신을 보호하고자 최선을 다했던 그들의 헌신 역시 잊지 말아야 합니다.

물론 한국 교회는 점차 자신을 민족사의 주체로 인식하기 시작했습니다. 제가 볼 때, 그것은 일제강점기 말엽 전시동원체제가 강화되기 시작하면서부터 표면에 드러나기 시작했습니다. 일제는 많은 사람들을 전쟁에 동원하면서, 교회에도 압박을 가했습니다. 일제의 적성국인 미국 출신 메리놀외방선교회 선교사들은 강제 추방당했습니다. 또한 일제는 일본인 주교가 한국 교회를 다스리게 하기 위해 프랑스 파리외방전교회 주교들에게 사퇴 압박을 넣었습니다. 이밖에도 많은 신자들이 전쟁에 동원되고 있었습니다. 선교사들은 일제에 의해 스파이(spy)로 의심받으면서 감시·감금·추방·연금·재판에 회부되는 일을 겪게 되었습니다.[223] 이러한 경험을 통해 한국 교회는 사람들이 겪고 있던 고통을 자신의 고통으로 조금씩 인식하기 시작했습니다. 라리보 주교가 노기남 대주교를 교황청에 추천한 것은 이런 맥락에서 이해될 수 있습니다. 그것은 라리보 주교가 한국 교회는 한국 사람에 의해 다스려지는 게 맞다고 생각했기 때문에 가능했던 일이었습니다. 제주도에 파견되었던 아일랜드 출신 골롬반 외방선교회 선교사들은 신자들에게 제2차 세계대전 전황을 몰래 알려주면서 광복의 날이 얼마 남지 않았다는 사실을 일깨워주기도 했습니다. 하지만 상황이 좋지 않았습니다. 전쟁의 광풍 속에서 조국 독립을 이야기하는 것은 곧 교회에 대한 일제의 박해를 의미했기 때문입니다.

이런 상황 속에서 광복을 맞이했습니다. 천주교회는 한국전쟁을 경험하면서 민족의 아픔에 대해 조금 더 크게 눈을 뜨기 시작했습니다. 한국전쟁을 통해 겪은 동족상잔의 비극이 곧바로 교회의 아픔이었기 때문입니다. 한국전쟁은 수많은 사람들을 희생시켰고 전 국토를 폐허로 만들었습니다. 또한 한반도를 절반으로 잘라 더 이상 남북을 오갈 수 없게 만들었습니다. 한국 교회도 마찬가지였습

---

[223] 1940년대 일제의 한국 교회 통제 양상에 대해서는 다음을 참고하세요. 윤선자, 2020, "1940년대 일제의 한국 천주교회 통제 양상", 『교회사연구』 57.

니다. 많은 성직자, 수도자, 신자들이 전쟁으로 죽임을 당하거나 고통 받았고, 교회 시설들도 파괴되었습니다. 심지어 북한 지역 교회는 더 이상 찾아가지 못하는 상황에 이르게 되었습니다. 한국전쟁은 너무 아픈 역사였지만, 이 기간은 민족의 고통이 교회의 고통이 될 수 있다는 점을 교회가 더욱 절실하게 깨닫는 시간이기도 했습니다. 그 깨달음은 한국전쟁이 끝나자마자 부조리한 국내 정치 상황에 대한 예언자적 목소리로 나타났습니다. 이렇듯 타자로 인식되며 갖은 박해를 견디어 온 한국 교회는 점차 민족사의 일원으로 들어와 한국 사회의 주체로서 자기 목소리를 내기 시작합니다.

사. 4·19혁명과 천주교회: 외래종교의 장벽을 깨다

다시 이승만 정권 시기로 돌아오겠습니다. 반공주의라는 하나의 목표로 연대해왔던 이승만 정권과 천주교회는 한국전쟁 이후 사이가 벌어지게 됩니다. 그것은 이승만 정권의 부패와 장기 독재 야욕이 한 몫을 차지했습니다. 한국전쟁 가운데 벌어진 보도연맹사건(1950),[224]

---

[224] 이승만 정권은 한국전쟁이 발발하자 국민보도연맹(좌익계열 전향자 구성 단체) 가입자들을 무차별 검속·살해했습니다. 살해된 이들의 정확한 숫자는 아직까지 확인되지 않고 있으며, 수만 명이 살해된 것으로 추정되고 있습니다.

국민방위군사건(1951),[225] 거창양민학살사건(1951)[226] 그리고 정권 연장을 위해 대통령 간선제를 직선제로 바꾼 1952년 '부산정치파동'과 '발췌개헌안' 통과 사건이 대표적인 사례였습니다. 이러한 부정부패에 맞서기 위해 장면 총리가 이승만 대통령의 대안으로 부상하기 시작했습니다. 이에 분노한 이승만 대통령은 장면 총리를 해임시키고, 각종 명목으로 탄압하게 됩니다. 이렇게 상황이 전개되자 한국 교회는 교계신문이었던 『경향신문』 등을 통해 이승만 정권을 비판하기 시작했습니다. 이에 대해 노기남 대주교는 다음과 같이 회고했습니다.

이승만 대통령 재직 중에 6·25 동란이 발발하여, 온 국민의 전화(戰禍)로 극도의 곤궁에 처해 있고 또 정국의 혼란했음에도 불구하고, 이 박사는 이런 난국에서 민심을 수습하기 보다 다가온 제2대 대통령 선거에서의 재선(再選)을 노리고 자유당을 조직하여 자기 세력 확장에 급급했다. 그리고 국회를 불신임하여 어느 정도 독재정치로 기울어지고 있었고, 한편 국회는 국회대로 이 대통령을 불신임하기 시작했다. 이런 때 총리 장면 박사는 이 대통령에게 정부수습에 대한 진언을 했으나 이 진언이 이 박사의 비위를 거슬렀던 모양이다. 이리하여 이 박사와 장 박사 사이에는 틈이 생기기

---

225 1951년 1·4후퇴 때 국민방위군 고위 장교들이 예산과 군수품을 부정 착복한 일이 벌어졌습니다. 이로 인해 한 겨울에 징집된 약 50만 명의 국민방위군 병사들 가운데 약 5만 명 정도가 아사(餓死)하거나 동사(凍死)했습니다.

226 지리산을 중심으로 활동하던 빨치산을 소탕하기 위해 파견된 국군 제11산단 제9연대가 1951년 2월경 경상남도 거창군 신원면 주민 719명을 빨치산과 내통한 혐의로 사살한 사건입니다.

시작했고, 대통령 선거권을 가진 국회의원 사이에는 차기 대통령에 장 박사를 지지할 기운이 감돌기 시작했다. 그런데 이런 기세를 알게 된 이 박사는 헌법 개정안을 국회에 제출하여 심각한 정치파동을 불러일으켜 소위 '발췌개헌'이라는 소동이 일어나기까지 하여 결국 장 박사는 총리직에서 물러나고, 이 박사는 제2대 대통령으로 재선되었다. 그리하여 이때부터 이 박사의 독재는 점점 심해갔고, 한편 경향신문은 이 박사의 독재로 규탄하는 논조로 나가기 시작하였다. 그리고 장 박사는 이 박사의 정적(政敵)이 되고, 나도 이 박사에게 정치가가 아닌데도 야당정치 주교로 낙인찍히고 말았던 것이다.[227]

한국 교회는 한국전쟁을 통해 민족의 아픔을 교회의 아픔으로 받아들이고 있었습니다. 더욱이 교황청을 비롯한 전 세계 천주교회의 도움으로 어렵게 세운 대한민국이 이승만 정권의 독재로 망가지는 것을 차마 그냥 두고 보기 어려웠을 것입니다. 또한 한국 교회의 대표적인 평신도 지도자였던 장면 총리에 대한 이승만 정권의 탄압은 흡사 교회에 대한 탄압처럼 느껴졌을 가능성이 높습니다. 이로 인해 한국 교회는 적극적으로 반독재 투쟁을 벌이기 시작했으며, 노기남 대주교는 "야당정치 주교"로 낙인찍히게 됩니다.

이승만 정권은 자신에게 반발하는 한국 교회를 다양한 방식으로 괴롭혔습니다. 정치 깡패를 동원하여 대구대목구가 운영하던 대구

---

227 노기남, 1969, 『나의 回想錄: 병인교난에 꽃피는 비화』, 카톨릭출판사, 335쪽.

매일신문사를 피습하는가 하면(1955), 노기남 대주교를 탄핵하고
자 교황청에 압력을 넣기도 했습니다(1958~1959). 또한 서울대목구
가 운영하던 『경향신문』을 폐간시켰습니다(1959). 뿐만 아니라 이
승만 정권은 공무원 신자들에게 인사 상 차별을 주었는데, 예를 들
어 1958년 9월에 서울대학교 종교학과 조교수로 내정되었던 박양
운 바오로 신부(1923~2002)를 교수직에 임명하지 않았습니다. 천주
교 신부는 국립대학 교수가 될 수 없다는 이유였습니다. 1959년 9월
에는 전라남도 소록도에서 한센병 환자를 치료하던 의사를 천주교
신자라는 이유로 파면시켰습니다. 이와 비슷하게 신자 공무원들을
신자라는 이유로 좌천 또는 파면시켰습니다. 이로 인해 신앙이 깊지
않은 신자들은 성당에 나가는 것을 꺼리게 되었다고 합니다.[228]

이러한 대립이 지속되는 상황에서 장면 총리는 1960년 3월 15일
에 열린 정·부통령 선거에 부통령 후보로 출마했습니다. 하지만 이
승만 정권이 자행한 부정선거 때문에 낙선의 고배를 마셨습니다. 부
정선거를 규탄하는 시위가 확산되자, 이승만 정권은 그 배후로 한
국 교회와 장면 총리를 지목했습니다. 예를 들어 주미 한국대사 양
유찬은 한국의 소요사태에 관해 긴급전문을 받은 미국 국무부장관
허터(Christian Herter, 1895~1966)에게 "그러한 폭력사태가 당국에
의해 유발되는 것이 아니라 장면과 그를 지지하는 천주교 세력의 개
입에 의한 것이라고 주장"했던 것입니다. 이승만 대통령 역시 주한

---

228 류홍렬, 1981, 『한국 천주교회사 下』, 가톨릭출판사, 467-468쪽.

미국대사 매카나기(Walter Patrick McConaughy, 1908~2000)와 만난 자리에서 "한국의 사태는 국민의 불만이 반영된 게 아니라 일부 천주교 세력의 지지를 받고 있는 '장면의 음모'"라고 수차례 강조하였습니다.[229] 이것은 이승만 정권이 장면과 그를 지원하는 한국 교회를 자신들의 최대 정적으로 인지하고 있었다는 사실을 보여주는 것이었습니다.

1960년 4·19혁명 당시, 한국 교회에서는 가톨릭학생회가 시위에 동참하고, 각 학교 지도신부들이 학생들을 지원하였습니다. 또한 노기남 대주교는 시위 도중 사망한 동국대 노두희 학생의 장례미사를 4월 23일에 명동성당에서 거행했는데, 그것은 4·19혁명에 대한 지지 입장을 표명한 것으로 이해될 수 있었습니다. 또한 일선 본당 신자들은 부상자 위문과 이들을 위한 모금활동을 펼치는 등 한국 교회는 다양한 방식으로 4·19혁명을 지원하였습니다.[230]

결국 1960년 4월 26일, 이승만 대통령은 부정선거에 대한 책임을 지고 대통령직에서 물러나겠다는 담화문을 발표하게 됩니다. 노기남 대주교는 서둘러 교황사절 람베르티니 주교(Egano Righi Lambertini, 1906~2000)를 찾아가 현 상황을 설명했습니다.

나(노기남 주교: 인용자 주)는 교황 사절에게 4·19 혁명이 일어난 사실과 이

229 이재봉, 1996, "4월혁명, 제2공화국, 그리고 한미관계", 『제2공화국과 한국 민주주의』, 백영철 편, 나남출판, 78쪽, 83쪽.

230 조광, 2010, 『한국 근현대 천주교사 연구』, 경인문화사, 261-262쪽.

박사의 하야 성명, 그리고 당시의 사태를 보고 드리고, 또 그날부터『경향신문』을 복간한다고 보고 드렸더니, 그때서야 교황 사절도 당시의 한국 정국의 상황을 이해하는 것 같았고,『경향신문』이 왜 야당지 노릇을 했으며, 내가 정치인이 아니면서 왜 야당 정치인 취급을 받았는지 이해하는 듯했다. 이리하여 그 후부터 교황청에서도 나에 대한 정치 주교의 인상이 차차 해소되기 시작했던 것이다.[231]

교황사절에게 보고를 마친 노기남 대주교는 이승만 정권이 폐간시켰던『경향신문』을 즉시 복간시켰습니다(1960.04.28.). 이승만 대통령 하야발표 후, 시민들은『경향신문』깃발이 나부끼는 노기남 대주교의 자동차를 보며 "경향신문 만세!"라고 외쳤다고 합니다.[232] 시민들은 이승만 정권에 맞서 민주화 운동에 앞장선『경향신문』과 한국 교회에 뜨거운 지지를 보내고 있었던 것입니다. 무군무부(無君無父)의 사교(邪敎)라며 천주교회를 대상으로 갖은 박해와 곱지 않은 시선을 보냈던 옛 사정을 생각하면, 놀라운 반전이 아닐 수 없었습니다. 이제 한국 교회는 한국 사회와 괴리된 타자라는 부정적인 이미지를 벗어버리고, 민주화에 앞장서는 한국 사회의 한 주체로서 긍정적인 이미지를 얻을 수 있게 되었습니다.[233] 이때 만들어진 한국 교회의 이

---

231 노기남, 1969,『나의 回想錄: 병인교난에 꽃피는 비화』, 카톨릭출판사, 339쪽.

232 노기남, 1969.『나의 回想錄: 병인교난에 꽃피는 비화』, 카톨릭출판사, 339쪽.

233 노기남 대주교는 "오늘날 한국에서 천주교회가 이만큼 널리 알려지게 된 것도『경향신문』의 힘이 지대하였다고 나는 확신한다"고 회고했습니다(노기남, 1969,『나의 回想錄: 병인교난에 꽃피는 비화』, 카톨릭출판사, 337-338쪽).

미지는 4·19 혁명이 일어난 지 60년이 지난 현재까지 지속되고 있습니다. 이점에서 이승만 독재에 대한 투쟁과 그 결실로 일어난 4·19혁명은 한국 교회의 오늘을 있게 한 중대 사건이었다고 할 수 있습니다.

아. 민주주의와 반공주의 사이에서 진동하는 한국 천주교회

4·19혁명으로 이승만 정권이 몰락하고 장면 정권이 새로 들어섰습니다. 한국 교회를 대표하는 평신도 지도자 장면 요한이 의원내각제 정부에서 총리를 맡게 되었으니, 교회로서는 큰 경사가 아닐 수 없었습니다. 그래서 교회는 공공연하게 장면 총리를 "전국 교우들의 자랑"이라고 추켜세웠고, 새로 출범한 장면 정권의 성공을 위해 국가에 충성할 것을 신자들에게 권고하기도 했습니다.[234] 한편 한국 교회는 장면 총리와의 친밀함을 활용하여 인공적인 산아제한 반대, 교황청과의 외교관계 격상, 종교무차별주의 배격[235] 등 교회가 추구하는 것들을 국정에 반영시키기 위해 적극적으로 나섰습니다.[236]

그런데 장면 총리가 재임하던 시기의 한국 사회는 억눌려 있던 국민들의 목소리가 4·19혁명을 계기로 봇물 터지듯 넘쳐나던 시기였

---

234 『가톨릭시보』 167(1956.05.06.).

235 종교무차별주의는 모든 종교가 똑같은 진리와 가치를 지니므로 특정한 종교의 가르침만을 진리라고 주장하는 것은 오류라고 보는 관점을 말합니다. 그것은 성경과 성전(聖傳), 교도권을 통해 계시된 하느님의 가르침만을 진리라고 믿는 천주교회의 입장과 충돌합니다.

236 조광, 2010, 『한국 근현대 천주교사 연구』, 경인문화사, 265-267쪽.

습니다. 그것은 독재라는 비정상을 민주주의라는 정상으로 되돌리는 작업으로 이해될 수 있었지만, 다른 한편에서는 매우 혼란스러운 상황으로 이해될 수도 있었습니다. 이러한 상황을 두고 노기남 대주교는 "이러한 곤란은 정부의 탓도 아니고, 국민의 탓도 아니다. [...] 과거 자유당 정권 하에서 곪기고 병들었던 국가적 병세가 수술을 받고 파종을 하고 있기 때문이다. 바로 수술이 되고 깨끗이 파종이 되면 병이 나을 때가 있을 것이니 우리 국민은 이 수술과 파종의 기간에는 이를 악물고 참아 나가는 수 밖에 다른 도리가 없다"라고 평가했습니다. 그리고 장면 정권이 제대로 정책을 펼칠 수 있도록 "인내함으로써 너희 조국을 보존"하자고 호소했습니다.[237]

이러한 호소에도 불구하고, 장면 정권은 1961년 5월 16일 군부 세력이 일으킨 쿠테타로 인해 몰락하게 되었습니다. 군부 세력은 천주교회를 회유하기 위해 여러 행동을 취했습니다. 우선 주한 교황사절 주피 대주교(Saverio Zupi)에게 접근하여, 자신들이 반공 체제를 강화시키기 위해 군사 쿠테타를 일으켰다는 점을 강조하였습니다. 그러자 교황사절은 반공 체제 강화를 목표로 한다는 주장에 특별한 관심을 보이고, 주한 외교사절들 가운데 가장 먼저 쿠테타에 대한 지지를 표명했습니다.[238] 또한 군부 세력은 5월 29일자로 서울대목구 박희봉 신부에게 "국군의 종교·사회적 복지향상에 이바지한 공으로 상패와 감사장을 수여"했습니다. 이것은 군사 쿠테타 이후 최

237 한국천주교중앙협의회, 1961, 『경향잡지』 1114, 3쪽.

238 강인철, 2013, 『저항과 투항: 군사정권들과 종교』, 한신대학교출판부, 55쪽.

초로 발급된 상훈(賞勳)이었습니다.[239] 이러한 회유 속에서 한국 교회는 장면 정권을 지지하던 모습을 벗어버리고, 군부 세력의 쿠테타를 승인·지지하는 "너무나 의외의"[240] 변화된 태도를 보이기 시작했습니다.

이후 한국 교회는 반공주의를 전면에 내세웠습니다. 예를 들어 한국 교회는 1961년 5월부터 8월까지 『가톨릭시보』에 '반공'에 대한 기사를 거의 매회 내보냈던 것입니다.[241] 이후 한국 교회는 반공주의라는 공감대 속에 박정희 정권을 적극 옹호하였습니다. 대표적인 예가 베트남전쟁 파병을 지지했던 것이었습니다. 한국 교회는 파병을 반대할 이유가 없었습니다. 베트남전쟁이 공산주의 세력과의 대결이라는 점이 부각되었기 때문입니다. 이에 한국 교회는 『경향잡지』를 통해 베트남 교회의 소식을 지속적으로 알리는 한편, 파병 부대에 군종신부를 파견하고, 성금을 모아 베트남 교회를 원조하는 등 베트남전쟁과 관련하여 적극적인 움직임을 보였습니다. 그것은 반공주의를 통해 교회 구성원들의 단결을 강화시키고, 군 선교를 활성화시켰으며, 베트남 교회에 대한 원조를 통해 신자들의 자부심을 높이는 효과를 가져왔습니다.[242]

239 조광, 2010, 『한국 근현대 천주교사 연구』, 경인문화사, 269-270쪽.

240 김녕, 2005, "독재, 산업화, 그리고 민주화와 한국 가톨릭교회", 『한국 근·현대 1000년 속의 가톨릭 교회(중)』, 가톨릭출판사, 307-363쪽.

241 조광, 2001, "1960년 명동성당의 존재이유", 『민족사와 명동성당』, 명동대성당 축성100주년기념사업회 편, 명동천주교회, 211-212쪽.

242 강인철, 2013, 『저항과 투항: 군사정권들과 종교』, 한신대학교출판부, 373-375쪽.

이러한 협조 속에서 한국 교회는 박정희 정권으로부터 다양한 혜택을 받게 되었습니다. 예를 들어 여러 성직자들이 국가로부터 상훈을 받는가 하면, 교회가 주도적으로 이끌어나가던 '신협(Credit Union)'이 국가로부터 보조금 지원을 받게 되었습니다. 또한 공영방송에서 천주교를 홍보할 수 있는 시간을 부여받았고, 현충일 의례에 천주교가 참여할 수 있게 되었으며, 여러 교회 학교들(광주가톨릭대, 성심여대, 상지여자실업고등전문학교)이 설립 인가를 받게 되었습니다. 이렇듯 한국 교회는 반공주의를 내세워 박정희 정권과 우호적인 협력관계를 형성해 나갈 수 있었습니다.

그런데 이승만 정권과 대립하며 4·19혁명을 이끌어내고, 장면 정권의 후원자 역할을 자처했던 한국 교회가 그 정권을 무너뜨린 박정희 정권에 협력하는 모습을 우리는 어떻게 이해해야 할까요? 그것은 일반적으로 군부 세력으로부터 교회를 보호하기 위해, 그리고 군부 세력과 교회가 반공주의라는 가치를 공유했기에 가능했던 것으로 해석되고 있습니다.[243]

첫째, 한국 교회는 군부 세력에 의해 박해를 받게 되는 상황을 우려했던 것으로 보입니다. 앞서 살펴보았듯이, 당시 한국 교회는 장면 총리와 동일시되는 상황이었습니다. 그런데 교회가 장면 정권을 무너뜨린 군부 세력을 비난하면, 군사 쿠테타를 부정하는 것이므로 교회에 어떤 일이 벌어질지 장담하기 어려웠습니다. 더욱이 한국 교

---

243 조광, 2010, 『한국 근현대 천주교사 연구』, 경인문화사, 269~270쪽.

회는 오랜 시간 국가로부터 박해를 받아왔던 경험이 있었습니다. 따라서 국가에 의해 박해를 받기보다는 국가에 순응하는 태도를 보임으로써 박해를 모면했던 일제 강점기의 경험에 익숙한 상태였고,[244] 위기 상황에 직면하자 다시 그러한 모습이 드러나게 되었다고 볼 수 있었던 것입니다.

둘째, 군부 세력이 명분으로 내세운 반공주의가 영향을 미쳤을 가능성이 있습니다. 장면 정권 시기, 교회 내에는 한국 사회가 극도의 혼란을 겪고 있다고 보는 시각이 존재했습니다. 특히 자칫하면 중국처럼 남한도 공산화될 수 있다는 위기감이 교회 내 반공주의를 부추겼고, 그것이 군사 쿠테타의 명분과 조우할 수 있었던 것으로 보입니다. 예를 들어 메리놀외방전교회의 모펫 신부(Edaward Moffet)는 미국 하버드대학 동창이었던 케네디 대통령과 백악관 참모, 미국 상·하원 의원에게 전화를 걸어 한국의 군사 쿠테타를 승인해야 한다고 강조했다고 전해집니다.[245]

여기에 덧붙여, 교황청과 한국 교회 사이에 시각차가 존재했고, 한국 교회가 교황청의 입장에 순응했을 가능성도 있습니다. 무엇보다 교황사절이 주한 외교사절 가운데 가장 먼저 군사 쿠테타를 승인했다는 사실은 이를 잘 보여주고 있습니다. 사실 한국 교회가 이승만 정권의 독재에 맞서 투쟁하던 당시, 교황청은 이승만 정권과 대

244 나정원, 2005, "한일합방 이후 한국 가톨릭 지도자들의 국가관 연구", 『한국 근·현대 100년 속의 가톨릭교회 (중)』, 가톨릭출판사, 362쪽.

245 김윤근, 2010, "5·16군사혁명과 오늘의 한국 36", 『한국장로신문』(2010.12.18.).

립하던 노기남 대주교를 이해하지 못했던 경험이 있었습니다. 그때 교황청은 노기남 대주교에게 정권과 대립하지 말고 정교분리적인 태도를 보일 것을 요구했습니다. 심지어 1959년에는 전 세계 선교지역을 담당하는 교황청 포교성성 장관 아가쟈니안(Krikor Bedros XV Aghajanian) 추기경이 방한하여 노기남 대주교에게 정치에서 손을 떼라고 요구했던 적도 있었습니다.[246] 그것은 한국 사회의 한 주체로 변화되어가던 한국 교회와 교황청 사이에 시국을 바라보는 인식차가 있었다는 사실을 보여줍니다. 이점에서 교황청은 4·19혁명 이후 발생한 군사 쿠테타에 대응하는 방편으로, 한국의 민주주의보다는 교회를 보호하는 것에 더 주안점을 두었을 가능성이 높아 보입니다.

그렇다면 교황청과 대립도 불사하며 이승만 독재를 몰아내는 데 앞장섰던 한국 교회가 이번에는 왜 교황청과 같은 입장을 보였던 것일까요? 그것은 당시 천주교회가 한국 사회의 한 주체로 완전하게 바로서기보다는 타자와 주체 사이에서 진동하고 있었다는 점을 이해해야 할 필요가 있습니다. 한국 교회는 장면 정권의 급작스런 몰락과 군부 세력의 등장으로 그동안 쌓아왔던 정치적 기반을 대부분 상실하게 되었습니다. 따라서 의지할 수 있는 곳은 교황청 밖에 없었고, 교황청의 뜻에 따라 외부로부터 교회를 보호할 필요가 있었습니다. 이러한 이유에서 민주주의를 파괴하고 들어선 군부 세력을 비판하는 것보다는 그들과 공산주의로부터 교회를 보호하려는 전통적

---

246 노기남, 1969, 『나의 回想錄: 병인교난에 꽃피는 비화』, 카톨릭출판사, 337-338쪽.

인 태도를 선택하는 데 주저함이 없었을 가능성이 큽니다.

지금까지 광복 이후부터 5·16 군사 쿠테타 직후까지, 소위 해방 정국 시기를 관통하는 한국 교회의 모습을 살펴보았습니다. 갑작스럽게 광복을 맞은 한국 교회는 광복 사건을 성모 마리아의 도움으로 해석하고, 미군정과 이승만 정권의 호의 아래 안정을 찾을 수 있었습니다. 하지만 그것도 잠시였습니다. 공산주의를 내세운 북한 정권이 토지개혁을 실시하고, 천주교회를 탄압하면서 북한 지역 교회는 큰 타격을 입게 됩니다. 교회 보호가 최우선이었던 한국 교회의 입장에서 북한 정권은 새로운 박해자였습니다. 그런데 그들이 신봉하던 공산주의는 역대 교황들이 지속적으로 단죄한 교회의 공적(公敵)이었습니다. 한국 교회는 반공주의 투쟁의 전면에 나섰고, 그것은 한국전쟁 기간에도 계속됩니다. 결국 한반도 분단이 고착화되면서 한국 교회는 북한 지역 교회를 모두 잃게 되었습니다. 분단체제의 고착화와 체제 경쟁에 따른 산업화는 남한 사회에 곳곳에 군대 문화와 가부장 문화를 강화시켰고, 한국 교회도 그것에 영향을 받았습니다.

한편 한국 교회는 이승만 정권과 정면으로 충돌하게 됩니다. 그것은 이승만 정권과 한국 교회가 장면과 한국 교회를 동일시했던 맥락에서 이해될 수 있었습니다. 그것은 한국 교회로 하여금 이승만 정권에 맞서 민주화 운동에 앞장서도록 만들었고, 결국 한국 교회의 투쟁은 4·19혁명을 통해 결실을 맺게 되었습니다. 그러한 경험은 한국 교회가 자신을 민족사의 한 주체로 인식하게 만드는 계기로 작용했습니다. 물론 당시는 과도기였습니다. 군대라는 폭력 수단을 동원한 군사 정권이 등장하자, 교회는 다시 순응적인 모습을 보이기도 했던 것입니다. 그것은 박해의 트라우마가 아직 다 가시지 않았고, 교회 보호를 우선시하는 흐름이 여전히 교회 내에 강하게 자리하고 있었다는 사실을 보여줍니다.

7. 쇄신과 도전의 시간(1965~현재)

1965년은 제2차 바티칸공의회가 폐막한 해입니다. 제가 1965년을 기점으로 현재까지 시기를 살펴보려는 것은 공의회가 오늘날 한국 교회의 모습을 결정짓는 데 가장 큰 영향을 미쳤기 때문입니다. 공의회는 현대 사회와 소통할 수 있도록 교회에 쇄신을 촉구했고, 한국 교회 역시 새롭게 쇄신하기 위해 노력하게 됩니다. 또한 한국 교회는 급변하는 사회 속에서 여러 도전에 직면하게 됩니다. 그렇다면 공의회 이후 한국 교회는 어떤 여정을 걸어왔을까요?

가. 한국 천주교회의 제2차 바티칸공의회 수용

민주주의와 반공주의, 주체와 타자 사이에서 진동하던 한국 교회에 새로운 지평이 열리게 됩니다. 그것은 제2차 바티칸공의회가 선사한 것이었습니다. 한국 교회는 보편 교회의 일원이며, 교황청과 유대를 맺고 있습니다. 따라서 교황청과 타 지역 교회의 변화는 한국 교회에 영향을 미치게 됩니다. 전 세계 지역 교회가 모이는 보편 공의회는 교회가 당면한 여러 문제들에 대해 전 세계 주교들이 함께 모여 토의하고 정리하며, 교황의 권위로 교회의 입장을 공식 결정하는 교회 회의를 말합니다. 공의회의 결정은 헌법적 권위를 가지기 때문에, 모든 지역 교회는 공의회의 결정 사항을 충실히 이행해야 할 의무가 있습니다. 이런 의미에서 교회가 처한 문제들에 대한 내적 성찰 역시 공의회의 결정 사항들을 기준으로 이루어질 수 있습니다.

제2차 바티칸공의회는 1962년부터 1965년까지 열렸습니다. 교황 요한 23세가 공의회를 개최하며 제시한 화두는 아조르나멘토(aggiornamento, 현대화, 또는 적응과 쇄신)였습니다. 변화하는 세상에 적응하지 못하고 고립되어 갔던 천주교회가 빗장을 풀고 세상과 대화하겠다는 의지를 보인 것이 이 공의회였습니다. 대내외적으로 쌓여 있던 문제들이 봇물 넘치듯 의제로 상정되었고, 교부들(공의회에 참석한 주교들과 신학자들)의 치열한 토론이 이어졌습니다. 그 결과 4개의 헌장(constitution), 9개의 교령(decretum), 3개의 선언(declaration) 즉, 총 16개의 문서가 발표되었습니다. 공의회가 불러온 교회의 변화는 파격적인 것이었습니다. 예를 들어 교회는 세상과 분리되어 있는 것으로 인식되어 왔지만, 공의회는 교회가 세상 속에 존재한다고 천명했습니다. 그러한 인식의 변화는 교회가 세상 사람들이 겪고 있는 고통에 귀를 기울이도록 만들었습니다. 공의회로부터 촉발된 세상과 지역 문화에 대한 천주교회의 인식 변화는 한국 교회에도 영향을 미칠 수밖에 없었습니다. 특별히 한국 사회의 한 주체로 거듭나기 위해 조금씩 노력해왔던 한국 교회로서는 그러한 노력에 신학적 정당성을 얻을 수 있게 되었습니다.

마침 공의회가 열리던 1962년, 교황 요한 23세는 한국 교회에 교계제도를 설정했습니다. 다시 말해 한국 교회에 정식으로 교구를 설정한 것입니다. 그것은 1831년에 교황 그레고리오 16세가 조선대목구를 설정한 지 130여 년 만에 이룬 성과였습니다. 여기서 대목구는 교황청 직속 선교지를 의미합니다. 대목구에는 주교가 파견되지만, 그들은 교황을 대신하여 해당 선교지에 파견된 것이기에 교구장이 행사하는 재치권(교구 내 입법, 사법, 행정권)을 온전히 가지고 있지는 못합니다. 다시 말씀드리자면, 대목구는 교황과의 친교 속에서 온전한 자치를 누리는 교구로 자립하기 전까지 교황청이 직접 관리하는 선교지라고 할 수 있습니다. 한국 교회는 지난 130년 간 교황청 직속 선교지였다가, 이제 비로소 독립적인 지역 교회로 바로 서게 된 것입니다. 이로써 서울대목구와 대구대목구, 광주대목구는 각각 서울대교구, 대구대교구, 광주대교구로 승격되었고, 춘천, 전주, 부산, 청주, 대전, 인천대목구는 모두 교구로 승격되었습니다. 이후 몇 년간 수원, 원주, 마산, 안동, 제주교구가 추가로 신설되는 등 한국 교회는 조직 면에서 커다란 변화를 겪게 됩니다. 그것은 한국 교회에 큰 경사였고, 동시에 보편 교회의 흐름에 뒤쳐지지 않고 잘 따라가야겠다는 동기를 한국 교회 구성원들에게 부여했습니다.

　따라서 한국 교회는 제2차 바티칸공의회에서 논의된 사항들에 촉각을 곤두세울 수밖에 없었습니다. 다음은 공의회 폐막 직후인 1966년경 한국 교회 주교들이 구성원들에게 제시한 구체적인 실천

사항들입니다.[247]

① 모든 신자들이 특히 사제들이 공의회의 가르치심과 의결하신 사항을 배우고 묵상할 것입니다. 전세계 주교들도 공의회에서 신학을 다시 배웠습니다. 그러므로 신자들 특히 사제들이 공의회를 배우는 것이 당연한 것입니다. 앞으로 사제들이 강론, 교리교수는 말할 것도 없고, 교회 출판물, 간행물을 통하여 일반 신도들에게 공의회를 인식시켜야 되겠습니다.

② 우리 일상생활이 공의회 정신과 부합되는지 반성하고 묵상해야 되겠습니다.

③ 교종 바오로 6세의 말씀대로 "공의회 의결사항을 달관하여 그 정신에 따라서 이를 우리 실생활에 실천하면 교회의 새로운 정신이 발전될 것입니다."

④ 공의회적 쇄신에 있어, 개인주의적 태도를 버리고 종도(사도: 인용자 주)로부터 전하여 내려오는 진리 즉 우리가 천주의 백성으로서 공동체적(Communitarie) 정신으로 그리스도께 대한 충성의 증언을 하도록 노력해야 되겠습니다.

실제로 한국 교회는 제2차 바티칸공의회의 결정 사항들을 최대한 빨리 받아들이려고 노력했습니다. 교회는 벽면에 설치되었던 제대

---

247 한국천주교중앙협의회, 1966, "「바티칸」공의회와 한국 교회", 『경향잡지』 1179, 4쪽.

를 뒤로 이동시켜, 사제가 신자들에게 등을 보이며 거행하던 미사를 신자를 바라보며 하도록 했습니다. 그리고 미사 때 사용되는 언어는 라틴어에서 한국어로 대체되었습니다. '하느님 백성'의 목소리가 교회 운영에 반영될 수 있도록, 각 교구에는 '교구사목협의회'가, 본당에는 '본당사목협의회'가 만들어지기도 했습니다. 제2차 바티칸공의회 문헌은 공의회가 폐막된 지 4년 만에 전권이 모두 한국어로 번역됐습니다. 뿐만 아닙니다. 교회 지도자들이 공의회 정신을 보다 쉽게 습득할 수 있도록 1967년 5월부터 『사목』이라는 제호의 잡지가 분기별로 발간되기 시작했습니다. 그리고 각 교구와 본당에서는 신자들을 대상으로 공의회 문헌 교육이 실시되었습니다.

또한 공의회가 평신도의 적극적인 교회 참여를 권장하면서, 한국 교회는 대림 1주일을 평신도 주일로 정하고, 평신도가 강론을 할 수 있게 허락했습니다. 특히 '평신도사도직협의회'(이하 평협)가 만들어져, 평신도의 교회 참여가 적극 활성화될 수 있었습니다. 다음은 1976년 12월 13일경 평협이 발표한 성명서 '평신도 여러분에게 고한다'의 일부입니다.

제2차 바티칸 공의회는 『교회헌장』과 『평신도 사도직 교령』을 반포하여 교회 안의 평신도의 위치와 사명을 정립하였습니다. 뿐만 아니라 평신도의 조직적 활동은 무엇보다도 바람직한 것으로 권장되고 있습니다. 우리 평신도는 공의회 정신에 입각하여 보다 적극적이고 효율적인 사도직 수행을 다짐하면서 수년 전 평신도사도직협의회(평사협)를 결성하기에 이르렀

던 것입니다.[248]

이렇게 평신도의 역할이 증대되면서, 평신도들은 다양한 단체를 결성하여 사회문제 해결을 위한 활동에도 나서게 됩니다. 대표적인 단체로는 가톨릭대학생연합회(1954), 한국가톨릭노동청년회(1958), 한국가톨릭농민회(1966) 등이 있습니다. 특히 우리는 1968년에 벌어진 '심도직물 사건'과 관련된 한국가톨릭노동청년회의 활동에 주목할 필요가 있습니다.

나. 한국 천주교회, 세상 속으로 뛰어들다

1) 심도직물 사건

세상 속 교회를 선언한 제2차 바티칸공의회의 효과는 1967년 7월에 한국 천주교 주교단 명의로 발표된 "우리의 사회 신조"라는 사목교서를 통해 드러나게 되었습니다. 주교단은 공의회에 비추어 노사관계와 국가의 역할에 대한 입장을 밝혔습니다.[249] 당시 박정희 정권은 반공주의와 경제성장 제일주의를 앞세워 권위주의적인 정책들을 밀어붙이고 있었습니다. 그리고 이와 결탁한 자본가들은 노동자

---

248 기쁨과희망사목연구소, 1996, 『암흑속의 횃불: 7,80년대 민주화운동의 증언 제2권』, 164-165쪽.
249 한국천주교중앙협의회, 1967, 『경향잡지』 1193, 521-522쪽.

들을 착취하여 이득을 챙기고 있었습니다. 박정희 정권과 자본가들에 대한 시민들의 반발은 점차 커지고 있었고, 공의회 정신을 수용하기 시작한 한국 교회는 이러한 시민들의 요구에 부응해야 할 필요성을 점차 인식하게 되었던 것입니다.

이러한 한국 교회의 변화된 인식은 1968년에 강화도에서 벌어진 '심도직물 사건'을 통해 보다 직접적으로 드러나게 되었습니다. 전 미카엘 신부(Michael Bransfield, 1929~1989)는 당시 강화도 본당 주임 사제로 활동했습니다. 그는 가톨릭노동청년회(J.O.C) 운동을 강화도 내 노동자들에게 보급하고 노동조합을 만들 수 있도록 도움을 주고 있었습니다.

가톨릭노동청년회는 1925년에 벨기에의 조셉 까르딘 추기경(Joseph Cardijn, 1882~1967)이 창설한 단체로서, 청년 노동자의 존엄성을 사회 안에 일깨우고, 노동의 가치와 보람을 일깨우기 위해 조직되었습니다. 그것은 레오 13세 교황이 반포한 회칙 『새로운 사태』의 가르침을 이어받는 것이었습니다. 가톨릭노동청년회는 비오 11세 교황의 인가를 받아 전 세계 어디서나 사도직 단체로 활동할 수 있게 되었습니다. 한국에서는 1958년경 서울대병원 간호사들이 회합을 가지면서 시작되었고, 이후 전국으로 확산되었습니다.

1968년 당시 강화도에는 여러 개의 직물공장이 가동 중이었습니다. 이 가운데 심도직물이라는 사업체에 근무하던 노동자들이 가톨릭노동청년회 활동의 결실로 노동조합을 결성하게 됩니다. 그때가 1967년 5월 14일이었습니다. 당시 심도직물에는 1,200명의 노동자가 있었고, 이 가운데 900명 정도가 노동조합에 가입을 했습니다.

당시 한국 산업계에서는 좋게 말해 노동집약적이고, 나쁘게 말해 노동자의 노동력을 최대한 끌어다 쓰는 방식으로 이윤을 창출하고 있었습니다. 따라서 노동조합 결성은 그 자체로 큰 파장을 불러왔습니다. 특히 노조를 와해시키기 위한 압력이 다방면으로 가해졌습니다. 우선 심도직물 사측은 노동조합 결성의 책임을 묻고 노동자 2명을 부당 해고시켰습니다. 이에 반발한 노조원들이 강화도 성당에서 진상보고대회를 개최했는데, 그곳에 출동한 경찰이 천주교 신자 30명을 연행했습니다. 뒤이어 사측은 1968년 1월 초까지 노조원 16명을 해고했습니다. 짐작하셨겠지만 그들은 모두 천주교 신자였습니다.

그것은 심도직물 차원에서만 끝나는 것이 아니었습니다. 심도직물 노조가 살아남을 경우, 우후죽순 노조가 생겨날 것을 우려한 인근 공장주들과 이에 합세한 경찰까지 전 미카엘 신부와 가톨릭노동청년회를 몰아내기 위해 압력을 가했습니다. 실제 심도직물 사주와 강화경찰서장이 전 미카엘 신부를 찾았습니다. 그들은 전 미카엘 신부에게 노조 활동에 계속 간섭할 경우 그를 반공법으로 구속시키겠다고 위협했습니다. 또한 1968년 1월 8일에는 '강화직물협의회'가 결의문 7개항을 중앙 일간지에 실었습니다. 그 협의회는 강화도내 21개 직물회사의 연합체였습니다. 이 결의문에는 전 미카엘 신부의 사상이 의심스럽고 가톨릭노동청년회 소속 회원을 더 이상 고용하지 않겠다는 내용이 담겨 있었습니다. 이어서 사측은 노동자 150여 명을 동원하여 전 미카엘 신부를 규탄하는 시위를 열었습니다. 경찰은 전 미카엘 신부를 연행하여 이 사태에 대해 사과할 것을 요구했습니다. 그리고 사측과 공모하여 인천교구장 나길모 주교(William McNaughton, 1926~2020)에게 전 미카엘 신부를 다른 곳으로 전출시키라고 압력을 가했습니다.[250]

당시 가톨릭노동청년회 총재는 마산교구장 김수환 스테파노 추기경(당시 주교, 1969년 추기경 서임, 1922~2009)이었습니다. 그는 강화도 본당에서 미사를 집전하고 노동자들을 위로했습니다. 사태를 파악한 김수환 추기경은 한국 교회의 주교들을 설득하여, 1968년 2월 9일 "사회 정의와 노동자의 권익을 옹호한다"는 제목의 성명서를 주교단 명의로 발표하였습니다.[251] 이것은 공의회 이후 최초로 발표된 시국사건 관련 주교단 성명서였습니다. 그 내용을 요약하면 다음과 같습니다. 첫째, 교회는 노사 간 사회 정의를 가르칠 사명이 있다. 둘째, 인간은 존엄하다. 셋째, 인간은 신앙과 관계 없이 균등한 취업 기회를 가져야 한다. 넷째, 노동자들은 노동조합을 결성하고 단체 행동을 할 수 있는 결사의 자유를 가진다. 다섯째, 노동자들은 정당한 보수를 받을 권리를 가진다. 여섯째, 노동자에게는 생활 수준 향상과 정당한 휴식이 필요하다. 일곱째, 국가는 노동자의 권리를 보호할 중책을 가진다.

당시 한국 사회에서는 상당히 급진적인 것으로 보일 수 있었던 이

250 한용희 편저, 1984, 『한국가톨릭인권운동사』, 명동천주교회, 49-53쪽; 한상봉, 2010, "1960년대 한국 교회, 처음 노동문제 관심-강화 심도직물 사건", 『가톨릭뉴스지금여기』(2010.07.11.); 김수종, 2014, "강화도 심도직물 해고투쟁 도운 김수환 추기경", 『오마이뉴스』(2014.08.19.).

251 한국천주교중앙협의회, 1968, 『경향잡지』 1200, 4-5쪽.

성명서는 교황청의 지지를 받게 됩니다. 교황 바오로 6세가 한국 주교단에 격려와 치하의 편지를 보냈던 것입니다. 이에 한국 교회는 심도직물 사건을 교회에 대한 박해로 규정하고, 공개 사과를 요구하고 나섰습니다. 한국 교회와 교황청이 적극 나서게 되자, 심도직물 사건은 전국적인 정치 문제로 비화될 가능성이 높아졌습니다. 다시 말해 이 일을 계기로 산업화 시기에 은폐되거나 무시되었던 노동 문제가 정치 문제화되기 시작한 것입니다. 결국 심도직물이 이끄는 강화직물협의회는 1월에 발표한 결의 사항을 폐기하고, 해고자들을 복직시키기로 하였습니다. 이처럼 심도직물 사건은 공의회 이후 한국 교회가 처음으로 시국문제에 자기 입장을 발표하게 된 상징적인 사건이었습니다. 이 사건에서 한국가톨릭노동청년회의 역할이 중요했다는 사실은 당연한 것이었습니다.[252]

2) 지학순 주교 구속 사건

심도직물 사건 이후, 한국 교회가 본격적으로 세상 속에 뛰어들게 된 사건을 꼽자면, 1974년 지학순 다니엘 주교(1921~1993)가 구속된 사건을 빼놓을 수 없습니다. 그것은 현직에 있던 천주교 교구장을 국가가 구속한 초유의 사건이었습니다.

지학순 주교는 제2차 바티칸공의회가 폐막되던 해인 1965년에

---

[252] 심도직물 사건과 천주교회의 대응과 관련된 자세한 내용은 다음을 참고하세요. 한상욱, 2015, "60년대 강화 직물노조사건과 가톨릭 노동청년회(JOC)", 『인천학연구』 23.

주교 서품을 받고 원주교구장으로 재임하기 시작했습니다. 그리고 공의회 마지막 회기에 참석해 보편 교회의 변화를 체험하고 왔습니다. 지학순 주교가 처음 사회 문제에 목소리를 내기 시작한 때는 1971년 10월의 일이었습니다. 지학순 주교는 신자들과 함께 원주 시내를 걸으며 사회 정의 구현과 부정부패 규탄대회를 가졌습니다. 서슬이 퍼런 박정희 정권 치하에서 이러한 행동은 사회적 파장이 컸습니다. 물론 지학순 주교와 신자들이 가두시위를 벌인 것은 그만한 이유가 있었습니다. 당시 운영 중이던 '원주문화방송'은 원주교구와 5·16장학회[253]가 공동으로 출자하여 설립한 회사였습니다. 그런데 원주문화방송이 부패로 얼룩지자, 원주교구에서 시정을 요구하게 됩니다. 하지만 그 요구는 받아들여지지 않았습니다. 이에 원주교구 구성원들이 부정부패 추방운동을 벌이게 된 것입니다.

그러나 그것은 박정희 정권과의 대립으로 비쳤습니다. 그도 그럴 것이 공동출자자인 5·16장학회가 부정부패의 당사자로 지목될 가능성이 컸기 때문입니다. 하지만 한국 교회 주교단은 『경향잡지』를 통해 원주교구의 부정부패 규탄대회가 어떤 개인이나 정부를 겨냥한 것이 아니며, "특권의 그늘 밑에서 판치고 있는 부정부패"를 비판하는 것이라는 점을 강조하였습니다.[254] 또한 1971년 주교회의 정기총회에서는 1972년을 '정의·평화의 해'로 선포하고, 전국 각 교구와

---

253 5·16장학회는 박정희가 5·16 군사쿠데타 직후인 1962년에 김지태 소유의 부일장학회를 강제로 헌납받아 이름을 바꾼 단체입니다. 5·16장학회는 1982년에 정수장학회로 이름을 바꿨습니다.

254 한국천주교중앙협의회, 1971, 『경향잡지』 1244, 1-3쪽.

본당, 단체 별로 사회 정의와 관련된 교육을 실시하기로 결의하였습니다. 또한 11월 14일에는 주교단 명의의 공동 교서 "오늘의 부조리를 극복하자"를 발표하고, 당시 한국 사회의 실정을 비춰보면서 부정부패를 청산하자고 강조하였습니다.[255] 이렇듯 지학순 주교와 원주교구의 부정부패 규탄대회 이후, 한국 교회는 한국 사회 내에 만연한 부정부패를 척결하는 데 앞장서는 모습을 보였습니다.[256]

이러한 한국 교회 차원의 엄호 속에서 지학순 주교는 사회 정의와 관련된 활동을 연이어 펼쳐나갔습니다. 그는 1971년 성탄대축일에 맞춰 발표한 『성탄교서』에서 "우리 가톨릭의 기본정신은 정의이다. 사회정의와 공동선을 구현하는 것은 가톨릭의 기본 목표이다"[257]라고 선언하는가 하면, 평협 및 정의평화위원회 총재주교(1972), 국제 앰네스티 한국위원회 명예 회장(1972) 및 제2대 이사장(1973), 한국 노동교육협의회 회장(1973) 등을 역임하며 활동을 계속해 나갔습니다.

이러한 지학순 주교의 활동은 박정희 정권의 심기를 건드렸습니다. 그래서였을까요? 1974년 7월 6일경 해외순방을 마치고 김포공항에 도착한 지학순 주교를 중앙정보부 요원들이 그 자리에서 연행해가는 사건이 벌어지게 됩니다. 지학순 주교가 '민청학련 사건'에 연루되어 있다는 혐의였습니다. 민청학련 사건은 박정희 정권이 유

---

255 한국천주교중앙협의회, 1971, 『경향잡지』 1245, 1–7쪽.

256 한국천주교중앙협의회, 1971, 『경향잡지』 1246, 10–11쪽.

257 지학순, 1971, 『1971년 성탄절 및 1972년도 사목교서』, 천주교 원주교구.

신반대 운동을 펼치던 사람들을 반란죄 등으로 엮어 탄압했던 사건이었습니다. 지학순 주교는 이들을 지원했다는 이유로 연행되었던 것입니다. 7월 9일이 되어서야 중앙정보부 요원이 김수환 추기경을 찾아와 지학순 주교의 행방을 알려주었습니다. 김수환 추기경은 즉시 중앙정보부를 찾아가 지학순 주교를 만났습니다. 7월 10일 밤에 지학순 주교는 중앙정보부에서 풀려나 명동 샬트르 성 바오로 수녀원에 연금되었습니다. 이후 성모병원으로 자리를 옮겼습니다. 박정희 정권은 지학순 주교에게 7월 23일 오전까지 비상군법회의에 출두하라는 소환장을 보냈는데, 지학순 주교는 바로 그날 성모병원 앞에서 유신체제를 비판하며 소환을 거부하는 양심선언을 발표했습니다. 이 일로 지학순 주교는 중앙정보부에 연행됐습니다. 그리고 8월 12일에 열린 재판에서 징역 15년, 자격정지 15년을 선고받고 법정구속되었습니다.

지학순 주교의 구속은 역설적으로 한국 교회 구성원들의 전면적인 사회참여를 불러왔습니다. 바야흐로 한국 교회가 세상 한복판으로 뛰어들기 시작한 것입니다. 그것은 무엇보다 한국 현대사에서 빼놓을 수 없는 '정의구현사제단'의 탄생을 재촉했습니다. 지학순 주교가 구속된 직후부터 각 교구를 돌아가며 시국 기도회가 열렸습니다. 그것은 박정희 정권을 규탄하고 교회의 입장을 보다 체계적으로 개진하기 위해서였습니다. 그 결과 9월 23일에 300여 명의 성직자들이 원주에서 정의구현사제단 창립을 결의하게 됩니다. 또한 그들은 9월 26일에 수도자 200여 명, 평신도 1,000여 명과 함께 가두

시위를 전개했습니다. 이 시위는 성직자들이 주도한 최초의 가두시위였고, 수도자가 참가한 것, 촛불 가두시위가 열린 것도 최초였습니다. 그것은 2000년대 이후 우리가 익숙히 보아왔던 촛불 집회의 시작을 알리는 시위였습니다. 그때부터 정의구현사제단은 지속적으로 시국 기도회를 열고, 각종 선언문을 발표하면서 박정희 정권과 충돌하게 됩니다. 주교회의 역시 사회 문제와 관련된 업무를 담당하는 정의평화위원회의 역할에 주목하기 시작했습니다. 이외에도 지학순 주교 구속 사건은 한국가톨릭농민회, 가톨릭대학생연합회, 한국가톨릭노동청년회, 명동천주교회청년단체연합회 등 평신도 단체들의 적극적인 사회참여를 불러왔습니다. 이들은 박정희 정권을 비판하면서 민주주의 실현을 위해 헌신하는 한국 교회의 핵심 세력으로 자리매김하게 됩니다.

물론 이 과정에서 내부 갈등이 없었던 것은 아닙니다. 사회참여에 적극적인 선교사를 비판하는 원로 성직자들이 있는가 하면,[258] 정의구현사제단을 비판하는 평신도들의 집단행동이 이어졌던 것[259]입니다. 이것을 어떻게 이해해야 할까요? 이러한 갈등은 일제강점기와 한국전쟁 등을 거치며 민족 혹은 사회보다는 교회 보호를 우선시했던 구성원들이 아직까지 많았기 때문이라고 생각됩니다. 더욱이 세상 속 교회를 선언한 제2차 바티칸공의회가 폐막한 지 10년이 채

---

258 기쁨과희망사목연구소, 1996, 『암흑속의 햇불: 7,80년대 민주화운동의 증언 제2권』, 기쁨과희망사목연구소, 309-310쪽, 312-313쪽.

259 강인철, 2014, "'가톨릭 (극)우파'와 대한민국수호천주교인모임", 『기쁨과희망』 13, 68쪽.

지나지 않은 상황이었습니다. 한국 교회가 아무리 공의회 정신을 보급하는 데 심혈을 기울이고 있었다 하더라도, 교회 구성원들의 인식을 단번에 변화시키기에는 어려움이 많았을 것입니다.

이러한 갈등에도 불구하고 분명한 것이 있습니다. 그것은 한국 교회는 자신의 안위를 위해 세상과 자신을 구분하던 이분법적인 사고에서 벗어나, 세상 속에 자신을 위치시키는 거대한 전환을 이룩하고 있었다는 사실입니다. 특히 이러한 전환은 한국인이 가장 존경하는 성직자, 김수환 추기경을 통해 상징적으로 드러났습니다.

3) 김수환 추기경과 한국 민주주의

2019년은 김수환 추기경 선종 10주년을 맞는 해였습니다. 2020년에도 추기경을 그리워하는 이들이 많았습니다. 그래서 김수환 추기경의 어린 시절을 그린《저 산 너머》라는 영화가 개봉되기도 했습니다. 이렇게 많은 사람들이 그를 그리워하는 이유는 무엇일까요? 저는 무엇보다 사회적 약자들에게 보인 김수환 추기경의 사랑에 사람들이 감동했기 때문이라고 생각합니다. 특히 한국 사회의 민주주의를 위해 서슬 퍼런 독재 정권에 맞서 싸웠던 추기경의 모습은 아직까지도 우리 마음속에 깊이 각인되어 있습니다.

김수환 추기경은 1922년에 대구에서 태어났습니다.[260] 어린 시절

---

[260] 김수환 추기경의 생애와 관련된 정보는 다음을 참고하세요. 이충렬, 2016, 『아, 김수환 추기경 1 신을 향하여』, 김영사; 이충렬, 2016, 『아, 김수환 추기경 2 인간을 향하여』, 김영사.

신학교에 들어가 일본 조치(上智)대학에서 공부를 이어갔지만, 태평양전쟁 말기였던 1944년에 학도병으로 끌려갔습니다. 일본 지치지마(父島)섬에 배속 받은 그는 몇 차례 죽을 고비를 넘기고, 조국 광복과 함께 미군 포로가 되어 2년을 괌에서 지내다, 1947년에 비로소 고국에 돌아올 수 있었습니다. 남은 신학 공부를 마치고 1951년에 사제 서품을 받았는데, 그는 마침 유럽에서 활성화되고 있었던 '가톨릭액션(Catholic Action)'에 관심을 갖게 됩니다. '가톨릭액션'이란 성직자의 지도 아래, 평신도들이 교회 사업에 참여하는 일을 말합니다. 가톨릭 학생회, 가톨릭 농민회와 같은 단체들이 여기에 해당된다고 보시면 됩니다. 지금은 제2차 바티칸공의회의 영향으로 평신도의 활동이 자연스러워 보이지만, 당시까지만 해도 평신도의 교회 활동은 다소 부자연스러웠던 것 같습니다. 김수환 추기경은 가톨릭액션을 통해 한국 교회를 성장시키려는 꿈을 안고, 독일 뮌스터대학교로 유학을 떠나게 됩니다. 그곳에서 선택한 전공은 '그리스도교 사회학'이었습니다. 그리스도교 사회학은 그리스도교와 사회의 관계를 연구하는 학문이라고 할 수 있는데, 지금은 그리스도교 사회 윤리 혹은 사회교리 등으로 불리고 있습니다. 김수환 추기경이 유학 중에 천착했던 교회와 세상의 관계에 대한 고민은 장차 한국 교회가 나아갈 여정에 지대한 영향을 미치게 됩니다.

김수환 추기경은 독일 유학 도중 로마에서 개최된 제2차 바티칸공의회를 경험하고, 1963년에 귀국했습니다. 그리고 3년 뒤인 1966년에는 마산교구장에 임명되어 주교 서품을 받았고, 제1차 세계주교대의원회의(1967)에 참석한 직후인 1968년에는 서울대교구장에 임명되었습니다. 이때 김수환 추기경이 제시한 사목 목표는 공의회가 천명한 '세상 속의 교회'였습니다. 독일에서 그리스도교 사회학을 공부하고, 공의회 정신을 접했던 추기경이 '세상 속의 교회'를 사목 목표로 정한 것은 어찌 보면 당연한 것이었을지도 모르겠습니다. 그런데 서울대교구장에 착좌한지 1년 뒤, 바오로 6세 교황이 김수환 대주교를 추기경에 서임했습니다. 그때 김수환 추기경의 나이가 47세였는데, 당시 기준으로 세계 최연소 추기경이었습니다.

한국 교회의 중심인 서울대교구의 교구장이면서, 한국 최초로 추기경에 서임된 김수환 추기경은 '세상 속 교회'라는 사목 목표에 걸맞게 사회 곳곳에서 고통 받고 있는 사람들을 보살폈습니다. 특히 그는 시민들의 자유를 억압하는 박정희 정권과 대립하게 됩니다. 그것은 김수환 추기경이 일부러 그렇게 한 것이라기보다는 박정희 정권이 정권을 연장하기 위해 무리하게 시민들을 억압했기 때문에 발생한 것이었습니다. 김수환 추기경은 공권력을 앞세워 교회의 안위를 위협하는 정권의 협박에도 굴하지 않고 시민들을 보호하기 위해 공개적으로 정권을 비판했습니다. 이러한 대립은 박정희 정권이 장기 집권을 위해 유신헌법을 제정하려던 1971년부터 본격화되었습니다. 김수환 추기경은 전국에 생중계된 12월 25일 예수 성탄 대축일 미사 강론에서 박정희 정권의 유신헌법 개헌 추진을 공개적으로 비판했습니다. 그리고 1972년에 결국 유신헌법이 제정되자 박정희 정권을 강하게 질타했습니다. 1974년에 벌어진 지학순 주교 구속 사건 당시에는 지학순 주교에 대한 지지를 철회하라는 정권의 협박에 맞서 지학순 주교를 옹호했고,[261] 박정희 대통령을 직접 찾아가 지학순 주교를 석방시키기 위해 노력했습니다. 1980년 5·18 민주화운동 당시에는 고립되었던 광주의 진실을 알리기 위해 백방으로 노력했습니다.[262]

1987년이 밝아왔습니다. 그해 1월 대학생 박종철(1964~1987)이 경찰로부터 고문을 받다가 사망하게 된 사건이 벌어졌습니다. 경찰은 그것을 조직적으로 은폐하려 했습니다. 사건의 전모를 알게 된 김수환 추기경은 5월 18일 '5·18 항쟁 희생자 7주기 추모 미사'를 직접 주례했는데, 미사 후 성당에서 정의구현사제단 대표 김승훈 마티아 신부(1939~2003)가 박종철 군 고문치사 사건이 은폐·조작되었다는 사실을 세상에 알리도록 허락했습니다.

한편 그해 4월 13일에는 전두환 대통령이 정권을 연장하기 위해 대통령 간선제를 지속하겠다고 선언(호헌 조치)하면서 정국이 요동쳤습니다. 김수환 추기경은 예수 부활 대축일 메시지를 통해 전두환

---

261 지학순 주교의 양심선언 이후, 박정희 정권은 중앙정보부 고위 간부 두 명을 모든 주교들에게 보냈습니다. 그들은 한국 교회가 지학순 주교에 대한 지지를 철회하지 않을 경우, 한국 천주교회에 대한 모든 보호와 특권을 철회하고, 천주교 신자인 정부의 고위관료의 신원을 보장하지 않을 것이며, 교회를 적대 세력으로 비난할 것이라고 협박했습니다(장영민, 2014, "한·미 외교문서로 본 지학순 주교의 민주화운동", 『기억과 전망』 31, 54쪽). 하지만 김수환 추기경은 주교들을 설득하여 "사회교의 실천은 종교의 의무다"라는 제목의 선언문을 주교단 명의로 발표했습니다(한국천주교주교단, 1996, 『암흑속의 횃불: 7,80년대 민주화운동의 증언 제1권』, 기쁨과희망사목연구소, 70-72쪽). 그것은 지학순 주교를 지켜내겠다는 김수환 추기경의 의지가 반영된 것이었습니다.

262 5·18 민주화운동 당시 군부의 폭력적인 저항을 막으려는 김수환 추기경의 시도와 그 이후 사건의 진상을 알리기 위한 그의 노력은 다음을 참고하세요. 박승찬, 2019, "김수환 추기경의 공동체 영성을 통한 5·18 정신의 계승", 『신학전망』 205.

정권의 호헌 조치를 강하게 비판했고, 이후 벌어진 시민들의 호헌 철폐 노력에 지지를 보냈습니다. 그런데 6월 9일 대학생 이한열이 시위 도중 경찰이 쏜 최루탄에 맞아 사망하는 사건이 일어났습니다. 그것은 박종철 군 고문치사 사건이 은폐·조작되었다는 교회의 폭로가 있은 지 한 달도 안 된 시점에 벌어진 일이었습니다. 이로 인해 전두환 정권에 대한 시민들의 분노가 더 커졌고, 시위가 불붙듯 확산되었습니다. 시위대 가운데 일부가 경찰을 피해 명동성당으로 피신하게 되었는데, 그것은 김수환 추기경이 허락하지 않았다면 불가능한 일이었습니다. 이후 명동성당에는 시위대를 보호하기 위해 성직자와 수도자들이 함께 하기 시작했습니다. 이윽고 전두환 정권은 성당에 피신한 시위대를 검거하러 명동성당에 진입하겠다는 뜻을 밝혔습니다. 그러자 김수환 추기경이 말했습니다.

제가 하는 말을 정부 당국에 전해 주십시오. 경찰이 성당에 들어오면 제일 먼저 나를 만나게 될 것입니다. 그 다음 시한부 농성 중인 신부들을 보게 될 것입니다. 또 그 신부들 뒤에는 수녀들이 있습니다. 당신들이 연행하려는 학생들은 수녀들 뒤에 있습니다. 학생들을 체포하려거든 나를 밟고, 그 다음 신부와 수녀들을 밟고 지나가십시오.[263]

그렇게 시민들을 보호하려는 결연한 의지를 보인 김수환 추기경 덕

---

263 김수환, 2004, 『추기경 김수환 이야기』, 평화신문 엮음, 평화방송·평화신문, 307쪽.

분에, 명동성당에 있던 시위대는 무사히 집으로 돌아갈 수 있었습니다. 이렇듯 김수환 추기경과 그를 보좌한 한국 교회 구성원들의 노력으로 민주화운동에 참여한 시민들이 더 이상 희생당하는 일은 없었습니다. 시위는 전국적으로 확대되었는데, 전두환 정권은 결국 6·29선언을 통해 대통령 직선제를 수용하겠다고 발표하게 됩니다. 6·10민주항쟁이라고 불리는 1987년의 상황 속에서 김수환 추기경과 한국 교회 구성원들은 자신이 다치는 것을 두려워하지 않고 독재 정권과 싸우는 시민들을 적극 도왔습니다. 이를 계기로 명동성당은 한국 민주화의 성지가 되었고, 김수환 추기경은 가장 존경받는 지도자, 한국 교회는 가장 신뢰받는 종교로 거듭날 수 있었습니다.

4) 5·18민주화운동과 한국천주교회의 역할[264]

세상의 아픔과 함께 하는 한국 교회의 모습은 1980년에 벌어진 5·18민주화운동을 통해서도 확연하게 드러났습니다. 1979년 10·26사태로 박정희 대통령이 사망하자, 전두환을 비롯한 신군부 세력이 쿠데타를 일으켜 정권을 찬탈했습니다. 이에 전국의 대학생들이 분연히 일어나 신군부 세력을 규탄하는 시위를 벌였습니다. 광주에서도 시위가 일어났는데, 신군부는 광주 시민을 희생양으로 삼아 정권을 유지하려고 했습니다. 이를 위해 광주 시내에 공수부대가

---

[264] 이 부분은 다음의 책을 주로 참고했습니다. 강인철, 2013, 『저항과 투항: 군사정권들과 종교』, 한신대학교 출판부, 241-252쪽.

투입되고, 각 대학에 계엄군이 주둔했습니다. 신군부는 휴교령을 통해 학생들의 시위를 막으려 했습니다. 하지만 학생들은 5월 18일경 전남대학교 앞에 모여 시위를 시작했습니다. 이때 시위 진압에 나섰던 군인들은 학생과 시민 들을 무차별적으로 구타하고 짓밟았습니다. 그것은 시민들의 분노를 일으키게 되었고, 학생들의 시위가 광주 시민 전체로 확산되는 계기가 되었습니다. 이후 신군부는 광주로 가는 길목을 모두 차단하고 시민을 향해 발포를 하는 등 무력 진압을 서슴지 않았습니다. 시민군의 저항이 있었지만, 5월 27일에 공수부대가 전남도청을 점령하면서 모든 상황이 종료되었습니다. 5·18민주화운동 당시 신군부에 의해 희생된 시민들은 총 5,517명이나 됩니다.[265] 이 사건은 외세로부터 국민을 지켜야 할 군인들이 오히려 국민을 학살한 사건이라는 점에서 반드시 역사의 심판을 받아야 할 것입니다.

그렇다면 5·18민주화운동 당시 한국 교회는 어떻게 행동했을까요? 이에 대해 광주대교구장 김희중 대주교는 2014년 '5·18민중항쟁 34주년 기념 학술발표회 기조 강연에서 다음과 같이 말했습니다.

천주교 광주대교구가 광주민중항쟁에서 처음부터 끝까지 일관되게 주장

---

265 5·18기념재단에 따르면, 피해자는 "5월 18일부터 27일까지 사망자 155명, 상이 후 사망자 110명, 행방불명자 81명, 부상자 2,461명, 연행구금부상자 1,145명, 연행·구금자 1,447명, 재분류 및 기타 118명"으로 파악됩니다. 5·18기념재단 홈페이지 "5·18민주화운동과 유혈 진압" https://518.org/nsub.php?PID=010103

한 내용은 '평화적인 항쟁과 수습'이며, '군은 과잉진압을 인정하고 사과하라'는 것이었습니다. 사실 가톨릭교회는 1980년 항쟁 이전까지는 함평 고구마 사건과 노동청년회의 노동조합운동 등으로 대표되는 가톨릭농민회, 노동청년회 등이 지역사회에서 활발하게 활동하였습니다. 이 조직들이 광주민중항쟁의 과정에서 부분적으로 참여했지만 지도적인 역할을 하지는 못했던 것이 사실입니다. 또한 '평화적인 항쟁과 수습'을 위해 사제들이 노력했지만 가톨릭교회가 체계적인 역할을 하지 못하였습니다. 왜냐하면 이 광주민중항쟁은 처음부터 치밀하게 계획된 봉기가 아니었기 때문에 처음부터 사제들이 설 곳은 없었습니다. 다만 사실 왜곡에 대한 진실 규명에 관하여 교회는 처음부터 끝까지 일관된 목소리를 내었습니다.[266]

이러한 반성에도 불구하고, 한국 교회는 1980년 5월 18일부터 지금까지 사태 수습과 진상 규명을 위해 최선을 다해왔습니다. 5월 18일 당일에는 광주대교구 사목국장 이영수 세례자 요한 신부가 전라남도 경찰국장에게 폭력적인 시위 진압에 항의하는 전화를 걸었습니다. 5월 21일에는 광주 시내 본당 사제 여덟 명이 도청 앞으로 나가 중재를 시도할 계획을 세웠으나, 계엄군의 발포 위협으로 무산된 일도 있었습니다. 5월 22일에는 광주대교구장 윤공희 빅토리노 대주교(1924~)가 계엄분소장인 소준열 장군에게 군인들의 과잉진압을 인정하고 사과해야 한다는 의사를 전달하기도 했고, 윤공희 대주교

---

266 김희중, 2014, "5·18광주민중항쟁 34주기를 맞이하여", 『신학전망』 185, 4쪽.

를 비롯한 교구 사제들이 시민 측 수습대책위원회에 참여하여 사태 수습을 위해 노력했습니다. 5월 24일에 윤공희 대주교는 '광주시민들에 대한 하느님의 자비를 빌자'는 제목의 사목서한을 교구 구성원들에게 발송하여, 두려움에 떨고 있던 광주 시민들의 마음을 보듬고자 했습니다.

한국 교회 주교단은 5월 23일 모임을 통해 광주에서 벌어진 사태에 대한 우려를 표명하고, '호소문'을 제작·배포하여 전국의 신자들에게 기도와 관심을 요청했습니다. 김수환 추기경은 걱정과 위로의 마음을 담은 편지와 1,000만 원을 윤공희 대주교에게 보냈습니다. 전주교구는 5월 22일에 사제 총회를 열어 정부를 향한 항의 성명서를 발표하고, 광주의 상황이 담긴 유인물을 교구 내 성당에 배포했습니다. 또한 5월 23일에는 전주교구장 김재덕 아우구스티노 주교(1920~1988)의 집전으로 희생된 시민들을 위한 위령미사를 봉헌했습니다. 대구대교구 서정길 요한 대주교(1911~1987)는 5월 24일자 담화문을 통해 광주 시민들을 위해 기도와 구호금품 모집에 적극 참여해줄 것을 호소하기도 했습니다. 한편 광주대교구 김성용 프란치스코 신부(1934~)가 5월 26일에 광주를 탈출해 서울로 향했습니다. 광주의 진실을 알리기 위해 사건 일지를 만들고 녹음테이프를 만들어 시민들에게 배포하기 위해서였습니다. 이때 서울대교구 안충석 루카·김택암 베드로 신부 등 여러 교회 구성원들이 도움을 주었습니다. 이렇듯 한국 교회는 광주 시민의 아픔과 함께하려는 노력을 펼쳤습니다.

계엄군의 진압작전이 완료된 5월 27일 이후에도 한국 교회는 희생자들을 위로하고 진상 규명 및 책임자 처벌을 요구해왔습니다. 5·18민주화운동 직후, 목포 북교동성당에서 희생자를 위한 추모미사가 열렸습니다. 그것은 광주대교구에서 사제단의 공동 집전으로 봉헌된 최초의 5·18 추모미사였습니다.[267] 이를 파악한 보안사령부가 미사에 참석했던 사제들을 체포하기 위해 광주대교구청에 진입하기도 했습니다. 이후 신군부는 5·18민주화운동과 관련된 사제들을 연행·구금하는 일을 서슴지 않고 행했습니다. 그럼에도 불구하고 광주대교구 사제단은 6월 10일에 '광주사태의 진상'이라는 입장문을 발표하며 광주의 아픔을 함께하는 데 앞장섰습니다. 6월 25일에는 괴한 네 명이 전주교구 박창신 베드로 신부(1942~)에게 테러를 가하는 일도 벌어졌습니다. 그는 5·18민주화운동의 진상 규명을 위해 노력하던 사제였습니다. 광주 시민의 피를 밟고 출범한 전두환 정권의 서슬 퍼런 압박 속에서도, 광주대교구는 매년 5월 18일마다 광주 남동성당에서 5·18추도미사를 봉헌했습니다. 이로 인해 남동성당은 민주화운동의 성지(聖地)가 되어갔습니다.

주교회의 상임위원회는 6월 2일에 윤공희 대주교의 증언을 듣고 '최규하 대통령에게'라는 공한을 보내기도 했습니다. 다른 교구들에서도 광주를 돕기 위해 움직이기 시작했습니다. 전국의 교구들은 5월 23일에 개최된 주교회의 상임위원회가 결의한 바에 따라 광주

---

267 김희중, 2014, "5·18광주민중항쟁 34주기를 맞이하여", 『신학전망』 185, 5쪽.

를 위한 기도를 바치고 특별헌금을 거두었습니다.[268] 한편 주교회의는 1982년 부산 미국문화원 방화 사건으로 최기식 베네딕토 신부 (1943~)가 체포되자[269] 담화문을 발표하고, 그 사건은 5·18민주화운동에서 기인된 것이라는 점을 분명히 밝혔습니다.[270]

　1984년에 방한한 요한 바오로 2세 교황은 전두환 정권이 불편해하는 것을 알면서도 광주를 방문했습니다. 그리고 시민들을 학살한 신군부의 행동을 '죄악'이라 명명하고 광주 시민들을 위로해주었습니다. 교황이 공식적으로 광주 시민들을 위로하자, 방한 다음해인 1985년에는 광주대교구를 비롯하여, 서울대교구, 대구대교구, 인천교구, 전주교구, 원주교구, 안동교구에서 추모미사·기념행사가 열리는 등 5·18민주화운동을 추모하는 움직임이 전국의 교구에서 나타났습니다. 1986년에는 김수환 추기경이 '광주의 아픔은 민족의 한'이라는 담화문을 발표하여 5·18민주화운동 책임자들이 민족 앞에 죄를 고백해야 한다고 강조하기도 했습니다.[271] 이후 진상규명과 책임자 처벌을 요구하는 한국 교회의 움직임은 지금까지 계속되고 있

---

268 윤선자, 2012, "한국천주교회의 5·18 광주민중항쟁 기억·증언·기념", 『민주주의와 인권』 12(2), 17-18쪽.

269 부산 미국문화원 방화 사건은 1982년 3월 18일에 부산 지역 대학생들이 부산 미국문화원에 불을 지른 사건입니다. 그들은 5·18민주화운동 당시 신군부의 시민 학살행위를 묵인한 미국에 대한 반감이 방화 원인이었습니다. 이들 가운데 수배를 받던 학생들이 최기식 신부를 찾아왔고, 최기식 신부는 이들을 보호해주었고, 그들이 자수할 수 있도록 도와주었습니다. 하지만 전두환 정권은 범인은닉죄 등의 죄를 물어 최기식 신부를 연행했고, 법원은 국가보안법 위반 및 범인은닉죄 등을 적용하여 징역 3년, 자격정지 3년을 선고했습니다. 최기식 신부는 1983년 8월 12일 광복절 특사로 석방됐습니다.

270 윤선자, 2012, "한국천주교회의 5·18 광주민중항쟁 기억·증언·기념", 『민주주의와 인권』 12(2), 14쪽.

271 윤선자, 2012, "한국천주교회의 5·18 광주민중항쟁 기억·증언·기념", 『민주주의와 인권』 12(2), 19쪽.

습니다.

한편 광주대교구는 진상규명과 책임자 처벌을 넘어 광주의 정신을 이웃과 나눌 수 있는 계기를 만들어 갔습니다. 대표적인 사례가 2010년에 발족한 광주인권평화재단입니다. 광주대교구가 중심이 되어 발족한 이 재단은 "1980년 당시 광주와 비슷한 처지에 있는 지구촌의 이웃들과 소통하고 연대할 수 있는 조직"[272]으로서, "지역 사회를 넘어 국내와 지구촌의 평화, 그리고 인권증진을 위해 국제협력·국내협력·긴급구호·조사연구"[273] 등의 사업을 진행하고 있습니다. 이렇듯 한국 교회는 1980년 그날의 아픔을 딛고, 5·18민주화운동의 가치를 이웃과 전 세계에 확산시키는 데 앞장서고 있습니다.

5) 세상을 위로하는 교회

이처럼 한국 교회는 독재 정권으로부터 민주주의를 지키기 위해 언제나 앞장서왔습니다. 그것은 교회가 세상 속에 있고, 그 세상이 겪는 아픔이 곧 교회의 아픔이라는 제2차 바티칸공의회의 정신과 연결되어 있었습니다.[274] 하지만 1987년 6월 민주 항쟁이후, 한국 사회 안에 민주화가 어느 정도 제도적으로 안착되면서 한국 교회가 사회 문제의 전면에 나서는 일은 거의 없었습니다. 그것은 시민 단체를 중

---

272 김희중, 2014, "5·18광주민중항쟁 34주기를 맞이하여", 『신학전망』 185, 3쪽.

273 광주인권평화재단 홈페이지 http://www.ghpf.or.kr/?pn=business&_lang=ko

274 『사목헌장』 1항.

심으로 형성된 시민 사회가 국가와 자본 등 권력을 가진 집단을 견제하기 시작한 것으로부터도 영향을 받았다고 볼 수 있습니다. 이제 교회 대신 시민 사회가 나설 수 있게 되었기 때문입니다.

한편 산업화와 민주화의 성공은 시민들의 관심사를 일상 생활 문제로 확장시키는 효과를 가져왔습니다. 그래서 등장하게 된 흐름이 이른바 '신사회운동(new social movements)'입니다. 오늘날 여러분께서 쉽게 접하실 수 있는 환경·평화·반전·여성운동 등이 신사회운동에 해당됩니다. 보통 이러한 운동들은 시민단체를 중심으로 진행되어 왔기 때문에 교회가 나설 일이 별로 없었습니다.

하지만 1997년 외환위기 이후 한국 사회 전체가 신자유주의(Neo liberalism) 흐름에 급속히 편입되면서 상황이 변하기 시작했습니다. 신자유주의란 돈을 가진 사람이 자유롭게 투자하여 이윤을 얻을 수 있도록 국가가 간섭하지 않고, 더 나아가서는 그들이 더 많은 이윤을 얻을 수 있도록 편의를 제공해줘야 한다는 논리를 말합니다. 이 흐름은 1980년대부터 서유럽에서 시작되었습니다. 그것은 20세기 중반을 지배했던 케인즈주의(Keynesian economics) 즉, 국가의 적극적인 개입을 통해 시장의 불안정성을 제거하려는 노력이 생산성을 약화시키고 오히려 경기 불황을 초래하고 있다는 비판을 등에 업고 등장했습니다. 자본주의 사회에서 자본이 으뜸이 되는 경향은 일면 자연스러운 것으로 보이지만, 그것이 인간의 삶을 파괴하는 것에 대해서는 윤리적 비판이 일어날 수 있습니다. 그래서 자본이 노골적으로 이윤을 추구하는 경우는 드물었습니다. 하지만 신자유주의는 노골적으로 자본의 이윤 추구 경향을 보였습니다.

이런 신자유주의가 외환위기 이후 한국 사회에 전면 도입되었습니다. 외환위기를 틈타 한국의 경제 주권을 갖게 된 국제통화기금(IMF)이 노동 유연화와 자본의 자유로운 이동이라는 신자유주의의 이념을 한국 사회에 이식시켜 놓았던 것입니다. 이로 인해 한국 사회는 양극화가 심해졌습니다. 또한 이를 계기로 국가가 주도하는 대규모 개발 사업들이 나라 곳곳에 추진됩니다. 국책 사업이라는 명목으로 개발 사업들이 진행되면서 그 지역에 살던 주민들이 고통을 당하는 경우가 빈번하게 발생했습니다. 대표적인 사업이 제주해군기지 건설 사업이었습니다.

한국 교회는 제주교구를 중심으로 해군기지 반대운동을 펼쳤습니다. 특히 강정마을이 사업부지로 선정된 2007년부터 구럼비(강정마을을 상징하는 해안가 용암지대)가 파괴된 2012년, 해군기지가 준공된 2016년 그리고 현재까지 공권력에 의해 고통받아온 강정마을 주민들을 위로하고 함께 아파했던 것은 교회였습니다.[275] 제주해군기지 반대운동은 한국 교회가 다른 지역에서 벌어지는 개발 반대운동에도 함께 참여할 수 있도록 이끌어준 마중물이 되었습니다. 교회 구성원들은 밀양 송전탑 건설을 맨몸으로 막아서고 있었던 할머니들과 함께하고, 성주 소성리 마을 주민들과 함께 사드(THAAD)배치 반대운동에 함께 하기도 했습니다. 교회가 국가의 주도 아래 진행된

---

275 천주교회의 제주해군기지반대운동에 대해서는 다음을 참고하세요. 김선필, 2018, "한국 천주교회의 제주해군기지 반대운동 전개과정과 신학적 함의", 『신학전망』 201.

대규모 개발 사업으로 고통 받는 주민들과 함께 하기 시작하면서 그 역할은 자연스럽게 늘어났습니다.

특히 2014년에 온 국민을 충격으로 몰아넣었던 세월호 침몰사고에서 한국 교회의 역할은 더욱 두드러졌습니다. 자식을 잃은 슬픔에 가득 찼던 유가족을 위로하기 위해 성직자가 팽목항에 상주하고, 정신적 트라우마를 겪게 된 국민들을 치유하기 위해 광화문광장에서 세월호 희생자 추모 미사를 지속적으로 열었습니다. 나아가 다시는 이런 비극이 벌어지지 않도록 국가 시스템을 고치기 위한 캠페인도 진행했습니다. 교회가 유가족과 국민들을 위로한 결정적인 사건은 그해 8월에 방한한 프란치스코 교황이 광화문 광장에 모인 유가족들을 위로하는 모습이었습니다. 많은 사람들이 그 모습을 보고 눈물을 흘렸고 위로를 받을 수 있었습니다.

세상 속에서 고통 받는 사람들을 위로하는 한국 교회의 모습은 2016년에 있었던 국정농단 사건에서도 드러났습니다. 많은 국민이 국정농단 사건에 분노하며 촛불을 들고 민주주의의 가치를 되새길 때, 우리 나라에 민주주의가 바로 설 수 있도록 한국 교회도 국민들과 함께했던 것입니다.

최근에는 이웃 국가의 아픔에도 적극적으로 함께하는 모습을 보여주고 있습니다. 군부 쿠데타로 고통을 겪고 있는 미얀마 국민들을 위해 한국 교회가 나서고 있는 것입니다. 주교단은 성명을 발표하여 한국 교회가 미얀마 국민들의 슬픔과 아픔에 함께하며 연대한다는 점을 분명히 했고,[276] 서울대교구장 염수정 추기경은 미얀마 청년들을 만나 위로하고 교구 신자들에게 미얀마를 위해 9일기도를 바쳐 줄 것을 촉구했습니다. 다른 교구와 단체들도 미얀마의 민주화를 위한 미사를 봉헌하거나 재정 지원을 위한 모금 활동을 펼치고 있습니다.

이러한 세상 속 교회의 모습은 한국 사회의 신사회운동과도 결합되는 모습을 보이고 있습니다. 특히 하느님께서 창조하신 환경을 보호하기 위한 노력들이 두드러졌습니다. 한국 교회는 '4대강 사업'에 반대하기도 하고, 원전 문제에도 관심을 기울였습니다. 2015년 반포된 프란치스코 교황의 회칙『찬미받으소서(*Lautato Si'*)』는 한국 교회 구성원들이 환경 문제에 더욱 관심을 갖도록 만들었습니다. 이러한 보편 교회의 흐름에 따라 한국 교회도 환경과 생태질서 보전을 위한 여러 가지 노력들을 펼치고 있습니다.

그런데 우리는 한 가지 질문을 던지게 됩니다. 교회와 시민 단체가 다른 점은 무엇일까요? 교회의 사회참여는 "기쁨과 희망(Gaudium et Spes), 슬픔과 고뇌, 현대인들 특히 가난하고 고통 받는 모든 사람의 그것은 바로 그리스도 제자들의 기쁨과 희망이며 슬픔과 고뇌이다"[277]라고 선언한 제2차 바티칸공의회 정신에 기초하고 있습니다. 그러나 그것은 "그리스도 제자들"이 아닌 비신자들도 할 수 있는 공

---

276 한국 천주교 주교단, 2021, 『미얀마 사태를 접하는 한국 천주교 주교단 성명서』(2021.03.11.), 한국천주교주교회의 · 한국천주교중앙협의회.

277 『사목헌장』 1항.

감이며, 어쩌면 그들은 교회보다도 '시대의 징표(signum temporis)'를 더 잘 읽어낼 수 있습니다. 그렇다면 교회는 시민 단체일까요? 이 질문에 대해 답변을 드리자면, 결코 아닙니다. 『사목헌장』 1항은 다음과 같이 계속 말하고 있습니다.

> 그리스도 안에 모인 그들은 하느님 아버지의 나라를 향한 여정에서 성령의 인도를 받으며, 모든 사람에게 선포하여야 할 구원의 소식을 받아들였다. 따라서 그리스도 제자들의 공동체는 인류와 인류 역사에 긴밀하게 결합되어 있음을 체험한다.

그렇습니다. 교회는 복음을 받아들인 그리스도의 제자들의 공동체라는 점에서 시민단체와 근본적으로 다른 조직입니다. 만약 교회가 사회운동 자체를 목적으로 삼게 된다면, 짠맛을 잃은 소금처럼 밖에 내버려져(마태 5,13 참조) 존재 가치를 잃게 될 것입니다. 따라서 교회는 세상 속 문제에 개입할 것인지 말 것인지 선택해야 할 때, 그리고 만약 개입하기 시작했다면 그 과정에서 자신이 그리스도 제자들의 공동체라는 점을 자각하고 드러낼 필요가 있습니다.

　교회 구성원들이 그리스도 제자들의 공동체라는 점을 충분히 인식한다면, 그들을 좌파, 우파로 나누어 판단하는 것이 얼마나 부질없는 일인지 이해할 수 있습니다. 교회는 정치 조직이 아니라, 예수께서 알려주신 복음을 선포하고 실천하는 그리스도 제자들의 공동체이기 때문입니다. 따라서 교회 구성원들의 생각과 말과 행위는 정치적 성향에 따라 평가되어서는 안 됩니다. 오히려 그들의 생각과 말과 행위가 얼마나 복음적인지 또 그것이 교회의 가르침과 얼마나 일치하는지를 고려하여 신중하게 평가되어야 할 것입니다. 그렇기에 교회는 오해를 받을 수 있고, 지지를 받을 수도 있습니다. 하지만 그러한 사회적 시선들에 교회가 좌지우지될 필요는 없습니다. 중요한 것은 교회가 자신의 모습을 복음과 교회의 가르침에 비추어 보며, 세상 속에서 빛과 소금의 역할을 다하면 된다는 점입니다. 한국 교회는 그 역할을 잘 수행해 왔고, 앞으로도 잘 수행해 나갈 것이라 믿고 있습니다.

다. 하느님 백성의 발견, 공동합의적 교회 쇄신을 향한 한국 천주교회의 여정

앞서 말씀드렸듯이, 제2차 바티칸공의회 이전까지 교회는 성직자 이외의 구성원들을 '하느님 백성'으로 지칭하고, 교회를 '가르치는 교회'(교계제도)와 '배우는 교회'(하느님 백성)로 구분해왔습니다. 하지만 제2차 바티칸공의회는 이분법적인 구분을 없애고, 성직자를 포함한 교회 구성원 모두가 한 '하느님 백성'임을 명시하였습니다. 이를 계기로 평신도 역할이 주목받게 되었고, 성직자와 평신도가 서로 조화를 이루며 교회 운영에 참여할 수 있는 방안에 대한 논의가 지속되어 왔습니다.

공의회가 끝난 지 50년이 훌쩍 지난 2019년에 이와 관련하여 주목할 만한 책이 우리 나라에 출판되었습니다. 한국천주교주교회의에서 교황청 문헌을 번역한 것인데, 그 문헌의 제목은 『교회의 삶과 사명 안에서 공동합의성』[278]입니다. 이 문헌은 교황청 국제신학위원회가 2018년에 발표하였습니다. 교황청 국제신학위원회는 1969년에 설립된 교황청 신앙교리성 산하 위원회로서, 천주교 교리와 관련된 현안들을 검토해 교회의 입장을 정립하는 임무를 맡고 있습니다. 따라서 그곳에서 발간되는 문헌들은 교황청이 공인한 일종의 신학 교과서 역할을 한다고 볼 수 있습니다. 그런데 '공동합의성(Synodalitas)'을 다룬 문헌이 교황청 국제신학위원회를 통해 발표되었다는 것은 그 개념이 교황청과 천주교회의 현안으로 부각되어 있다는 점을 보여줍니다.

그렇다면 '공동합의성'이란 무엇일까요? 공동합의성의 그리스어 표현은 '쉬노도스(σύνοδος)'이며, 그것은 '쉰(συν, 함께)'과 '호도스(ὁδός, 길)'의 합성어입니다. 즉, 공동합의성은 '함께 걷는 길'을 의미합니다. 그렇다면 누가 함께 길을 걷는 것일까요? 그것은 '하느님 백성' 개념을 재해석한 제2차 바티칸공의회의 교회론에 담겨 있습니다. 공동합의성은 '하느님 백성'이 신앙의 여정을 함께 걸어가는 것을 의미하기 때문입니다. 이 개념은 교회를 운영하는 과정에서 자주 문제시되었던 성직자중심주의 즉, 평신도의 의견을 배제한 성직자중심의 일방적인 교회 운영방식을 극복하기 위해 제시되었습니다.

---

[278] 교황청국제신학위원회, 2019, 『교회의 삶과 사명 안에서 공동합의성』, 한국천주교중앙협의회.

다시 말해 공동합의성은 성직자가 하느님 백성의 또 다른 일부인 수도자와 평신도의 의견을 충분히 경청한 다음, 하느님 백성의 대표로서 결정을 내려야 한다는 사실을 알려줍니다.[279] 이에 대해 프란치스코 교황은 다음과 같이 말하고 있습니다.

공동합의성(Synodalitas), 곧 시노드의 여정은 하느님이 삼천년기 교회에 바라는 길이다. 공동합의에 바탕을 둔 시노드 교회는 듣는 교회로서 주의 깊은 청취는 그냥 듣는 것 이상이며, 사려 깊은 듣는 행위를 통해 서로 배울 수 있다.[280]

함께 걷는다는 것, 다시 말해 공동합의성을 살아간다는 것은 천주교회의 교계 질서를 재편하자는 것이 아닙니다. 공동합의성에 기반을 둔 교회 쇄신은 "평신도를 의사결정에서 제외시키는 지나친 성직주의의 유혹을 언제든 피하면서, 평신도를 성직자처럼 만들거나 성직자들을 세속화하지 않고, 각자의 선물과 역할에서 출발하여, 복음화를 위한 증언에서 모든 이의 상호 협력을 강화"[281]하는 것을

---

279 이점에서 천주교회는 민주주의 제도와 분명한 차이를 보입니다. 민주주의는 다수결의 원리에 의지하지만, 천주교회는 다수결이 아니라 예수께서 선포하신 복음을 통해 움직이기 때문입니다. 더욱이 교회의 역사를 보면 "신앙을 올바로 실천하고 증언한 이들은 흔히 다수가 아니라 소수"였습니다. 이점에서 교회는 민주주의가 추구하는 가치를 존중하지만, 그것보다 교회 안에 주어진 신적인 권위를 신앙 안에서 더 우선적으로 받아들입니다(교황청 국제신학위원회, 2016, 『교회 생활에서의 신앙 감각』, 한국천주교중앙협의회, 114항, 118항).

280 2015년 10월 17일 제2차 주교 시노드 개막 연설; 황경훈, 2017, "교회의 의사결정 구조, '공동합의성'을 돌아보다", 『가톨릭평론』 12, 38-39쪽에서 재인용.

281 교황청 국제신학위원회, 2019, 『교회의 삶과 사명 안에서 공동합의성』, 한국천주교중앙협의회, 99항.

의미합니다. 따라서 오늘날 하느님 백성이 목표로 하는 교회는 성직자 위주의 교회도, 평신도 중심의 교회도 아닙니다. 오히려 "평신도와 성직자 모두가 그리스도를 통해서 드러난 하느님의 뜻을 따르고 (순명), 서로의 역할을 존중하고 받아들이는 자세(겸손)를 지니는 교회"를 지향합니다.[282]

제가 볼 때, 한국 교회는 공동합의성을 이미 살아가기 시작했다고 생각합니다. 그 대표적인 행사가 1980년대 초반에 열린 '200주년 기념 사목회의'였습니다. 여기서는 다양한 구성원들의 목소리가 의제로 설정되고 토의되었으며, 그 결과는 『200주년 기념 사목회의 의안』에 담겨졌습니다. 그리고 그 『의안』의 내용은 한국 교회 지역 교회 법전인 『한국 천주교회 사목 지침서』에 반영되었습니다. 하지만 사목회의 이후 있었던 진통들은 공동합의적 교회 쇄신을 위한 한국 교회의 도전이 200주년 기념 사목회의라는 단발성 행사로 끝나는 것이 아니라, 지속적인 노력 속에서 점진적으로 성취되어 가는 것임을 알려주고 있습니다.

1) 200주년 기념 사목회의, 공동합의적 교회 쇄신을 위한 모범 사례

앞서 살펴보았듯이, 교회를 새롭게 바라본 공의회의 영향에 따라 평신도의 역할이 주목받게 되었고, 그 결과 교회 내에서 평신도의

---

[282] 손희송, 1995, "어제와 오늘의 평신도", 『가톨릭 신학과 사상』 13, 27쪽.

활동이 활성화될 수 있었습니다. 그것은 다양한 요인들에 의해 공고해진 성직자와 평신도의 수직적 관계에 영향을 미쳤고, 한국 교회 안에서도 변화가 감지되기 시작했습니다. 그것은 1984년에 개최된 '200주년 기념 사목회의'와 함께 더욱 탄력을 받게 되었습니다. 1984년은 한국 천주교회 창립 200주년이 되는 해였습니다. 이를 기념하여 한국 교회는 교회 구성원들의 의견을 듣고, 앞으로 교회가 나가야할 방향을 모색하기 위해 200주년 기념 사목회의를 개최했습니다. 그런데 200주년 기념 사목회의는 한국 교회사에서 기념비적인 행사로 기억될 필요가 있습니다. 그것은 전국의 성직자·수도자·평신도가 모두 모여 한국 교회가 당면한 문제를 토의하고, 결정된 내용 가운데 일부를 주교회의가 지역 교회 법전에 반영한 한국 교회 최초의 전체 회의였기 때문입니다.

사실 한국 교회의 역사를 돌아보면, 여러 차례 교회 회의가 열렸습니다. 조선대목구였던 1857년에는 베르뇌 주교가 처음으로 1차 주교회의[283]를 개최했고, 1868년에는 중국 요동 차쿠(岔溝)에서 열린 교구회의가, 1884년에는 블랑 주교가 개최한 교구회의가 열렸습니다. 한편 1911년에 서울대목구와 대구대목구가 분할되고, 1920년에 원산대목구, 1927년에 평양지목구가 설립되었습니다. 또한 1917년에는 교황 베네딕토 15세(PP. Benedictus XV, 재위 1914~1922)가 『교회법전』을 반포했습니다. 이러한 대내외적인 변화에 따라 한국 교

---

283 1857년 3월 15일에 베르뇌 주교가 다블뤼 신부를 보좌 주교로 서품한 뒤 회의를 개최함으로써, 한국 최초의 주교회의가 열리게 되었습니다.

회는 전체 교구(대목구, 지목구)가 한데 모이는 지역 공의회를 개최할 필요가 있었습니다. 이를 계기로 조선대목구 설정 100주년을 맞은 1931년에 공의회가 열렸는데, 그것이 '조선지역공의회'(2차 주교회의)였습니다. 이때 만들어진 한국 지역 교회 법전이 『한국 천주교 공용 지도서(Directorium Commune Missionum Coreae)』(1931)입니다. 그러나 당시까지 개최된 교구 회의나 지역 공의회는 성직자가 중심이 되어 주요 사안을 논의하고 결정하는 형태로 진행되었습니다.

하지만 200주년 기념 사목회의는 성격이 달랐습니다. 제2차 바티칸공의회의 결정에 따라 성직자와 평신도는 같은 '하느님 백성'으로 다시 정의되었고, 모든 구성원들의 목소리가 교회 운영에 반영될 필요가 있었습니다. 이를 위해 200주년 기념 사목회의는 다양한 노력을 기울였습니다. 사목회의 의제를 마련하기 위해 교회 내 각계각층의 의견을 수렴하는 과정을 거쳐 313개의 제안을 모았고, 그것을 교회 쇄신(내성, Ad intra)과 세상과의 대화(대화, Ad extra)로 구분하여 12개의 의제로 정리했습니다. 구체적으로 교회 쇄신과 관련한 의제는 성직자, 수도자, 평신도, 전례, 신심운동, 지역사목, 교리교육, 가정사목, 특수사목, 교회운영이었고, 세상과의 대화와 관련된 의제는 선교 및 사회였습니다. 각 의제는 1년 동안 200차례의 분과회의, 간담회, 세미나, 연수회 등을 통해 검토되었고, 이를 통해 마련된 의안 초안은 각 교구별 사목회의를 통해 재검토되었습니다. 재검토된 각 『의안』은 사목회의 대의원의 투표를 통해 승인되었습니다. 또한 구체적인 내용은 1995년에 발간된 한국 지역 교회 법전 즉, 『한국 천

주교회 사목지침서』에 반영되었습니다.[284]

2) 공동합의적 교회 쇄신을 위한 한국 천주교회의 진통

한국 교회는 200주년 기념 사목회의를 통해 공동합의성을 십분 발휘했습니다. 하지만 공동합의적 교회 쇄신은 한 번에 이루어지는 것이 아니었습니다. 비록 제2차 바티칸공의회가 교회 내 구성원들의 역할을 새롭게 바라볼 수 있게 해주었지만, 그것이 실제 지역 교회에 반영되기 위해서는 시간이 필요했던 것입니다. 그것은 한국 교회라고 예외가 아니었습니다. 주지하듯, 한국 교회는 공의회가 끝나자마자 평협을 설립하고 평신도의 날을 지정했으며, 평신도 강론을 허락하는 등 평신도 사도직을 장려했습니다. 하지만 공의회가 왜 그런 고민을 했는지 깊이 숙고되지 않은 채, 결과만 갑자기 받아들이게 되면서 구성원 간에 혼란이 벌어지게 되었습니다. 즉, 공의회가 제시한 교회론에 대한 이해가 부족한 상황에서 평신도와 성직자 사이에 긴장과 갈등이 빈번하게 발생하게 된 것입니다. 한 평신도 지도자는 당시 상황을 다음과 같이 묘사했습니다.

성직자나 평신도나 제2차 바티칸공의회의 정신을 올바로 인식하지 못한

---

284 한국천주교주교회의, 2012(제2판), 『한국 천주교 사목 지침서』, 한국천주교중앙협의회. 구체적인 반영 내용은 이 책의 각주 310번을 참고하세요. 한편 200주년 기념 사목회의 구체적인 평가는 다음을 참고하세요. 정의채, 1994, "성직자", 『한국 교회 선교 200주년 기념 사목회의 의안 해설집』, 심상태 엮음, 한국그리스도사상연구소.

데서 문제가 발단했다. 평신도는 공의회의 영향으로 성직자와 대등한 입장이 되었다는 인식들이었고, 성직자는 그 동안 교회 내에서 확고부동했던 우위 전통이 무너지는 게 아니냐는 기우를 갖게 되어 평신도사도직 운동을 좋지 않게 보았다. 성직자들의 반발을 살 수밖에 없었던 것은 성직자들의 탓으로 돌리기 이전에 진보주의자로 자처하는 일부 '과격파 신자'들의 월권행위에도 그 원인이 없지 않았다. 그들은 본당 신부는 사목만 담당하고 본당재정은 평신도들에게 넘기라고 주장했으며, 실제로 그것이 시행된 본당도 있었다. 일이 이렇게 되자 김수환 추기경은 신부 대표와 평신도 대표를 한 자리에 초청하여 공의회 문헌에 정통한 신부로 하여금 평신도 사도직 운동이 본당 재정에 간섭하는 것이 아님을 규명케 하기도 했다.[285]

이러한 긴장은 한국 평협[286]과 주교단 간의 갈등으로 드러나게 되었습니다. 양자 간에 갈등이 처음 드러난 것은 1978년에 있었던 주교회의 상임위원회의 결정이었습니다. 당시 한국 평협은 교구 단위를 넘어 전국 조직으로 활동을 펼치고 있었습니다. 그런데 이에 대해

---

285 한국천주교평신도사도직협의회, 1988, 『한국천주교 평협이십년사』, 307-308쪽. 사실 한국 교회가 공의회 정신을 적극 수용하려고 했지만, 그것이 일반 신자들에게 전파되는 데는 시간이 걸렸습니다. 1971년경 신자들을 대상으로 한 조사에서는 응답자의 51.7퍼센트가 공의회 정신의 실천 및 보급문제가 심각하다고 보고 있었습니다(서강대학교사회문제연구소, 1971, 『한국가톨릭종교사회조사보고서 제II부 질문지조사결과』(1971.12.01.), 83쪽). 한편 1987년에 실시된 한 조사에 따르면, 신자들 가운데 공의회 문헌을 제대로 읽은 사람은 2퍼센트에 불과했습니다(김녕, 2005, "독재, 산업화, 그리고 민주화와 한국 가톨릭교회". 『한국 근·현대 1000년 속의 가톨릭교회(중)』, 가톨릭출판사, 357쪽; 노길명·오경환, 1988, 『가톨릭 신자의 종교의식과 신앙생활』, 가톨릭신문사, 139쪽).

286 당시 평협은 한국 평협 즉, 한국천주교평신도사도직협의회와 교구 평협으로 구분되어 있었고, 한국평협은 전국 교구 평협들의 대표기구 성격을 가지고 있었습니다.

상임위원회가 제동을 걸고 나선 것입니다. 그것은 천주교회 조직의 운영체제를 이해할 필요가 있습니다. 천주교회는 교황을 중심으로 구성된 하나의 단일 조직으로 보이지만, 실제 교회를 운영하는 단위는 교구입니다. 교구의 교구장은 교황과의 친교를 전제로, 교구 내의 입법·사법·행정을 관할하는 재치권을 가지고 있습니다. 따라서 교구에서 활동하는 모든 구성원과 단체는 교구장의 가르침, 즉 교도권에 따라야 합니다. 그런데 한국 평협은 교구장의 관할 범위를 넘어서는 전국 조직의 성격으로 활동을 하고 있었습니다. 이에 주교회의 상임위원회는 한국 평협이 천주교회의 운영체제로부터 벗어나고 있는 것으로 판단하고, 한국 평협을 교구 단위로 환원시키는 결정을 내렸던 것입니다. 하지만 당시 한국 평협 담당이었던 김재덕 총재주교가 상임위원회의 결정에 적극 반대하면서 전국 조직으로서 한국 평협의 성격은 그대로 유지될 수 있었습니다.

하지만 이러한 긴장은 1985년에 다시 수면 위로 올라오게 됩니다. 새로 꾸려진 한국 평협 운영진이 주교회의에 건의문을 올리게 된 것이 발단이었습니다. 한국 평협은 건의문을 통해 200주년 사목회의 의안 실천 촉구, 주교회의 의장이 한국 평협 총재가 되어줄 것, 본당 사목 기구 명칭 통일, 복음적 응답에 필요한 사회 교서 촉구, 교회 종사자 처우 개선과 신분 보장[287] 등을 주교회의에 요청했습니다. 그런데 여기서 문제가 된 것은 주교회의 의장이 한국 평협의 총재가

---

[287] 한국천주교평신도사도직협의회, 1988, 『한국천주교평협이십년사』, 216-218쪽.

되어달라는 요구였습니다. 그것은 사실상 한국 평협이 교구장의 관할 범위를 벗어나겠다는 의미가 담겨 있었기 때문입니다. 그래서 이 건의문을 계기로 한국 평협의 성격을 두고 교회 내 긴장이 다시 고조되었습니다.

특히 건의문을 받아든 주교들의 입장이 강경해졌습니다. 한 주교는 "교구장이나 본당신부들을 제쳐놓고 따로 평신도들에게 직접 말할 수 있는 것은 아무것도 없어야 하는 것이 교회의 생활양식"이라고 말하기도 했습니다.[288] 결국 주교회의는 1986년과 1987년 두 해 동안 한국 평협의 성격을 교구장 중심의 천주교회 운영체제에 맞게 수정하게 됩니다. 예를 들어 주교회의는 한국 평협이 각 본당에 직접 지시·협조 사항을 보내지 말고, 각 교구 평협으로 보내도록 결정했던 것입니다.[289] 특히 주교회의는 1987년 3월에 열린 춘계 정기총회에서 한국 평협의 성격을 근본적으로 수정했습니다. 주교회의는 기존에 적용되던 한국 평협 회칙의 효력을 중단시키고, 새로운 회칙이 승인되기 전까지 한국 평협의 활동을 중단시켰습니다.[290]

결국 새로운 회칙은 1987년 11월에 열린 추계 주교회의에서 인준되었습니다.[291] 새 회칙은 "한국 평협이 중앙집권적이 아닌, 각 교구

---

288 사회사도직연구소 편, 2011, 『한국평협 40주년 백서』, 한국천주교 평신도사도직단체협의회, 89쪽.

289 물론 주교회의는 본당 사목 기구 명칭과 관련된 한국 평협의 의견을 받아들여, 사목기구를 '사목협의회'로, 본당 평신도 회장의 명칭을 '평협 회장'으로 통일하는 결정을 내리기도 했습니다(한국천주교중앙협의회, 1987, 『회보』 41(1987.12.)).

290 한국천주교중앙협의회, 1987, 『회보』 41(1987.12.), 9쪽.

291 한국천주교중앙협의회, 『회보』 44(1988.08.).

평협과 단체들의 활동을 촉진시키는 협의체의 성격을 부각시킨 것이 특징"[292]이었습니다. 하지만 한국 평협은 주교회의의 결정에 찬성할 수 없다는 취지의 입장문을 각 교구 평협 회장에게 발송하는 등 반발을 이어갔습니다.[293] 이로 인해, 주교회의에서 인준된 1987년 한국 평협 회칙은 실효성을 잃어버렸습니다. 이러한 긴장은 1988년 5월 새로운 임원진으로 구성된 한국 평협 임시총회에서 수정 회칙이 통과되고, 1989년 3월에 열린 주교회의 춘계 정기총회에서 주교단이 수정 회칙을 인준하면서 일단락되었습니다.[294] 이에 따라 한국 평협은 전국 단위의 중앙집권적 성격이 아닌 교구 단위 평협 간 협의체로 성격이 전환되었습니다.

이러한 교회 안의 긴장은 공의회가 제시한 새로운 교회론이 한국 교회 안에서 구체적으로 실현되는 과정에서 벌어진 일이었습니다. 변화에는 진통이 따르므로, 그러한 긴장은 어찌 보면 자연스러운 것이었습니다. 따라서 그것을 부정적으로만 바라볼 필요는 없습니다. 사실 교회 안에는 예수께서 복음을 선포하던 시절부터 긴장과 갈등이 존재해왔습니다. 우리가 주목해야 할 것은 긴장과 갈등의 존재여부보다는 그것을 해결해나가는 방법에 있습니다. 그 해결책은 이미 예수의 가르침 즉, 복음에 제시되어 있을지도 모릅니다. 교회가 복음에 기초해 세워졌다면, 긴장과 갈등을 풀어가는 해법도 복음에

---

292 한국천주교평신도사도직단체협의회, 2019, 『한국 천주교 평협 50년사』, 31쪽.

293 한국천주교 평신도사도직협의회, 1999, 『한국천주교평협삼십년사』, 201-203쪽.

294 한국천주교중앙협의회, 1989, 『회보』 51, 6쪽.

담겨 있을 것이기 때문입니다. 복음은 그리스도를 믿는 모든 사람들이 하느님의 자녀이자, 그리스도 안에서 형제자매라고 말합니다. 그 정신에 따라 교회 안에 존재하는 긴장과 갈등을 해결해 나가려고 노력한다면, 하느님 보시기에 맞갖은 교회 공동체를 가꾸어 나갈 수 있을 것이라 기대합니다.[295]

3) 하느님 백성과 함께 걷는 한국 천주교회

2019년에『교회의 삶과 사명 안에서 공동합의성』문헌이 번역·출간된 이후, 한국 교회 안에도 공동합의성 개념이 자주 소개되고 있습니다. 예를 들어 2019년 10월에는 서울대교구 평신도사도직단체협의회 주최로 "누구를 위한 누구의 교회인가, 하느님 백성의 공동합의성 실현"이라는 세미나가 열리는가 하면, 11월에는 광주대교구 평신도사도직협의회가 "우리 시대가 요청하는 평신도 사도직"이라는 주제의 심포지엄을 열어 공동합의성을 논의했습니다. 교구장 주교들의 신년 사목교서에도 공동합의성 개념이 자주 언급되고 있습니다. 예를 들어 대전교구장 유흥식 라자로 대주교(1951~)는 2020년을 "소통과 친교를 이루는 교구 공동체"로 선포하면서 "하느님 백성인 사제·수도자·평신도들은 공동합의성을 통해 자신의 영역을 넘어 갈라진 교회와의 일치, 더 나아가 교회와 세상이 성령의 인도하에 함께

---

295 손희송, 1995, "어제와 오늘의 평신도",『가톨릭 신학과 사상』13, 26–27쪽.

완성을 향해 걸어가야"[296] 한다고 교구민들에게 권고했습니다. 광주
대교구장 김희중 대주교는 2021년 교구장 사목교서를 통해 2020년
부터 2022년까지 실시하는 '3개년 특별 전교의 해' 동안 특별히 "하
느님의 백성이 함께 걸어가는 여정"에 주목하자고 제안하였으며,[297]
의정부교구장 이기헌 베드로 주교(1947~) 역시 사목교서를 통해 교
구 구성원들에게 "공동합의성의 정신을 구현하는 사목"을 펼칠 것을
권고했습니다.[298]

　이렇듯 공동합의성에 대한 한국 교회의 관심은 공동합의적 교회
쇄신의 필요성에 공감하는 구성원들이 한국 교회 내에 많다는 사
실을 보여줍니다. 한국 교회의 조직문화는 천주교회만의 독특한 교
회론에 영향을 받아왔습니다만, 그것뿐만 아니라 한국 사회와 함
께 한 240여 년의 시간동안 펼쳐진 한반도 정세, 한국 문화 등 다양
한 요인들에 의해 영향을 받으며 지금의 모습을 만들어왔습니다. 여
러 가지 부족한 점이 보일 수 있지만, 이제 한국 교회는 오래된 미래
였던 '공동합의성'이라는 화두를 가지고 보다 민주화된 한국 사회
에서 새롭게 변화할 준비를 하고 있습니다. 한국 교회가 하느님 보시
기에, 그리고 동료 시민·이웃들이 보기에 좋은 몫을 택할 수 있도록
따스한 격려와 관심이 필요한 시점인 것 같습니다.

---

296 유흥식, 2019, 『2020년 사목교서』(2019.12.01.), 천주교 대전교구.

297 김희중, 2020, 『'3개년 특별 전교의 해'(2020~2022) 교구장 사목교서』(2020.11.29.), 천주교 광주대
　　교구.

298 이기헌, 2020, 『2021 교구장 사목교서』(2020.11.29.), 천주교 의정부교구.

지금까지 우리는 제2차 바티칸공의회 폐막이후부터 현재까지 걸어온 한국 교회의 여정을 돌아보았습니다. 제2차 바티칸공의회는 교회 내외적으로 거대한 변화를 불러왔습니다. 그것은 한국 교회에 도전으로 다가왔습니다. 한국 교회는 공의회 정신에 따라 다양한 노력을 펼쳤습니다. 비록 미진한 부분이 있었더라도 변화를 위한 그 장대한 흐름은 지금도 변하지 않고 있습니다.

　제2차 바티칸공의회는 세상과 담을 쌓고 고립을 선택했던 과거와는 달리, 교회가 세상 속에 있다는 점을 분명히 했습니다. 그것은 세상의 고통을 자신의 것으로 받아들인다는 선언이었기에, 그 정신을 받아들인 한국 교회는 독재 정권과 맞서 싸우고 고통 받는 사람들을 위로해주는데 자기 몸을 아끼지 않았습니다. 그것은 한국 교회가 한국 사회의 일원이 되는 것을 넘어 한국 사회를 품으로 껴안을 정도로 성숙해졌다는 것을 의미했습니다. 그러자 사람들은 교회가 자신들의 고통에 눈감지 않고 있다는 것을 알아채고 교회로 모여들었습니다. 교회는 위로가 필요한 사람들의 위로처요, 안식이 필요한 사람들의 안식처로서 빛과 소금의 역할을 다하고 있었던 것입니다.

　한편 공의회는 '가르치는 교회'와 '배우는 교회'의 구분으로 경직되어 있었던 교회 구성원들의 관계를 새롭게 해석했습니다. 직무상의 차이로서 위계가 분명히 존재하지만, 더 근본적으로는 모든 형제·자매들이 같은 하느님 백성으로서 하느님 나라를 향해 함께 걸어간다는 점을 드러낸 것입니다. 이러한 변화는 한국 교회에도 영향을 미쳐서 평신도들의 활동이 장려되고 활성화 되었습니다. 그리고 그것은 1984년 '200주년 기념 사목회의'를 통해 꽃을 피웠습니다. 하지만 하느님 백성이 함께 하느님 나라를 향해 걸어가는 것, 즉 공동합의적 교회 쇄신을 추구하는 것은 일회적인 행사를 통해 가능한 것이 아니었습니다. 한국 교회는 구성원들 사이에 긴장과 이완을 반복하며 함께 하느님 나라를 향해 걸어가기 위한 노력을 게을리 하지 않고 있었던 것입니다. 그렇게 한국 교회는 쇄신과 도전을 멈추지 않고 있었습니다.

3부

기쁨과 희망의
교회를 향하여

8. 21세기 한국 천주교회의 도전

새롭게 시작된 21세기. 인류는 새로운 세기를 맞이하며 많은 기대를 품었지만, 각종 테러와 기후위기, 코로나바이러스감염증-19(이하 코로나19) 팬데믹 등과 같은 여러 위기에 직면하고 있습니다. 한국 교회도 마찬가지입니다. 2000년 대희년을 맞아 기쁨에 젖어 있던 한국 교회는 예상하지 못했던 여러 어려움들에 직면하게 되었습니다. 그렇다면 오늘날 한국 교회가 직면하고 있는 어려움들은 어떤 것들이 있을까요? 한국 교회는 이런 어려움들을 어떻게 극복해 나갈 수 있을까요? 이 땅 위에 하느님 나라의 "기쁨과 희망"을 실현하고자 쉼없이 달려온 한국 교회를 응원하는 마음으로, 한국 교회가 처한 어려움들과 그 안에서 발견되는 희망을 함께 살펴보고자 합니다.

가. 교회의 성장과 위기, 희망

1) 순교자의 피로 성장한 한국 천주교회

한국 교회는 1784년에 창립되었습니다. 천주교를 서학(西學), 즉 학문으로 받아들인 남인 계열 학자들이 천주교를 신앙으로 받아들이기 시작한 시점입니다. 우리 나라 최초의 천주교 신자는 이승훈 베드로입니다. 그는 1784년 북경에서 예수회 그라몽 신부(Jean Joseph de Gramont, 1736~1812[?])에게 세례를 받았습니다. 하지만 그것으로 한국에 천주교회가 세워진 것은 아니었습니다. 교회는 하느님을 믿는 사람이 둘 이상 모여 공동체를 이룰 때 성립되기 때문입니다. 청나라에서 돌아온 이승훈은 이벽에게 세례자 요한이라는 이름으로 세례를 주었습니다. 이로써 한국 교회가 설립되었습니다. 이를 계기로 많은 사람들이 천주교에 입교하게 됩니다.

10년 뒤인 1794년경 주문모 신부가 우리 나라에 처음 들어와 사목활동을 하게 됩니다. 이때 신자 수가 폭발적으로 증가하게 되어, 1800년에는 그 수가 1만여 명에 이르게 됩니다. 이후 벌어진 여러 박해에도 불구하고 한국 교회 신자 수는 지속적으로 증가했습니다. 실제 1859년에는 1만 6,700명, 병인박해 직전인 1865년에는 2만 3,000명까지 신자 수가 늘어났습니다.[299] 그것은 힘 없고 고통 받는 사람들을 교회가 품어 안은 결과였습니다. 하지만 8년 넘게 계속된 병인박해(1866~1873)로 많은 신자들이 순교하거나 교회를 떠나게 되면서, 1883년에는 신자 수가 1만 2,035명으로 줄어들게 됩니다.

한편 신앙의 자유가 허락된 19세기말부터 20세기 초반까지 한국 교회의 교세는 다시 회복됩니다. 그리하여 1895년에는 2만 5,998명, 1900년에는 4만 2,441명, 1910년에는 7만 3,517명으로 신자 수

---

[299] 한국천주교중앙협의회, 2018, 『한국 천주교회 총람 2013-2017년』, 503-554쪽. 이하 본문에서 별도 표시 없이 제시하는 교세 통계는 모두 이 책에 게시된 자료를 참고하였습니다.

가 급증했습니다. 당시는 서구 열강들이 아시아로 물밀듯이 몰려오던 서세동점의 시기였습니다. 조공 체제를 통해 동아시아 지역의 맹주로 군림하던 청나라는 영국·프랑스에 의해 수도 북경을 침탈당하는 수모를 겪기까지 하였습니다. 이런 상황에서 제국주의 열강의 한 축이었던 프랑스의 보호를 받던 한국 교회는 사람들에게 프랑스 세력으로 인식되기에 충분했습니다. 그래서 프랑스로부터 이익을 취하거나 보호를 받기 위해 많은 사람들이 교회에 입교했습니다.

하지만 일제강점기에는 신자 증가율이 떨어졌습니다. 1944년에 집계된 신자 수가 17만 9,114명이었으니, 1910년부터 35년간 10만 명밖에 신자 수가 늘지 않았던 것입니다. 그것은 일제강점기 후기로 갈수록 일제의 종교 통제가 심화되었기 때문이기도 했지만, 사람들이 처했던 고통스러운 현실과 괴리되었던 한국 교회의 모습이 반영된 것이 더 큰 원인이었을지도 모르겠습니다. 앞서 살펴보았듯, 당시 교회는 일제로부터 교회를 지키기 위해 정교분리적 입장을 고수했고, 어떤 면에서는 일제에 협력하는 모습을 보였습니다. 그것은 한국 교회가 지배자와 결탁한 종교, 다시 말해 일제로 인해 고통 받던 사람들을 위로해주기보다는 일제의 지배를 정당화하는, 어찌 보면 일제의 부역자로 한국인의 눈에 비쳤을 가능성이 높았던 것입니다.

그것은 광복 후 1950년대와 60년대 초반에 신자 수가 급증했던 것을 보면 더 쉽게 이해할 수 있습니다. 1954년에 18만 9,412명이었던 신자 수가 4·19혁명이 일어난 1960년에는 45만 1,880명으로 약 26만 명이나 폭증했습니다. 이 시기는 한국 교회가 전쟁으로 굶주리던 사람들에게 구호물품을 나눠주고, 이승만 정권의 장기집권 음모에 맞서 싸우는 모습을 보여준 시기였습니다. 교회가 사람들과 함께 고통을 나누기 시작하니 교회로 사람들이 모여들고 있었던 것입니다.

이렇듯 신자 수가 늘어나게 되자, 교황 요한 23세는 1962년에 한국 교회에 교계제도를 설정했습니다. 그것은 1831년 교황 그레고리오 16세가 한반도에 교황 직속 대리구 즉, 조선대목구를 설정한 이후 약 130년 만에 생긴 큰 경사였습니다. 대목구(지목구) 시절에는 대목구장 주교가 온전히 재치권을 행사할 수 없었습니다. 왜냐하면 대목구는 교황이 직접 관할하는 선교지역이고, 대목구장은 교황을 대신하여 파견된 목자이기 때문입니다. 그런데 그곳에 교계제도를 설정한다는 것은 그 지역을 독립적인 자치 공동체 즉, 교구로 만들고, 그 지역을 책임지고 사목하는 교구장 주교를 세운다는 뜻입니다.

이제 교계제도 설정으로 한국 교회 안에는 교구장이 완전한 재치권을 행사할 수 있는 교구들이 세워지게 되었습니다. 이에 따라 서울대목구와 대구대목구, 광주대목구가 대교구로 승격되었고, 각 대목구장은 대주교로 승품되었습니다. 또한 춘천대목구(1955), 전주대목구·부산대목구(1957), 청주대목구(1958), 대전대목구(1959), 인천대목구(1961)가 모두 교구로 승격되었습니다. 교계제도 설정 이후에는 수원교구(1963), 원주교구(1965), 마산교구(1966), 안동교구(1969), 제주교구(1971), 군종교구(1989), 의정부교구(2004)가 추가로 신설되었습니다.

이러한 교세 성장은 1970~80년대에도 계속 이어졌습니다. 1970년에 78만 8,082명이었던 신자 수는 1990년에 이르러 275만 607명까지 증가했습니다. 매년 7~8퍼센트의 전년대비 증가율을 보였으니 가히 교세 성장의 절정기라고 할만 했습니다. 이렇게 사람들이 교회로 모여든 이유는 무엇이었을까요?[300] 이때 입교한 신자들 가운데는 중산층 지식인들이 있었다고 합니다. 이 시기는 김수환 추기경과 지학순 주교, 그리고 정의구현사제단으로 대표되는 한국 교회 구성원들이 민주화 운동의 전면에 나섰던 시기였습니다. 군부독재에 억눌려있던 사람들이 자기 희생을 감내하면서 군부 정권을 비판하는 천주교에 관심을 갖게 되었고, 그것이 교세 증가로 이어지게 되었던 것입니다. 뿐만 아니라 급격한 산업화와 도시화, 분단 체제가 가져온 불안감은 내적 평화를 찾으려는 사람들을 교회로 이끌었습니다. 이처럼 한국 사회의 불안한 정세로 말미암아 대내외적으로 평화를 얻지 못했던 사람들은 천주교회를 통해 위안을 얻길 원했고, 교회는 그들의 기대에 부응하여 빛과 소금의 역할을 적극적으로 수행했습니다. 사람들은 교회를 통해 영적인 위안을 제공받을 수 있었기에, 교회는 그렇게 많은 사람들을 포용해 나갈 수 있었던 것입니다.

---

300 조광, 2010, 『한국 근현대 천주교사 연구』, 경인문화사, 325-327쪽.

2) 교세 침체 현상

하지만 1990년대 이후 신자 증가율은 주춤하게 됩니다. 1995년에 345만 1,266명이었던 신자 수가 2017년에는 581만 3,770명으로 240만 명가량 늘어난 것을 확인할 수 있지만, 전년대비 신자 증가율은 3퍼센트에서 1퍼센트대로 떨어지고 있었던 것입니다. 특히 2019년은 신자수가 591만 4,669명이었는데, 이것은 2018년 신자 수 586만 6,510명 대비 0.8퍼센트 증가에 그친 것이었습니다. 이러한 교세 침체 현상은 단순히 새롭게 천주교회에 입교하는 사람들의 숫자만 줄어든 것으로 보이지 않습니다. 이미 신자가 된 사람들 가운데 성당에 나오는 사람들의 숫자도 줄어들고 있기 때문입니다. 대표적인 예가 정기적으로 주일미사에 참여하는 신자 비율입니다. "주일을 거룩히 지내라"는 십계명에 따라 천주교 신자들은 매 주일(일요일)마다 성당에 가서 미사를 봉헌합니다. 따라서 주일미사 참석 여부는 그가 신앙생활을 꾸준히 하고 있는지 확인할 수 있는 주요 지표가 될 수 있습니다. 그런데 1996년에 30퍼센트에 달했던 주일미사 참여율이 점차 줄어들고 있는 것이 확인됩니다. 2005년에는 주일미사 참여율이 26.9퍼센트로 감소했는데, 2010년에는 27.2퍼센트, 2015년 20.7퍼센트, 2019년에는 18.3퍼센트로 급속히 낮아지고 있습니다.[301] 다시 말해 세례를 받은 천주교 신자 10명 가운데

---

301 한국천주교주교회의, 『한국 천주교회 통계 1996-2019』. (1996년부터 매년 출간.)

2명이 안 되는 신자들만 주일미사에 참석하고 있는 것입니다.

〈표 4〉 한국 천주교회 교세 현황(1996년~2019년)[302]

년도	신자수	전년대비 증감율	인구대비 신자율	주일미사 참여율
1996	3,562,766명	3.2%	7.8%	30%
1997	3,676,211명	3.2%	7.9%	30%
1998	3,804,094명	3.5%	8.1%	30.7%
1999	3,946,844명	3.8%	8.3%	29.5%
2000	4,071,560명	3.2%	8.8%	29.0%
2001	4,228,488명	3.9%	8.8%	27.7%
2002	4,347,605명	2.8%	9.0%	26.5%
2003	4,430,791명	1.9%	9.1%	26.9%
2004	4,537,844명	2.4%	9.3%	28.1%
2005	4,667,283명	2.9%	9.5%	26.9%
2006	4,768,242명	2.2%	9.6%	26.0%
2007	4,873,447명	2.2%	9.7%	27.2%
2008	5,004,115명	2.7%	9.9%	24.0%
2009	5,120,092명	2.3%	10.1%	25.6%
2010	5,205,589명	1.7%	10.1%	27.2%
2011	5,309,964명	2.0%	10.3%	23.2%
2012	5,361,369명	1.6%	10.3%	22.7%
2013	5,442,996명	1.5%	10.4%	21.2%
2014	5,560,971명	2.2%	10.6%	20.7%
2015	5,655,504명	1.7%	10.7%	20.7%
2016	5,741,949명	1.5%	10.9%	19.5%
2017	5,813,770명	1.3%	11.0%	19.4%
2018	5,866,510명	0.9%	11.1%	18.3%
2019	5,914,669명	0.8%	11.1%	18.3%

이러한 교세 침체 현상은 전방위적으로 나타나고 있는데, 성직자가

---

[302] 한국천주교중앙협의회, 『한국 천주교회 통계 1996-2019』에서 재편집.

되려는 신학생 수가 점차 줄어들고, 수도회 입회자 수가 줄어드는 것은 교세 침체 현상이 한국 교회 전반에 확산되어 가고 있음을 보여주는 것입니다.

그렇다면 왜 이런 현상이 나타나고 있는 것일까요? 한 통계에 따르면 한국인 가운데 절반 이상이 무종교인이라고 합니다. 즉, 종교에서 삶의 의미를 찾기보다 다른 것을 통해 삶의 의미를 찾는 사람들이 다수가 되어버린 것입니다. 따라서 교회와 같이 개인에게 여러 윤리·도덕적 의무를 지우는 제도 종교에 소속되는 것을 거부하는 사람들이 많아졌을 가능성이 높습니다. 즉, 한국 사회에 짙어지고 있는 세속화 경향이 교세 침체의 한 원인이 될 수 있습니다. 여기에 80퍼센트가 넘는 한국의 도시화율[303]은 신자 간 인격적 만남의 기회를 감소시키고, 교회에 대한 매력 감소로 이어져 교세 침체를 불러왔을 가능성이 있습니다.

하지만 이 위기에는 내적인 요인들도 영향을 미쳤을 것입니다. 그 요인으로는 첫째, 한국 교회의 고령화·중산층화를 꼽을 수 있습니다. 『한국 천주교회 통계 2019』에 따르면, 한국 교회에 다니는 신자 가운데 0~19세 신자는 50만 8,517명입니다(2019년 12월 31일 기준). 그것은 전체 신자 수 591만 4,669명의 8.6퍼센트에 불과한 것이었습니다. 반면 50대 이상 신자는 282만 4,539명으로 전체 신자 수의 47.8퍼센트에 달합니다. 이것은 젊은 신자들이 새로 유입되지 않으

---

[303] 국가통계포털 "도시화율(OECD)" 참조. https://kosis.kr/statHtml/statHtml.do?orgId=101&tblId=DT_2KAA204_OECD&conn_path=I2(검색일: 2020.12.16.)

면서, 한국 교회가 점점 나이 들어가고 있다는 점을 보여줍니다.

또한 1980년대부터 지적되어왔던 한국 교회의 중산층화 현상[304]은 지금도 계속 강화되어가고 있는 것으로 보입니다. 도시에 집중되는 교회, 평균보다 높은 신자들의 소득수준 등이 한국 교회의 중산층화를 증명하고 있습니다.[305] 이러한 고령화·중산층화 현상은 젊은이들과 가난한 사람들이 교회 안으로 들어오는 데 어려움을 겪게 만들었을 가능성이 있습니다. 젊은이들은 기성 세대를 비판적으로 바라보는 과정을 거치면서 균형 잡힌 자기 정체성을 형성해나갑니다. 그런데 교회 구성원 다수가 기성 세대이다 보니 젊은이들이 교회에 매력을 느끼지 못하고 있는 것은 아닐지 모르겠습니다. 또한 이미 사회에서 자리를 잡은 사람들로 교회가 채워지면서, 중산층의 삶이 신자 삶의 표준이 되고 또 사목적으로도 그들에게 초점을 맞춘 정책들이 펼쳐지게 되었을 가능성이 높습니다. 그것은 가난한 사람들로 하여금 상대적 박탈감을 느끼게 만들기 충분하기에, 교회로 향했던 가난한 사람들의 발길을 끊어 버렸을 가능성이 있습니다.[306]

---

304 노길명·오경환, 1988, 『가톨릭 신자의 종교 의식과 신앙 생활』, 가톨릭신문사, 19-21쪽; 조광, 2010, 『한국 근현대 천주교사 연구』, 경인문화사, 302쪽.

305 1990년대 종교 신자들의 인구사회학적 비교는 다음을 참고하세요. 서우석, 1994. "중산층 대형교회에 관한 사회학적 연구", 『한국 사회학』 28, 159쪽. 후속 통계 조사가 있을 것으로 보이지만, 아직 찾지 못했습니다. 1990년대 이후부터 현재까지 한국 사회의 도시화 경향은 계속 강화되고 있고, 이미 천주교인으로 활동하던 중산층 신자들이 고령화 현상 안에 포함될 수 있다는 점을 고려하면, 한국 교회의 중산층화는 여전히 진행형이라고 추정할 수 있겠습니다.

306 조광 교수는 다음과 같이 말합니다. "교회가 특정 계층에 의해 독점된다면, 교회가 추구하는 인간에 대한 보편적인 구원에 대한 사명은 결코 달성할 수 없을 것이다. 중산층에 안주하는 교회는 그리스도교 신앙이 추구해 나가야 할 진정한 가치를 성취할 수 없을 것이다"(조광, 2010, 『한국 근현대 천주교사 연구』, 경인문화사, 302쪽).

둘째, 한국 교회가 예전과 같은 매력을 잃어버렸을지도 모르겠습니다. 과거에 나타났던 신자 증감 현상을 살펴보면, 교회가 자기 희생을 감수하며 사람들을 위해 나설 때 신자 수가 폭증했고, 자기 안위를 고려하여 사람들의 고통을 외면할 때 신자 증가율이 낮게 나타났었습니다. 과거에 경험에 비춰볼 때, 오늘날 한국 교회는 사람들이 겪고 있는 고통에 무감각해진 것은 아닌지 돌아볼 필요가 있습니다. 세계화와 신자유주의 흐름이 휩쓸고 간 한국 사회에서 양극화로 인해 삶은 피폐해져갔고, 그들은 자본과 정치가 결탁해 만든 부정부패 사건들을 보며 좌절하고 있습니다. 이러한 상황 속에서 한국 교회가 과연 그들을 위해 자기 살을 내어주는 모습을 취해왔었는지, 오히려 자기 이익을 취하는 모습을 사람들에게 보여 왔던 것은 아닌지 반추해보아야 할 것입니다.

3) 교회 시설 운영과 공공성

현재 한국 교회는 다양한 시설을 운영하고 있습니다. 한국천주교주교회의가 발간한 『한국 천주교회 통계 2019』에 따르면, 2019년 12월 31일 기준으로 한국 교회가 운영하는 시설 현황은 다음과 같습니다.[307] 교육기관은 총 316개소, 학생 수는 10만 8,697명, 교원 수는 7,584명입니다. 의료기관은 총 41개소, 의료 인력 수(의사·간호사)는

---

[307] 한국천주교중앙협의회, 2020, 『한국 천주교회 통계 2019』, 한국천주교중앙협의회, 41-47쪽.

총 1만 6,919명, 치료환자 수는 1,522만 3,376명입니다. 사회복지시설은 총 1,351개소, 문화시설은 총 423개소, 출판시설은 총 10개소, 발행되는 신문·잡지는 32종에 달합니다. 이들 시설을 모두 합하면 한국 교회는 약 2,100개소 이상의 시설을 운영하는 거대한 조직이라고 할 수 있겠습니다.

각 시설들은 복음 선포라는 교회의 선교 사명을 수행하기 위해 설립·운영되고 있습니다. 따라서 그곳에서 일하는 사람들 가운데 다수는 천주교회의 선교 목적에 동의하는 사람들, 특히 천주교 신자들이 차지하고 있습니다. 또한 각 시설 책임자는 거의 대부분 교회 지도자들, 즉 성직자와 수도자들이 맡고 있습니다. 그것은 어찌 보면 당연한 것일 수 있습니다. 그들은 교회 시설의 비전(vision)을 가장 잘 이해하고 또 그것을 위해 투신하겠다고 공적으로 인정받은 지도자들이기 때문입니다. 천주교회는 이러한 시설들을 통해 다양한 선교 사업을 펼칠 수 있었고, 그것은 한국 사회를 더욱 풍요롭게 만드는 데 기여했습니다.

그런데 오늘날 교회 시설 안에는 크게 두 가지 정도의 긴장이 존재합니다. 그것은 교회 시설 자체가 지닌 특성에 기인한 것입니다. 첫번째 긴장은 시설 안에 근무하는 노동자에 대한 엇갈린 시선입니다. 사실 한국 교회는 오래전부터 성당 신자들과 함께 여러 시설들을 운영했습니다. 따라서 노동보다 봉사의 의미가 강했습니다. 하지만 시설이 고도화되고, 노동자의 인권을 보호하는 법률의 통제를 받게 되면서, 교회 시설 노동은 봉사 차원을 넘어 노동권, 인권의 차원에서 다뤄지게 되었습니다. 즉, 교회 시설 노동자는 신자나 봉사자에서 노동자로 성격이 변화하게 된 것입니다.

많은 교회 시설들은 노동자의 인권을 보호하기 위해 노력해왔습니다. 예를 들어 한국 교회의 가장 중추적인 기관이라고 할 수 있는 한국천주교주교회의에는 노동조합이 설립되어 있습니다. 노동조합은 사측인 주교회의와 매년 노사협상을 벌이며 노동자의 권익을 향상시키고 있습니다.

하지만 몇몇 교회 시설들에서는 노동자를 신자나 봉사자로만 바라보고 노동자로는 인정하지 않는 경우들이 발생하면서 갈등을 빚고 있습니다. 예를 들어 시설 노동자는 근로기준법과 같은 법률과 계약 조건에 따라 근무를 하게 되어 있는데, 이를 이해하지 못하는 시설 책임자가 법률과 계약 조건 이상의 것을 노동자에게 원하는 경우가 있는 것입니다. 그것에 대해 항의를 하면 교회 시설은 봉사하는 곳이라고 하면서 도리어 노동자를 나무랐다는 안타까운 소식도 간혹 들려옵니다.

이것은 교회 시설이 선교 사명이라는 종교적 차원과 노동이라는 사회적 차원이 결합된 공간이기 때문에 발생하는 긴장이라고 할 수 있습니다. 노동자의 인권이 강화되는 현대 사회의 흐름 속에서 이러한 갈등은 앞으로 더 깊어질 가능성이 높습니다. 따라서 교회는 교회 시설의 이중적인 성격에 대해 보다 잘 이해하고 이러한 긴장을 지혜롭게 해소해 나갈 수 있도록 잘 준비해나갈 필요가 있습니다.

교회 시설에서 야기되는 두번째 긴장은 국가와의 갈등입니다. 국가 복지 체계가 발달하게 되면서, 다양한 교회 시설들은 국가의 보조금을 받아 운영되고 있습니다. 특히 사회복지 시설의 경우, 국가가 지원하는 보조금은 전체 시설 운영 예산의 절반을 넘는 것으로 확인됩니다.[308] 또한 아래의 표에 나타나듯, 국가는 문화체육관광부 종무실을 통해 다양한 종교 사업에 예산을 배정하고 있습니다. 물론 불교가 전체 종무실 예산의 절반 이상을 지원받고 있습니다만, 천주교 역시 매년 수십 억에 달하는 예산을 지원받고 있음을 알 수 있습니다.

〈표 5〉 문화체육관광부 종무실 예산 현황(2016년~2019년)[309]

(단위: 백만원, %)

	2016	2017	2018	2019
총액	118,174(100)	81,226(100)	80,885(100)	56,591(100)
불교	101,296(85.7)	38,816(47.8)	57,545(71.1)	34,638(61.2)
개신교	1,607(1.4)	1,957(2.4)	3,533(4.4)	2,163(3.8)
천주교	2,900(2.5)	3,400(4.2)	3,800(4.7)	7,280(12.9)
기타 종교 및 종교 일반	12,371(10.5)	37,053(45.6)	16,007(19.8%)	12,510(22.1)

종교 시설 운영을 위해 지원되는 국가의 예산은 크게 보면 국민의 복

---

308 강인철, 2012, 『종교정치의 새로운 쟁점들』, 한신대학교출판부, 143쪽. 한국 교회가 운영해온 여러 복지 시설들은 1980년대부터 국가로부터 운영비를 지원받는 형태로 변모해나가기 시작한 것으로 보입니다(조광, 2010, 『한국 근현대 천주교사 연구』, 경인문화사, 331-334쪽).

309 문화체육관광부 홈페이지 자료공간(https://www.mcst.go.kr/kor/s_data/budget/budgetList.jsp) 참조 (검색일 2020.12.30.).

지를 위해 사용되는 것이기에 일면 타당한 부분이 분명 존재합니다. 종교 조직은 이윤을 추구하는 기업이나 개인과는 달리 공동선이라는 보편적 가치를 추구한다는 점에서 더욱 그러합니다.

그런데 종교 시설에 지원되는 예산이 많아질수록 종교와 국가 간에는 예기치 않은 긴장이 발생하게 됩니다. 대표적인 예가 노무현 정권 당시 '사립학교법' 개정을 둘러싼 종교계와 국가의 갈등이었습니다. 종교 시설은 해당 종교가 추구하는 가치를 실현하기 위해 설립됩니다. 그것은 종교 재단이 설립한 사립학교 즉, 종립학교들도 마찬가지입니다. 예를 들어 천주교 서울대교구가 운영하는 가톨릭대학교의 교육 이념은 "가톨릭 정신에 바탕을 둔 진리, 사랑, 봉사"이며, 동성고등학교의 교육 이념은 "진리와 사랑"(요한2서 1,3) "진리와 사랑으로 봉사하는 인간"입니다. 이처럼 각 종립학교는 자신들의 종교적 가치가 반영된 교육이념을 실현하기 위해 운영됩니다.

그런데 당시 사립학교법 개정안에는 학교 운영 방침을 결정하는 법인 이사회에 '개방형 이사제'를 도입하겠다는 내용이 포함되어 있었습니다. 그것은 어떤 면에서 사학의 건전한 운영과 투명성을 담보하기 위한 조치로 해석될 수 있었지만, 교육이념에 동의하지 않는 사람이 이사회에 진입하여 학교 운영에 지장을 초래할 수 있는 것으로도 해석될 수 있었습니다. 때문에 다수의 사립학교들이 사립학교법 개정안에 반대했습니다. 한국천주교주교회의 역시 반대 입장을 분명히 했습니다. 그것이 교회가 학교를 운영하는 이유를 침해할 수 있었기 때문이었습니다. 하지만 정부 여당과 다수의 시민들, 그들 가운데는 천주교 신자들까지도 사립학교법 개정안에 찬성하는 경우가 있었습니다.

왜 이런 긴장과 갈등이 발생하게 된 것일까요? 교육은 공적인 성격이 있기에 국가는 사립학교들에게 보조금을 지급합니다. 그런데 보조금을 지급하면서도 사립학교 운영에 개입할 수 있는 근거가 없어서, 일부 부패한 사학재단에서 각종 비리가 터져 나오게 되었던 것이지요. 따라서 국가는 사립학교에 지급된 보조금이 원래 목적에 맞게 잘 사용되고 있는지 확인하고 싶어 합니다. 반면 사립학교들은 그러한 국가의 개입을 불편해 합니다. 그것이 자신들의 교육 이념을 훼손할 수 있다는 우려 때문입니다.

이것은 비단 사립학교 운영에 관한 영역에서만 존재하는 긴장이 아닙니다. 그것은 국가로부터 보조금을 지원받고 있는 여러 교회 시설들이 처한 현실입니다. 따라서 국가로부터 지원을 받아 시설을 운영하는 것은 당장에는 좋지만, 결국 국민의 세금이 투입되는 것이기 때문에 공공성(publicity) 차원에서 국가의 통제를 받아야 할 부분이 생기게 된다는 점을 고려할 필요가 있습니다.

뿐만 아니라 국가를 감시하는 시민사회와의 관계도 고려되어야 합니다. 국가가 교회에 예산을 지원할 때 내세우는 명분은 그것이 갖는 공적인 성격 때문입니다. 따라서 공적 자금이 들어가는 교회 시설이나 관련 사업은 시민사회의 감시 대상에 포함될 수 있습니다. 교회 본연의 선교 목적을 살리면서도, 그것이 갖는 사회적 공공성을 동시에 고려하여 시설(사업)을 운영(추진)하는 지혜가 오늘날 한국 교회에 필요합니다.

4) 코로나19와 한국 천주교회, 명동밥집

2020년 초 갑자기 등장한 코로나19는 전 세계를 얼어붙게 만들었습니다. 강력한 전염력을 가진 코로나19는 순식간에 우리들의 일상에 침투했고, 모든 것을 멈춰버렸던 것입니다. 이 책을 마무리하고 있는 2021년 4월에는 코로나19 4차 대유행기가 시작되고 있습니다. 매일 수많은 사람들이 확진 판정을 받고 또 죽어가고 있습니다. 많은 의료진들이 최선을 다해 그들을 치료하고 있지만, 코로나19는 생명보호의 최후 수단인 의료 시스템마저 붕괴시키려 하고 있습니다. 감염병의 확산을 막기 위해 사람들이 모이는 공간들이 폐쇄되고 있고, 사회적 존재인 우리들은 외부와 고립된 채 이 위기를 견뎌내고 있습니다.

여러 매체를 통해 접하신 분들이 계실 것입니다만, 2020년 3월 27일에 프란치스코 교황은 로마 성 베드로 성당 앞 광장에 홀로 서 있었습니다. 당시 이탈리아는 코로나19가 걷잡을 수 없이 확산된 상태였습니다. 그러자 정부는 봉쇄령을 내렸고, 성당도 폐쇄된 상태였습니다. 평소 같으면 교황을 보기 위해 수많은 인파가 성 베드로 광장에 모여들었을 텐데, 이날 광장에는 교황만 홀로 자리했습니다. 그것은 코로나19로 인해 모든 것이 멈춰버린 인류의 모습을 상징적으로 드러낸 장면이었습니다.

한국 교회도 마찬가지였습니다. 코로나19가 창궐하자 한국 교회는 신자들과 함께 하는 미사를 중단하고 각종 대면 모임을 멈췄습니다. 전국의 성당들은 교회의 가장 큰 축제인 예수 부활 대축일마저 텅 빈 상태로 맞이해야만 했습니다. 이러한 상황이 지속되면서 여러 어려움이 밀려왔습니다. 신자들은 성당에서 신앙 생활을 영위할 수 없어 힘들어 했고, 성직자들은 신자들과 만날 수 없어 괴로웠습니다. 또한 신자들의 봉헌금으로 유지되던 교회에는 재정 위기가 찾아왔습니다.

여름이 되면서 잠시 코로나19 확산세가 주춤하자, 다시 신자들과 함께 하는 미사가 재개되고 각종 대면 모임이 열리게 되었습니다. 그런데 신자들이 예전만큼 성당을 찾지 않고 있습니다. 어떤 기사를 보니 주일 미사 참여율이 평소의 절반에 그치고 있다고 합니다. 물론 코로나19 상황이 아직 진행형이기에 그럴 수도 있겠습니다. 하지만 코로나19 이전으로 돌아가기에는 역부족으로 보입니다. 더 자세한 분석이 필요하겠지만, 이러한 현상은 사람들이 많이 모이는 공간을 기피하는 현상이 사람들 사이에 만연해지고, 신자들 사이에는 성당에 나가지 않더라도 신앙생활을 유지할 수 있다는 인식이 확산되면서 벌어진 상황이 아닐까 추측해봅니다. 즉, 코로나19 이전에는 신자들이 주일마다 성당에 나가는 것을 의무로 받아들였는데, 코로나19 이후에는 주일미사를 의무가 아닌 선택지로 받아들이기 시작한 것입니다. 이로 인해 1990년대부터 서서히 교세 침체기로 접어든 한국 교회가 더 큰 위기를 맞이하게 된 것 같아 우려스럽습니다.

하지만 위기는 기회를 동반합니다. 성당에 나오지 않는 신자들도 있지만, 여전히 많은·신자들은 성당을 찾기를 원하고 있기 때문입니다. 성당이 폐쇄되었던 시기에 겪었던 영적인 갈망은 신자들이 자신의 신원의식을 더 잘 깨닫고, 공동체와 함께 하는 신앙생활이 얼마나 소중한 것인지 돌아보는 계기가 될 수 있었습니다. 그것은 성직자들에게도 마찬가지입니다. 신자들이 알아서 성당에 오던 시절이 다시 오지 않을 수도 사실을 경험하게 되었기 때문입니다. 이제는 신자들이 필요로 하는 것이 무엇인지 고민하고, 그들의 희로애락(喜怒哀樂)에 함께 하기 위해 노력해야만 그들을 다시 성당에 불러 모을 수 있다는 점을 생각해야 하는 상황이 되었습니다. 이렇듯 코로나19가 바꿔놓은 환경에 적응하는 것은 짧게 보면 고통스러울 수 있지만, 길게 보면 더 건강한 교회를 만들어나가기 위한 쇄신의 시간이 될 수 있을 것입니다.

교회가 처한 재정 위기도 교회 쇄신의 기회로 승화시켜나갈 필요가 있습니다. 앞서 저는 한국 교회가 처한 위기의 원인으로 교회의 중산층화 경향을 지목했습니다. 그것은 교회로 하여금 복음삼덕(福音三德)[310] 가운데 하나인 '가난(청빈)'을 제대로 살지 못하게 만들었을 가능성이 있습니다. 즉, 물질적인 부유함에 익숙해지다 보니 다소 방만하게 교회를 운영했을 수 있고, 그것이 코로나19로 발생한 재정 위기를 통해 수면 위로 드러나게 되었을 수 있는 것입니다. 이점

---

310 복음삼덕은 가난(청빈), 정결, 순명을 말합니다. 그것은 예수께서 선포하신 가르침 가운데 가장 중요한 세 가지 가르침입니다. 보다 철저하게 예수를 따르고자 살아가는 수도자들은 복음삼덕을 지키겠다고 하느님께 공적으로 서원(약속)합니다. 물론 복음삼덕은 그리스도인 모두가 따라야할 가르침입니다.

에서 코로나19가 불러온 위기는 지금까지 관행적으로 이어오던 교회의 운영 방식을 재점검하고, 교회가 다시 가난이라는 복음 정신에 따라 살아갈 수 있도록 쇄신하는 계기로 승화시킬 수 있을 것입니다. 더욱이 교회가 가난의 정신을 살아가는 것은 가난한 이웃들을 다시 교회로 불러 모으는 기회를 마련하는 것이기도 하니 일석이조의 효과를 기대할 수 있습니다.

코로나19가 불러온 위기는 '세상 속 교회'의 역할을 확장시킬 수도 있습니다. 프란치스코 교황은 2020년 10월에 회칙『모든 형제들(Fratelli Tutti)』을 반포했습니다. 여기서 교황은 형제애와 사회적 우애를 강조했습니다. 코로나19가 불러온 위기를 극복하기 위해 필요한 것이 형제애와 사회적 우애라는 점을 교황이 직접 밝힌 것입니다.

이것은 천주교 가르침의 핵심이기도 합니다. 예수께서는 '착한 사마리아인의 비유'(루카 10,29-37)를 들어 누가 우리의 이웃인지 알려 줬습니다. 강도에게 습격을 당해 길가에 쓰러진 사람을 보살핀 이는 같은 동족의 지도자인 사제도, 레위인도 아니었습니다. 오히려 유다인들이 멸시했던 사마리아 사람이 그를 극진히 보살펴주었던 것이었습니다. 그 사마리아 사람이야말로 "모든 문화적·역사적 장벽을 뛰어 넘어 [...] 상처입은 유다인의 이웃"이 되어주었던 것입니다.[311]

한국 교회 역시 마찬가지입니다. 자신만을 생각하는 이기적인 마음을 뛰어 넘어, 코로나19로 위기에 처한 많은 사람들을 위해 자신

---

[311] 프란치스코, 2021, 『모든 형제들(Fratelli Tutti)』, 한국천주교중앙협의회, 81항.

을 내어놓을 때, 비로소 교회는 그 사람들의 이웃이 될 수 있을 것입니다. 따라서 코로나19가 불러온 위기는 교회에겐 다시 오지 않을 기회가 될 수 있습니다. 다시 말해 이 위기는 교회가 자신의 안위만을 생각하며 민족의 아픔을 외면했던 과거를 반성하고, 반성한 바를 실천으로 보여줄 수 있는 절호의 기회인 것입니다. 그것은 가난한 사람들을 돕기 위해 자기 것을 나누는 것으로부터 시작할 수 있을 것입니다. 코로나19는 가난한 사람들을 가장 힘겹게 만들고 있기 때문입니다. 사람들은 고통스러운 순간에 함께 하는 교회의 모습 속에서 참다운 이웃을 발견하고, "복음의 기쁨"을 누리게 될 것입니다.[312] 어쩌면 이것이 코로나19 이전부터 한국 교회가 직면하고 있던 위기를 탈출하는 방법이 될 수 있을지도 모르겠습니다.

이점에서 2021년 1월에 개소한 '명동밥집'은 앞으로 한국 교회가 나가야할 길을 제시하고 있는 것처럼 보입니다. 명동밥집은 천주교 서울대교구 한마음한몸운동본부가 운영하는 노숙인 무료급식소입니다. 한국 교회의 심장부이자, 민주화의 성지인 명동성당이 그리스도를 상징하는 가난한 이들[313]과 그들을 위해 자신을 내어놓는 수많은 봉사자와 후원자들로 붐비고 있습니다. 이 모습을 본 많은 사람들은 어려울 때 자신의 이웃이 되어준 한국 교회를 결코 잊지 않을 것입니다. 코로나19로 밥 한 끼 먹기조차 힘들어진 노숙인들을 위해

---

312 염수정, 2020, 『2021년 서울대교구장 사목교서』, 천주교 서울대교구.

313 예수께서는 다음과 같이 말씀하셨습니다. "너희가 내 형제들인 이 가장 작은이들 가운데 한 사람에게 해준 것이 나에게 해준 것이다"(마태 25,40). 결국 가난한 이들은 예수 그리스도의 또 다른 모습인 것입니다.

명동성당을 기꺼이 내어 놓은 천주교 서울대교구의 결단에 힘찬 박수를 보냅니다. 명동밥집 사례는 한국 교회가 지니고 있는 무한한 가능성을 보여줍니다. 세상의 빛과 소금으로 살아가는 모습 속에서, 한국 교회의 미래는 여전히 희망적이라는 사실을 발견하게 됩니다.

나. 평신도와 함께 하는 한국 천주교회

주지하다시피 한국 교회는 평신도에 의해 자발적으로 세워진 역사를 가지고 있습니다. 그들은 주체적으로 복음을 받아들였고, 그것을 삶으로 실천해나가려고 했습니다. 1830년대부터 파리외방전교회 선교사들이 본격적으로 선교활동을 시작했지만, 평신도의 역할은 매우 중요한 위치를 차지했습니다. 절대적으로 부족했던 성직자의 공백을 평신도들이 채워나가야 했기 때문입니다. 대표적인 평신도의 역할이 '회장제'였습니다. 그것은 주문모 신부가 시작한 것이었지만, 파리외방선교회 선교사들도 그 제도를 적극 활용했습니다. 회장직을 맡은 평신도는 성직자를 대신해 교우들의 신앙과 일상생활을 돌보는 역할을 수행했습니다. 뿐만 아니라 성직자와 신자들을 연결해주는 역할을 맡는 등 회장은 교회 운영 전반에 참여했습니다.[314]

하지만 1886년에 체결된 한불조약을 계기로 신앙의 자유를 얻게 되면서, 교회 안에서 평신도의 역할은 점차 줄어들게 됩니다. 제

---

[314] 방상근, 2017, "박해 시대 조선 천주교회의 회장제", 『교회사 연구』 51.

국의 시민으로 탈바꿈한 프랑스 선교사의 사회적 지위가 급격히 상승하게 되었고, 그들로부터 양성된 한국인 성직자들이 속속 배출되어 나왔기 때문입니다. 반면 평신도들은 당시 선교사들이 채택했던 직접 선교방식과 한국 교회의 열악한 재정 상황 때문에 초등교육을 넘어 제대로 된 고등교육을 받기 어려운 상태였습니다.[315] 이로 인해 교회 안에 평신도 지도자가 양성되기 어려웠습니다. 그것은 뮈텔 대주교와 안중근의 갈등 속에서 잘 드러납니다. 교육을 통해 쓰러져 가는 나라를 다시 세우려던 안중근은 뮈텔 대주교에게 대학교 설립을 요청합니다. 그런데 뮈텔 대주교는 "한국인이 만일 학문이 있게 되면, 교 믿는 일에 좋지 않을 것이니, 다시는 그런 의논을 내지 마시오"라면서, 두 번 세 번 요청한 안중근의 건의를 "끝내 들어주지 않"았다고 합니다. 이에 안중근은 분개하여 다음과 같이 맹서하였습니다. "교의 진리는 믿을지언정, 외국인의 심정은 믿을 것이 못 된다." 그리고 그는 "프랑스말을 배우다가는 프랑스 종놈을 면치 못할 것" 이라면서 그동안 배우던 프랑스어 공부를 중단했습니다.[316] 이처럼 안중근은 성직자 및 교회의 잘못에 대해서는 거침없이 지적했습니다. 하지만 그는 제도 교회의 질서를 존중하고 성직자의 권위에 순명했다고 합니다.[317]

---

315 김정환, 2011, "한말·일제강점기 뮈텔 주교의 교육활동", 『한국 근현대사 연구』 56; 클로드 쇠텐스, 2008, 『20세기 중국 가톨릭 교회사』, 김정옥 역, 분도출판사, 84-85쪽.

316 안중근, 1990, 『안중근의사자서전』, 사단법인 안중근의사 숭모회, 25-26쪽.

317 노길명, 2005, 『한국의 종교운동』, 고려대학교출판부, 132-134쪽.

한편 일제 강점기까지 계속된 성직자의 사회적 지위 상승과 초등교육 중심의 평신도 양성은 교회 내 평신도의 역할을 감소시키게 됩니다. 광복 후, 그것은 사회 지도자급 평신도의 절대 부족 현상을 초래했습니다. 이로 인해 새로 세워질 나라에서 교회의 영향력을 확보하려던 한국 교회 지도자들의 구상에도 차질이 생겼습니다. 결국 1948년 제헌국회에 입성한 천주교 신자는 장면 총리밖에 없었습니다. 이어지는 장면 총리와 한국 교회의 친밀한 관계는 평신도 지도자의 부재 속에서 이해될 필요가 있습니다.

하지만 1965년에 폐막한 제2차 바티칸공의회는 평신도의 역할을 강조했습니다. 이제 막 독립적인 지역 교회로 발돋움하기 시작한 한국 교회(1962년 교계제도 설정)는 공의회의 결정 사항들을 적극적으로 받아들이는데 열의를 보였습니다. 그동안 축소되었던 평신도의 역할을 다시 활성화시키기 위해 여러 제도를 도입하고, 평신도 단체들을 설립해나갔던 것입니다.

때마침 한국 교회는 박정희·전두환으로 이어지는 군부 정권과 대립했습니다. 그것은 민주화 운동의 주역이었던 지식인, 대학생들이 천주교회에 호감을 갖고 입교하게 만든 계기가 되었습니다. 그들은 한국 교회 안에 도입된 공의회 신학을 학습하는데 적극적이었고, 교회를 통해 한국의 민주화를 쟁취하려는 꿈을 꾸게 됩니다. 1970~80년대 교회의 사회참여 활동에 평신도들이 적극 참여하고 있었던 것은 이를 잘 보여줍니다.

하지만 그들의 활동은 천주교회가 지닌 구조적 특성, 즉 조직 운영체제와 충돌하게 됩니다. 평신도 활동가들은 공의회를 급진적으로 해석하여 보다 적극적인 사회참여와 교회 내 평신도의 지위 향상을 시도했지만, 주교를 중심으로 운영되는 현 천주교회의 운영체제를 뛰어넘을 수는 없었습니다. 그것은 앞서 말씀드린 1984년 '200주년 기념 사목회의'를 통해 확인할 수 있습니다. 성직자·수도자·평신도가 한데 모여 한국 교회의 현실과 미래를 논의할 수 있었고, 그것이 『한국 천주교회 사목지침서』에 반영될 수 있었다는 점에서 200주년 기념 사목회의는 향상된 평신도의 역할이 드러난 대표적인 사례였습니다. 하지만 사목회의에서 논의된 교회 조직의 운영과 관련된 내용은 『사목 지침서』에 반영되기 어려웠습니다. 예를 들어 성직자 정년과 교구장 임기제 도입과 같은 제안[318]은 교황청을 위시한 보편 교회의 운영체제 전체를 손봐야 하는 것이었기 때문에 지역 교회 법전에 반영되는 것이 사실상 불가능했던 것입니다.[319]

---

318 200주년 기념 사목회의, 1984, "성직자 편", 『200주년 기념 사목회의 의안』, 47항.

319 1995년에 발간된 『한국 천주교회 사목지침서』 편찬을 담당했던 당시 교회법위원회 위원장 정진석 주교에 따르면, 『사목지침서』의 '특수 사목', '선교와 신자 단체', '사회' 영역은 "200주년 기념 사목회의 의안을 전폭적으로 수용"했습니다. 반면 '하느님의 백성', '전례와 성사', '사목', 즉 교회 운영의 근간이 되는 영역은 『교회법전』의 내용을 압축하면서 『200주년 기념 사목회의 의안』의 제안들을 수렴했습니다. 즉, 같은 『의안』일지라도 『사목지침서』에 반영되는 내용과 폭이 달랐던 것입니다(정진석, 2012(제2판), "일러두기", 『한국 천주교 사목 지침서』, 한국천주교중앙협의회, 16~17쪽). 그것은 『사목지침서』가 상위법인 『교회법전』의 영향을 받았기 때문이었을 것으로 보입니다. 개별법(『사목지침서』)이 보편법(『교회법전』)에 우선한다는 원칙이 『사목지침서』에 제시되어 있지만(12쪽), 인사 관련 제안과 같은 내용은 『교회법전』 개정 없이 반영될 수 없는 것이었습니다. 반면 사회 분야에 대한 제안은 『교회법전』의 개정 없이도 '지역 교회의 상황에 따라 반영'(11~12쪽)될 여지가 컸으므로, 전폭적으로 반영될 수 있었던 것으로 보입니다. 한편 일각에서는 사목회의 『의안』이 문서로만 남은 채 사목 현장에 충실하게 반영되지 못하고 있음을 지적하기도 합니다. 이미영, 2014, "한국 천주교회 쇄신 프로젝트, 200주년 사목회의 30주년을 기념하며", 『갈라진 시대의 기쁜소식』 1051.

평신도 활동은 한국 평협과 주교단 사이에 있었던 첨예한 갈등을 계기로 다시 감소하기 시작합니다. 그것은 1987년 이후 계속된 한국 교회의 비정치화 경향에도 영향을 미쳤습니다. 앞서 말씀드렸듯, 1970~80년대에 교회에 입교한 신자들 가운데는 민주화라는 사회 변혁을 꿈꾸던 이들이 많았기에, 교회를 통한 사회참여 활동에 적극적이었습니다. 그런데 교회 제도로부터 한계를 느끼게 된 그들이 교회를 떠나게 됩니다. 이에 따라 교회를 통한 평신도의 사회참여 활동 역시 침체되어갔습니다. 물론 한국 교회의 비정치화는 1987년 이후 한국 사회의 민주화와 시민사회의 등장으로 더 이상 교회가 전면에 나설 필요가 없어진 구조적 변화의 영향을 받은 것이기도 합니다.

이후 교회 내 한계를 경험한 평신도의 교회 활동은 크게 세 가지 유형으로 나타나게 됩니다. 첫번째 유형은 교회 안에 형성된 교계질서에 순응하면서 교회 활동에 참여하는 모습입니다. 성직자의 권고에 따라 신앙생활을 이어가는 모습, 즉 전통적인 형태의 평신도상(像)을 살아가는 것입니다.

두번째 유형은 반공주의에 경도되어 교계질서를 선택적으로 받아들이는 모습입니다. 한국 교회는 한동안 반공주의를 최우선적으로 내세웠던 역대 정권들과 궤를 같이 했습니다. 하지만 민주화 운동 등을 계기로 정권들과 맺었던 친밀한 관계가 깨지게 되면서, 반공주의는 더 이상 교회와 국가를 이어주는 연결고리가 되지 못했습니다. 하지만 신자들 가운데는 반공주의와 교회, 그리고 국가를 하나로 이해하는 경우가 있습니다. 때문에 그들은 국가와 대립하는 교회 구성원들을 비난하고, 극단적인 경우에는 주교까지도 공격합니다. 이 모습은 군부 정권 당시에도 있었지만, 2000년대인 지금까지도 계속되고 있습니다. 오늘날 그들은 자신들의 정치적 견해를 정당화하기 위한 방편으로 신앙생활을 이용하고 있습니다.[320]

세번째 유형은 교회 운영체제의 쇄신을 위해 제도 교회 밖에서 신학을 공부하고 평신도 운동을 활성화하려는 모습입니다. 그들은 교회를 쇄신하기 위해서는 성직자들과 동등한 수준의 신학 지식을 쌓고, 그것을 바탕으로 교회 안에 쇄신 담론을 확산시켜야 한다고 생각했습니다. 그들 가운데서 평신도 신학자들이 생겨나기 시작했고, 평신도 중심의 신학단체가 등장하게 됩니다. 현재 활동 중인 대표적인 평신도 신학 단체로는 '우리신학연구소'와 '한님성서연구소' 등이 있습니다. 1994년에 설립된 우리신학연구소는 건강한 평신도 양성과 교회 쇄신을 위한 사목 대안을 제시하는 활동을 이어나가고 있습니다. 또한 2002년에 설립된 한님성서연구소는 성경 연구에 온전히 투신할 평신도 인재를 양성하고, 이를 위한 성경 번역, 주석서·학습서 발간 사업을 펼치고 있습니다. 한편 교회 밖에서 활동하는 사회운동 단체들도 생겨났습니다. 대표적인 단체로는 1988년에 설립된 '천주교정의구현전국연합'이 있습니다.[321]

제가 볼 때, 현재 한국 교회 내 평신도 활동 지형은 첫번째 유형이

---

320 한국 교회 내 반공 극우세력의 역사적 연원과 현재 상황에 대한 개괄적인 소개는 다음을 참고하세요. 강인철, 2014, "'가톨릭 (극)우파'와 대한민국수호천주교인모임", 『기쁨과희망』 13, 60–77쪽.

321 교회 내 사회참여활동을 둘러싼 역학 관계는 다음을 참고하세요. 강인철, 2008, 『종교권력과 한국 천주교회』, 한신대학교출판부.

다수이고, 두세번째 유형은 소수에 불과합니다. 특히 교회 안에서 건설적인 역할을 맡을 수 있는 세번째 유형의 평신도들은 더욱 소수에 불과합니다. 그들은 제도 교회 밖에서 활동을 하고 있기 때문에 (교구장의 통제를 받지 않는 비공인 단체에 속해 있기 때문에), 새로운 피를 수혈하는 데 한계가 있습니다.

교계질서에 순응하며 성직자의 권고에 따라 신앙생활을 이어나가는 평신도가 많다는 것은 한국 교회가 안정적으로 운영되고 있다는 점을 보여줍니다. 하지만 그것은 교회의 한 축이라고 할 수 있는 평신도의 역할을 수동적인 영역에 제한시킬 위험이 있습니다. 때문에 공의회가 제시한 전망과 달리, 오늘날 한국 교회는 성직자 중심의 운영방식을 유지하고 있는 것으로 보입니다.[322] 다시 말해, 한국 교회가 평신도의 역할 강화를 위해 여러 제도적 장치를 마련했다고 하더라도, 적어도 아직까지는 평신도가 주도적으로 활동할 수 있는 교회 내 영역은 여전히 제한적인 것으로 보입니다.

그것은 비단 한국 교회만의 어려움은 아닌 것 같습니다. 프란치스코 교황이 교회 내에 만연한 성직주의를 지속적으로 비판하고 있는 것은 세계 곳곳에 있는 천주교회가 아직도 제2차 바티칸공의회의 전망을 온전하게 실현하지 못하고 있기 때문입니다. 우리는 프란치스코 교황이 이 어려움을 극복할 수 있는 방법으로 '공동합의성'

---

[322] 2014년 가톨릭신문사 설문조사에 따르면, 교회 구성원의 44.08%가 한국 교회에서 가장 긴급하게 쇄신이 필요한 첫째 항목으로 '성직자들의 권위주의와 성직중심주의'를 꼽았다고 합니다(박영호, 2014, "[커버스토리] 교황 방한, 응답하라 2014 한국 교회 – 교회 쇄신, 300인에게 물었다", 『가톨릭신문』 2898(2014.06.08.), 10면).

을 강조하고 있다는 점에 주목할 필요가 있습니다. '공동합의성'은 '함께 걸음'이 천주교회의 본질적인 구성 요소임을 잘 드러내고 있습니다.[323] 따라서 앞으로 한국 교회가 걸어 나갈 여정은 성직자·수도자·평신도가 상대방을 제거하려고 하거나 혹은 따로 걷는 것이 아니라, 서로 끌어주고 밀어주며 함께 걷는 도반(道伴)의 여정이 되어야 할 것입니다. 성직자는 평신도가 교회 안에서 자기 능력을 마음껏 펼칠 수 있도록 적극 지원해주고, 평신도는 교회를 위해 봉사하는 성직자를 존경하면서 함께 걸어 나갈 필요가 있는 것입니다.

다. 교회가 과거와 화해하는 방법

1) 쇄신과 화해, 천주교회의 과거사 반성

천주교회는 한국 사회와 함께 약 240년의 시간을 함께 걸어왔습니다. 그동안 교회는 잘한 일도 있었지만, 잘못한 일도 있었습니다. 잘한 일에 대해서는 사람들이 그 공을 인정하고 교회를 신뢰하게 되는 계기가 되었기에, 앞으로 더 큰 열매를 맺을 수 있도록 노력하면 될 것입니다. 반면 잘못한 일은 교회가 과거를 돌아보고, 어떤 방식으로 상처를 준 상대방에게 용서받고 화해할 수 있을지 고민하면 될 것

---

[323] 교황청 국제신학위원회, 2019, 『교회의 삶과 사명 안에서 공동합의성』, 한국천주교중앙협의회, 5항.

입니다.

　새천년을 맞이한 2000년은 천주교회에게도 뜻깊은 해였습니다. 천주교회는 그해를 대희년(大禧年)으로 삼아 크게 경축했습니다. 희년(Jubilee)은 구약성경에 나오는 이집트 탈출 사건을 기념하며, 채무를 탕감해주고 원래 주인에게 땅을 돌려주는 해를 뜻합니다. 그것은 하느님께서 이스라엘 백성을 이집트 종살이에서 해방시켜주신 것을 기억하며, 자신들도 다른 이들을 해방시켜주어야 한다는 사실을 알려줍니다. 천주교회도 특별한 순간마다 희년을 선포해왔습니다. 예수께서 탄생하신 지 2,000주년을 맞는 2000년에는 특별히 더 성대한 희년이 선포되었습니다. 교회는 2000년 대희년을 기념하기 위해 여러 행사를 기획했습니다.

　특별히 보편 교회는 대희년을 준비하며 교회의 역사적 과오들을 성찰했습니다. 요한 바오로 2세 교황은 1994년경 2000년 대희년에 관한 회칙 『제삼천년기(*Terto Millennio Adveniente*)』를 반포하면서, 과거사 반성을 언급했습니다. 교황은 다음과 같이 말했습니다.

　교회는 지난 10세기 동안 자신에게 일어났던 것을 분명히 의식하면서 이 길로 나아가야 합니다. 교회는 자기 자녀들이 참회를 통하여 과거의 과오와 불충한 사례들, 항구치 못한 자세와 구태의연한 행동에서부터 자신을 정화하도록 격려하지 않고는 새로운 천년기의 문턱을 넘어설 수 없습니다. 과거의 나약함을 인정하는 것은 우리의 신앙을 강화하도록 도와주는 정직하고 용기있는 행동입니다. 그것은 오늘날의 유혹과 도전에 직면하도록

우리를 각성시키고 이를 극복하도록 준비시키는 것입니다.[324]

이를 바탕으로 천주교회는 과거사를 되돌아보면서 교회 구성원들이 저지른 역사적 과오를 구체적으로 반성했습니다. 그 결과물로 발표된 문헌이 『기억과 화해: 교회와 과거의 잘못들』(2000.03.06.)이었습니다. 그리고 2000년 3월 12일에는 바티칸 성 베드로 대성당에서 '참회의 날' 미사가 봉헌되었습니다. 요한 바오로 2세 교황이 집전한 이 미사에서, 천주교회는 자신이 잘못한 일들을 공개적으로 고백했습니다. 대표적인 잘못으로는 십자군 전쟁, 종교재판, 나치 학살에 침묵했던 점들이 있었습니다. 이렇듯 교회가 과거의 잘못을 공식적으로 고백하고, 하느님과 역사 앞에 용서를 구한 일은 역사상 처음이었습니다.[325]

　이러한 보편 교회의 흐름에 발맞춰 한국 교회도 과거사를 반성해 왔습니다. 대희년이었던 2000년 12월 3일에 발표된 『쇄신과 화해』는 한국 교회가 지난 220여 년 간 저질러온 잘못을 반성하고 용서를 구하는 시도였습니다. 한국 교회가 고백하고 참회한 내용은 다음과 같습니다.

1. 우리 교회는, 세계 정세에 어둡던 박해 시대에, 외세에 힘입어 신앙의 자유

---

324 『제삼천년기』 33항.

325 과거사에 대한 천주교회의 관점 변화, 그리고 제2차 바티칸공의회와 2000년 대희년 당시 나타났던 교회의 자기 반성에 대해서는 다음을 참고하세요. 손희송, 2009, "교회의 본질적 특성에 대한 고찰", 『사목연구』 22, 154-159쪽.

를 얻고 교회를 지키고자 한 적도 있었으며, 서구 문화를 받아들이는 과정에서 문화적 갈등을 빚기도 하였습니다. 그리고 우리 사회에 고통과 상처를 준 여러 사건에서 드러났듯이 외국의 부당한 압력에 편승하기도 하였습니다.

2. 우리 교회는 열강의 침략과 일제의 식민 통치로 민족이 고통을 당하던 시기에 교회의 안녕을 보장받고자 정교 분리를 이유로 민족 독립에 앞장서는 신자들을 이해하지 못하고 때로는 제재하기도 하였음을 안타깝게 생각합니다.

3. 우리 교회는 광복 이후 전개된 세계 질서의 재편 과정에서 빚어진 분단 상황의 극복과 민족의 화해와 일치를 위한 노력에 적극적이지 못하고 소홀히 한 점을 반성하고 이 과정에서 생겨난 수많은 사람들의 희생을 마음 아파합니다.

4. 우리 교회는 우리 사회가 지닌 지역과 계층, 세대 간의 갈등을 해소하는 데나 장애인, 외국인 근로자 등 소외되고 차별받는 사람들의 인권과 복지를 증진시키는 노력도 부족하였음을 반성합니다.

5. 우리 교회는 집단 이기주의, 도덕적 해이와 부정 부패 등이 팽배한 사회 풍조 속에서 하느님께 창조된 모든 이가 올바른 가치와 도덕을 바탕으로 서로 이해하며 더불어 살아가도록 이끄는 데에 미흡하였습니다. 특히 청소년

들이 하느님과 이웃을 사랑하며 올바른 양심으로 살아가도록 충분히 이끌지 못하였습니다.

6. 우리 교회는 "섬김을 받으러 온 것이 아니라 섬기러 왔다."(마르 10,45)고 하신 예수님의 모범을 그대로 따르지 못한 때가 많았습니다. 때때로 우리 성직자들도 사회의 도덕적 윤리적 귀감이 되지 못하고 권위주의에 빠지거나 외적 성장에 지나친 관심을 두는 등 세상 풍조를 따르는 때가 많았음을 고백합니다.

7. 우리 교회는 다종교 사회인 우리 나라 안에서 다른 종교가 지닌 정신 문화적 가치와 사회 윤리적 선을 충분히 이해하지 못한 잘못도 고백합니다.[326]

이러한 분위기의 연장선에서 2020년 3월 1일 3·1운동 백주년을 기념하며 과거를 반성하는 한국천주교주교회의 의장 김희중 대주교의 담화문을 이해할 수 있습니다.

그런데 이러한 과거사 반성은 전체 한국 교회 차원에서 이루어진 것이었기에, 각 지역 교회(교구)와 지역 사회 사이에 벌어졌던 일들에 대해서는 구체적인 언급을 하기 어려웠습니다.

---

326 한국천주교주교회의, 2000, 『쇄신과 화해』(2000.12.03.), 한국천주교주교회의.

2) 제주교구 사례: 도민의 아픔을 자기 것으로

이점에서 제주교구는 교회가 지역 사회 속에서 벌어진 일에 대해 참회하고 화해하는 하나의 사례를 보여주었습니다. 앞서 말씀드린 바와 같이, 지금으로부터 120여 년 전인 1901년, 제주에서는 천주교회와 지역 사회 사이에 신축교안이라는 아주 큰 충돌이 있었습니다. 이 사건으로 천주교 신자 300~350여 명이 죽고, 제주도민들은 교회 측에 배상금을 물기 위해 고혈(膏血)을 짜내야만 했습니다. 그렇게 신축교안은 수백 명의 귀한 목숨을 앗아가고, 또 도민들의 삶에 지대한 영향을 미친 사건이었습니다. 그렇기에 천주교회와 제주 사회는 신축교안을 계기로 서로 원수처럼 지내기에 충분했습니다. 씻을 수 없는 상처 속에서 교회와 제주 사회는 서로를 탓하며 100여 년의 긴 시간을 보내왔습니다.

그런데 선교 100주년(1999)을 준비하면서, 천주교 제주교구는 가장 아픈 과거였던 신축교안에 주목하고, 이 문제를 해결하고자 나서게 됩니다. 그래서 1997년 10월에 신축교안을 재평가하는 심포지엄을 개최하고, 1999년에는 제주MBC와 공동으로 좌담회를 열어 신축교안을 바라보는 여러 관점을 살펴보면서 신축교안과 관련된 교회의 입장을 정리했습니다. 보다 전향적인 입장을 세운 제주교구는 도민 측을 대표하던 '1901년 제주항쟁 100주년 기념사업회'와 '1901 제주항쟁 102주년 기념 심포지엄 〈화해와 기념〉'을 공동으로 개최하기도 하였습니다. 이러한 노력의 결실일까요? 2003년 11월 7

일, 천주교회와 제주사회는 역사적인 선언문을 채택합니다. 그 전문을 보여드리겠습니다.

화해와기념을위한미래선언문

우리는 102년 전 이 땅 제주에서 일어난 일을 제주 공동체 모두의 경험과 해결과제로 받아들이고 서로 상대방의 입장이 되어 생각하는 관용의 정신을 소중히 여기고자 한다.

천주교측은 과거 교회가 제국주의 열강의 동양강점을 위한 치열한 각축의 시기에 선교를 수행하는 과정에서 제주민중의 저항을 불러일으켰던 과거의 잘못을 사과한다. 제주도민을 대표한 "1901년 제주항쟁기념사업회"는 봉건왕조의 압제와 외세의 침탈에 맞서 분연히 항쟁하는 과정에서 많은 천주교인과 무고한 인명 살상의 비극을 초래한 데 대하여 사과한다.

우리는 향후 상호 존중의 기조 위에서 과거사의 진실을 명명백백히 밝힐 것이며 또한 이를 바탕으로 제주공동체의 화합과 상생의 길로 나아가고자 적극 노력한다.

우리는 향후 제주 공동체의 미래 발전을 위한 사업을 공동으로 구상하고 추진하며, 각자의 기념사업에 대해서는 서로의 독특한 문화적 가치관을 충분히 존중해 시행하도록 한다.

2003. 11. 7.
천주교 제주교구 총대리 신부 허승조
1901년 제주항쟁기념사업회 대표 김영훈

보시다시피 선언문에는 교회와 제주 사회가 상대방의 입장에 서서 과거에 있었던 일을 사과하고, 서로 존중하면서 함께 미래로 나아가겠다는 의지가 담겨있습니다. 이를 통해 신축교안과 관련된 천주교회와 제주사회의 갈등은 공식적으로 일단락될 수 있었습니다.

그러나 진정한 화해는 행동을 통해 보여줄 필요가 있습니다. 이에 대해 야고보 사도는 "믿음에 행동이 따르지 않으면 그런 믿음은 죽은 것"(야고 2,17)라고 말했습니다. 따라서 천주교회는 신축교안에 대한 사과와 화해의 진정성을 행동으로 보여줄 필요가 있었습니다. 그것은 현재 제주도민들이 겪고 있는 아픔을 자기 것으로 받아들이는 태도에 달려 있었습니다. 이때 제주교구가 주목한 것은 4·3사건[327]과 제주 해군기지의 연관성이었습니다. 이에 대해 제주교구장 강우일 베드로 주교(1945~)는 다음과 같이 말했습니다.

(제주도는) 59년 전 4·3 사건으로 무고한 생명 3만 명이 무참히 학살된 땅입니다. [...] 이 무고한 생명들을 이념에 사로잡힌 이들과 무지한 공권력이 끝없이 짓밟았습니다. 한반도 역사상 이만큼 부조리하고 이만큼 억울한 죽음이 연출된 적이 없습니다. 제주의 땅은 그들이 흘린 피를 헛되이 하지

---

[327] 제주4·3사건은 1948년 4월 3일 남로당 제주도당 중심으로 결성된 무장대가 제주도내 경찰지서와 우익단체를 공격하자, 이를 국가가 진압하는 과정에서 벌어진 일련의 사건들을 말합니다. 이 과정에서 무장대와 토벌대(경찰 등)뿐만 아니라, 토벌대의 무자비한 진압으로 무고한 도민들까지 희생을 당하게 되었습니다. 이 사건에는 남로당·경찰·미군정·우익단체·일반 도민 등 다양한 주체들이 복잡하게 얽혀 있어 아직도 사건의 진상이 완전히 밝혀지지 않은 상태입니다. 제주4·3사건과 관련해서는 다음을 참고하세요. 제주4·3사건진상조사보고서작성기획단, 2003, 『제주4·3사건 진상조사 보고서』, 제주4·3사건 진상 규명 및 희생자 명예회복위원회.

말아야 합니다. 제주의 땅은 그들의 희생을 거름으로 참된 평화의 섬이 되어야 합니다. 더 이상 어떤 이유로든 인간들이 형제들의 생명을 앗아가는 무기나 무력으로부터 자유로운 땅으로 새로 태어나야 합니다. 그렇게 하지 못하면 4·3에 무고하게 죽임을 당하신 분들의 희생은 정말 보상받을 길이 없어집니다.[328]

제주민군복합형관광미항, 즉 제주 해군기지 건설 사업은 지난 10여 년간 제주 사회를 고통스럽게 만들었던 국책 사업이었습니다. 이 사업이 본격적으로 쟁점화된 것은 2007년이었습니다. 국방부와 제주도청이 해군기지를 건설하기 위해 발 빠르게 움직이기 시작했고, 이에 발맞춰 서귀포시 강정마을이 해군기지 유치 발표를 하게 됩니다. 이에 교회가 앞장서 해군기지를 반대했는데, 그때 발표된 메시지가 위에 보여드린 강우일 주교의 '평화의 섬 제주를 염원하며'였습니다. 여기서 강우일 주교는 "무력으로 평화를 지킬 수 없다"는 교회의 가르침을 제시하고, 4·3사건과 같은 국가 폭력으로 고통 받아 온 제주도민들이 또 같은 고통을 겪게 둘 수 없다고 강조하면서 해군기지 건설에 반대합니다. 이를 계기로 천주교회의 해군기지 반대운동이 본격화되었습니다.

신축교안 당시 제주도민들은 천주교회가 외세와 조선 왕조 즉, 국가를 등에 업고 자신들을 수탈하려 한다는 인식을 가지고 있었습니

---

[328] 강우일, 2007, "평화의 섬 제주를 염원하며"(2007.05.06.)

다. 그런데 100년 뒤, 해군기지 반대운동에 참여하는 천주교회의 모습은 그와 정반대로 평가될 수 있었습니다. 왜냐하면 교회는 반대운동 과정에서 공권력에 속수무책으로 당하는 도민들의 고통을 자신의 것으로 삼고자 했기 때문입니다. 즉, 교회의 해군기지 반대운동은 NGO 활동가들이 주장하는 반기지 운동이 아니라, 예수께서 가르치신 평화 그리고 가난한 이들에 대한 우선적 선택에 따른 복음의 실천이었습니다. 실제 이러한 교회의 노력은 도민들로부터 인정을 받았던 것으로 보입니다. 해군기지 반대운동이 절정이던 2013년 제주 지역 언론사인 『제주의소리』가 도민을 대상으로 제주 사회의 진정한 원로를 묻는 설문 조사를 실시했습니다. 그런데 그 조사에서 강우일 주교가 1위(35.8퍼센트)를 차지했습니다. 이 결과는 의미하는 바가 큽니다. 불과 100년 전만 하더라도 천주교회는 제주도민들로부터 원수 취급을 받고 있었는데, 지금은 그 원수의 수장, 그러니까 제주 지역을 관할하는 천주교 제주교구의 교구장을 지역의 가장 큰 원로로 인정하게 된 것입니다. 그것은 제주도민이 겪는 고통에 함께 하고자 했던 천주교회의 진정성을 제주 사회가 받아들이기 시작했다는 사실을 상징적으로 보여주고 있습니다. 이후에도 제주교구는 4·3사건의 완전한 해결과 제주 지역의 평화를 위해 여러 가지 노력들을 펼쳐오고 있습니다.

이처럼 제주교구가 보여준 일련의 모습은 아직까지 화해하지 못한 과거사들에 대해 한국 교회가 어떻게 대처해야 하는지를 보여줍니다. 제주교구가 우리에게 보여준 것은 교회의 입장만을 고수하는 것이 아니었습니다. 제주교구는 상대방의 입장을 헤아리면서 인정할 것은 솔직하게 인정하는 결단을 내렸습니다. 그러한 결단이 화해의 물꼬를 트게 만들었습니다. 여기에 실천으로 이어진 화해의 노력은 교회와 제주 사회 사이에 굳게 닫혀있던 화해의 문을 활짝 열었습니다. 제주교구의 사례는 역지사지의 마음, 소통하려는 자세, 말보다는 행동, 바로 이것들이 한국 교회가 과거와 화해하기 위해 필요한 것들임을 보여주고 있습니다.

라. 한국 천주교회의 민족화해 활동

1) 북한 교회의 재발견

앞서 언급했듯, 한국전쟁 당시 북한 지역 천주교회는 큰 타격을 입었습니다. 끝까지 성당을 지키던 신부들은 미국의 첩자라는 죄목으로 북한 정권에 체포되어 죽음을 맞이했습니다. 수도자들도 체포되어 고통을 받아야 했습니다. 수녀들이 피살당하고, 수녀회는 해산되었습니다. 성직자 가족과 반공을 강하게 주장했던 신자들 다수도 죽임을 당했습니다. 북한 정권은 전쟁 전부터 성당과 교회 부속 건물, 교회가 소유했던 토지를 비롯한 대부분의 교회 소유물을 몰수했는데, 다수의 교회 건물이 폭격으로 파괴되거나, 성당이 아닌 다른 용도로 활용되었습니다.[329] 결국 북한 지역 교회는 한국전쟁을 계기로 거의 완전히 소멸되어 버렸습니다.

따라서 북한 정권과의 관계 개선, 파괴된 북한 교회를 재건하는 일은 한국 교회가 풀어나가야 할 핵심 과제로 남겨져 있었습니다. 그렇다면 한국 교회는 이 과제를 해결하기 위해 어떤 노력을 펼쳐왔을까요? 지금부터 그 과정을 살펴보도록 하겠습니다.

한국전쟁 후, 한국 교회는 북한 지역 교회를 "침묵의 교회"라고 불렀습니다. 그것은 북한 지역에서 사목활동을 하는 성직자가 없었기 때문에, 신자들이 신앙생활을 하지 못하고 있다고 생각했던 것이었습니다. 특히 한국전쟁 후, 북한 정권은 반미·반종교 교육을 강화했고, 종교를 믿는 사람들을 따로 분류하여 관리했습니다. 그것은 신자들의 신앙생활을 극도로 위축시켰습니다. 하지만 이후 밝혀진 증언들에 따르면, 북한 지역에는 전쟁이 끝난 후에도 지속적으로 신앙생활을 해온 신자들이 있었던 것으로 확인됩니다.[330] 1987년에 북한을 방문했던 장익 십자가의 요한 주교(당시 신부, 1933~2020)는 다음과 같이 말했습니다.

6·25전란 시 포격으로 모든 성당이 파괴되고 교우들은 흩어진 이래 각자 가정에서 또는 개인으로서 형편되는 대로 신앙생활을 해왔다. 조만과와 삼종경은 여전히 마치고, 주일이면 주모경 서른세 번으로 대송하며, 첨례

---

329 김연수, 2018, "북한 가톨릭교회의 역사적 변천 연구", 북한대학원대학교 박사학위논문, 75~83쪽.

330 김연수, 2018, "북한 가톨릭교회의 역사적 변천 연구", 북한대학원대학교 박사학위논문, 85~88쪽.

표가 없어 이동 대축일은 정확히 알 수 없으나 짐작하여 그 전날 대재를 지킨다고 하였다. 어떤 부부는 가정에서 예부터 외워오던 라틴말 성가를 함께 부르기도 하였다. 어떤 이는 기도 책도 아무것도 없이 벽에 걸린 십자가만 바라보면서 신앙생활을 했다고 한다.[331]

2) 인식의 전환, 적대적 관계에서 민족화해의 대상으로

북한 정권은 1970년대부터 종교단체의 활동을 용인하기 시작했습니다. 기독교도련맹, 조선불교도련맹 등이 대외적인 활동을 시작했고, 재미교포 출신 개신교인들이 방북하거나 북한 측 인사들과 접촉하는 일이 나타났던 것입니다.

이러한 상황에서 한국 교회 안에서 북한을 바라보는 시선이 변화되기 시작했습니다. 그 계기는 한국 교회 창립 200주년(1984) 기념 사업이었습니다. 한국 교회의 주교들은 지난 200년 동안 교회가 걸어왔던 발자취를 돌아보면서, '교회 쇄신과 민족복음화'를 200주년 이후 한국 교회가 나가야 할 방향으로 제시하고 북한 선교 사업을 공식화했습니다.[332] 이것은 1984년에 방한한 교황 요한 바오로 2세의 영향도 있었습니다. 공산권 국가인 폴란드 출신이었던 교황은 방한 준비 당시부터 분단 상태에 있었던 한반도 상황에 대해 관심이

---

331 장익, 1992, "처음 만난 다섯 교우의 눈물", 『화해와 나눔』 2, 77쪽; 김연수, 2018, "북한 가톨릭교회의 역사적 변천 연구", 북한대학원대학교 박사학위논문, 87쪽에서 재인용.

332 한국천주교중앙협의회, 1982, 『회보』 창간호.

많았고, 특히 북한 지역 교회에 대해 궁금해 했다고 합니다. 하지만 당시 한국 교회는 북한 교회에 대해 아는 바가 별로 없었고, 주교들은 한국 교회가 북한 교회를 잘 모른다는 사실에 충격을 받았던 것으로 보입니다.[333] 이러한 배경 속에서 1982년에 200주년 기념사업위원회 안에 '북한선교부'가 공식 설치되었습니다.

한편 캐나다 시민권을 가진 고종옥 마태오 신부(1930~2004)가 1984년 3월에 북한을 방문했습니다. 그는 북한 개성 출신이었습니다. 그의 방북은 북한에 남겨진 가족을 만나기 위해서였지만, 이와 동시에 북한 선교를 염두에 둔 것이었습니다. 한국 교회는 고종옥 신부를 중재자로 삼아 북한 정권과 교섭을 시작했습니다. 이를 통해 1985년부터 1987년까지 한국인 성직자의 방북을 추진했지만, 남한 정부의 반대로 꿈을 이루지 못했습니다.

하지만 1984년에 요한 바오로 2세 교황이 방한한 이후부터, 교황청이 북한과 교류를 본격화하기 시작했습니다. 교황청은 기아 문제 해결을 위해 북한에 원조를 제공했고, 북한의 김일성 주석은 원조기구 총재였던 프랑스인 수사를 자신의 생일 잔치에 초대하기도 했습니다. 북한은 교황청에 외교관을 파견하여 교황을 알현하게 하기도 했습니다. 이러한 교류는 1987년에 평양에서 열린 비동맹각료특별회의에 교황청 대표가 옵저버로 참여할 수 있는 계기를 마련해주었습니다. 이때 한국어 통역을 맡는 역할로 한국인 성직자가 북한에

---

333 한경호, 2017, "한국 천주교회의 대북 인식과 활동 연구", 북한대학원대학교 석사학위논문, 10-13쪽.

방문하게 됩니다. 장익 주교(당시 신부)가 1987년 6월 평양에 방문했던 것입니다. 장익 주교는 북한에서 신자들을 만날 수 있었습니다. 이를 계기로 한국 교회는 북한에 성직자를 파견하는 방안에 대해 논의하기 시작했습니다. 이후 교황청은 1988년경 북한 신자들을 로마로 초대하였고, 북한은 이에 응답하여 신자 두 명이 포함된 일행을 로마에 보냈습니다. 이들은 교황이 주례하는 로마의 예수 부활 대축일 미사에 참여하기도 했습니다. 이어서 북한은 로마 소재 신학교에 유학생을 파견하는 등 유화적인 태도를 보였고,[334] 그것은 1988년 '조선천주교인협회'(이후 '조선카톨릭교협회'로 명칭 변경)의 결성으로 이어지게 되었습니다. 그리고 평양 대신리 본당 터에 새로운 성당을 지었는데, 그 성당이 장충성당입니다.[335]

남한 측 즉, 한국 교회도 북한 선교를 위한 본격적인 준비에 들어갔습니다. 1984년 200주년 기념사업의 일환으로 발족된 '북한선교부'는 1985년 주교회의 산하 '북한선교위원회'라는 명칭으로 상설 기구화되었습니다. 또한 북한선교위원회의 재정 문제를 해결하기 위해 '북한선교후원회'가 창립되었습니다. 그러나 이것은 북한 선교라는 종교적인 차원에 활동영역을 국한시키게 되어 대북활동에 제약을 가져왔습니다. 이에 황해도를 관할하는 서울대교구장이자 평양과 평안남·북도, 자강도를 관할하는 평양교구장 서리였던 김수환 추기경은 1995년 3월 1일 한국 교회 최초로 서울대교구에 민족

---

334 이 신학생은 중도에 학업을 포기했다고 합니다.

335 김연수, 2018, "북한 가톨릭교회의 역사적 변천 연구", 북한대학원대학교 박사학위논문, 110-134쪽.

화해위원회를 공식 발족하고, 북한 선교와 인도적 지원을 위한 대북 사업을 시작했습니다. 그것은 북한을 용서와 선교의 대상으로 국한시켰던 한국 교회의 기존 인식을 확장시켜 북한을 한 형제이자 이웃으로 바라보는 인식의 전환을 불러왔습니다. 이를 계기로 주교회의 산하 '북한선교위원회' 역시 1999년경 '민족화해위원회'로 명칭을 변경했고, 한국 교회 차원에서 민족 화해와 한반도 평화를 위한 노력을 펼칠 수 있게 되었습니다.

한편 당시까지만 해도 금기시되었던 한국인의 방북사건이 한국 교회를 통해 벌어졌습니다. 미국 영주권을 가지고 있던 문규현 바오로 신부(1945~)가 1989년 6월과 7월 두 차례 북한을 방문했던 것입니다. 6월 방북 때 그는 평양 장충성당에서 통일기원미사를 봉헌했는데, 미사가 봉헌된 같은 날 같은 시간이었던 6월 6일 오후 2시 남한 측 임진각에서는 정의구현사제단이 통일기원미사를 봉헌했습니다. 이것은 남북한 "신자들이 동시에 통일을 기원하면서 드리는 최초의 미사가 되었다는 데 의미"가 있었습니다.[336] 한편 7월에는 평양에서 열리는 '세계청년학생축전'에 참가한 임수경 학생을 데려오기 위해 북한을 방문했습니다. 이에 대해 한국 교회 주교들은 담화문을 발표하고 문규현 신부의 방북에 대해 유감의 뜻을 밝혔지만, 신자를 보호하기 위한 사제의 마음을 이해한다고 문규현 신부와 정의구현사제단의 행동을 옹호하였습니다.

---

[336] 김연수, 2018, "북한 가톨릭교회의 역사적 변천 연구", 북한대학원대학교 박사학위논문, 149쪽.

북한 선교와 남북 화해 그리고 한반도 평화를 위한 한국 교회의 도전은 지금도 계속 이어지고 있습니다. 1998년 5월에는 최창무 안드레아 대주교(1936~)와 이기헌 베드로 주교(당시 신부, 1947~) 등 여섯 분이 북한 교회를 사목 방문하였는데, 이 사목 방문은 한국인 주교로서는 최초의 일이었습니다. 2015년 12월에는 주교회의 의장 김희중 히지노 대주교를 비롯하여 조환길 타대오 대주교(1954~), 김운회 루카 주교(1944~), 이기헌 베드로 주교, 박현동 블라시오 아빠스(1970~)와 일행이 평양을 방문하기도 하였습니다.[337] 현재 조선가톨릭교협회와 한국 교회는 주요 대축일에 평양 장충성당에서 미사를 봉헌할 수 있도록 사제를 파견하는 방안을 찾기로 협의한 상태입니다.

한편 한반도 평화를 위한 교회의 움직임도 계속되고 있습니다. 주교회의 민족화해위원회는 '한반도 평화를 위한 밤 9시 주모경 바치기' 운동을 2019년부터 지속적으로 펼치고 있습니다. 또한 전국 교구에 민족화해위원회를 설치해 각 지역에서 한반도 평화를 위한 활동을 이어가고 있습니다. 교구 안에 관련 연구소를 운영하는 경우도 생겨나고 있습니다. 서울대교구의 평화나눔연구소, 의정부교구의 가톨릭동북아평화연구소, 수원교구의 동아시아복음화연구원 등이 있습니다. 교황청에서도 지속적인 관심을 보이고 있습니다. 2014년에 방한한 프란치스코 교황은 명동성당에서 '평화와 화해를 위한

---

337 2015년에 있었던 한국 교회의 북한 방문기는 다음을 참고하세요. 이기헌, 2018, 『용서 화해 그리고 평화의 길』, 가톨릭동북아평화연구소, 69-79쪽.

미사'를 집전했고, 2018년에 교황청을 방문한 문재인 대통령에게 평양을 방문할 수 있다는 의향을 전달하는 등 한반도 문제에 적극적인 협조 의사를 밝히고 있습니다.

한국 교회는 한반도 평화를 넘어 동아시아 평화를 위해서도 노력하게 됩니다. 1996년부터 시작된 한국과 일본의 주교 교류회의와 양국 주교회의 내에 있는 정의평화위원회의 연대 활동은 한일 간의 역사 갈등과 동아시아 지역의 사회적 갈등을 완화하기 위해 펼치고 있는 대표적인 활동입니다.[338] 또한 한국 교회의 평화운동 영역은 일상으로 확장되고 있습니다. 예를 들어 세계적인 네트워크를 가지고 있는 국제가톨릭평화운동 단체 팍스크리스티(Pax Christi International)가 2019년경 한국에 지부를 만들었습니다. 팍스크리스티코리아(Pax Christi Korea)는 한반도 평화를 넘어, 우리의 일상 속에 평화가 깃들 수 있는 여러 가지 활동을 전개해나가고 있습니다.

---

[338] 한국과 일본교회의 평화활동 연대는 다음을 참고하세요. 최영균, 2020, "동아시아의 평화를 향한 한·일 주교단의 도전", 『신학과 철학』 36.

9. 맺음말: 기쁨과 희망, 지금 이 자리에

지금까지 우리는 한국 교회가 걸어온 여정을 숨 가쁘게 살펴보았습니다. 예수께서 선포하신 하느님 나라, 그 "기쁨과 희망"을 향한 한국 교회의 여정은 지난 240여 년간 한반도라는 공간 속에서 쉬지 않고 계속되어왔습니다. 그것은 자신을 순례자라고 부르는 교회의 본질적인 속성을 드러냅니다. 그 여정을 돌이켜보면 수많은 영광스러운 시간들이 있었지만, 그와 반대로 숨기고 싶은 어두운 시간들도 있었습니다. 그것은 어찌 보면 당연한 것일지도 모릅니다. 교회는 죄인들의 공동체이기 때문입니다. 교회가 성인(聖人)들의 공동체였다면, 역설적으로 교회 안에 하느님은 필요하지 않았을 것입니다. 우리가 자신의 부족함 때문에 넘어지고 반성할 때, 하느님의 자비하심과 구원의 역사(役事)를 체험할 수 있듯, 교회도 부족한 모습 속에서 하느님을 체험해왔던 것입니다. 예수 부활 대축일 미사 때 사제를 통해 울려 퍼지는 부활찬송(Exsultet)은 "우리 인간의 죄는 복되다(Felix Culpa)"라고 노래합니다. 우리에게 죄가 있기 때문에 우리를 구원하러 구세주께서 인간이 되어 오셨던 것처럼, 우리의 부족함이 있기 때문에 하느님께서 우리 삶에 개입하실 수 있다는 역설이 신앙인들에게는 신비로 다가올 뿐입니다.

이 책의 서두에서 말씀드렸듯이, 우리는 한국 교회가 시대의 한계

속에서 그 긴 여정을 걸어왔다는 사실을 잊어서는 안 됩니다. 한국 교회는 당시 보편 교회가 인식했던 세계관에 따라 최선의 것을 선택하고자 노력해왔습니다. 하지만 한국 교회의 선택이 언제나 한국 사회의 요구와 일치하지는 않았습니다. 때문에 한국 교회와 한국 사회 사이에는 긴장이 있을 수밖에 없었습니다. 이점에서 과거에 있었던 교회 구성원들의 생각과 말과 행위를 오늘날 한국 사회의 시선으로 재단하는 것은 본질을 왜곡할 위험이 큽니다.

또 한 가지 잊지 말아야 할 것이 있습니다. 우리가 한국 교회사를 돌아본 이유는 교회의 부족한 점을 끄집어내 비판하려는 것이 아니라, 그것을 통해 더 나은 교회, 신앙의 선조들이 꿈꾸었던 "기쁨과 희망"의 하느님 나라를 바로 지금, 이 자리에 실현하기 위함이었습니다. 단지 교회를 비판하는 것이 무슨 의미가 있을까요? 그것은 교회(비판의 대상)와 자신 사이에 담을 쌓는 행위일 뿐만 아니라, 자기 자신을 해치는 행위입니다. 사랑이 없는 비판은 결국 자신을 고립시키기 때문입니다. 이점에서 손희송 베네딕토 주교(1957~)가 페이스북(Facebook)에 올린 2014년 7월 22일자 글은 우리가 교회를 바라보는 시선에 대해 많은 생각을 하게 합니다.

저는 그럴 때마다(지나치게 교회를 비난하고 공격하는 사람들을 볼 때마다: 인용자 주) 20세기 가톨릭 신학의 거장 칼 라너(1904~1984) 신부님의 말을 생각하게 됩니다. "교회는 주름이 짜글짜글한 노파입니다. 그런데 그 노파는 나의 어머니입니다. 그리고 어머니를 때리는 사람은 없습니다." 칼 라너 신부님은 신학자로서 가끔 교회에 대해 쓴 소리도 했지만, 거칠고 험한 비난은 하지 않았습니다. 여름휴가를 어느 시골에서 지내면서 오후에 매일 성당에 들어가서 한 시간씩 교회를 위해 기도했다는 말도 전해 들었습니다. 교회는 쨔글쨔글한 노파와 같지만, 하느님은 그런 노파에게서 거듭 새로움을 불러일으키십니다. 고목에서 새싹이 돋고 아름다운 꽃이 피듯이 말입니다. 교황 베네딕토 16세는 이런 사실을 확신하면서 말합니다. "가톨릭 교회는, 물론 한숨과 신음 소리가 없지는 않지만, 아직까지 존속하고 있으며, 끊임없이 위대한 순교자를 배출해냈고, 위대한 신앙인, 선교사, 또 간호사, 교육자가 되어 교회를 위해 목숨을 바치는 사람들을 배출해냈습니다. 그런 점이 이 교회를 지탱하는 다른 어떤 존재가 정말로 있음을 말해 주지요."

교회를 진정으로 새롭게 한 이들은 요란하게 체제와 구조 개혁을 외치면서 손가락을 밖으로 내뻗지 않았습니다. 그보다는 새로움과 생명의 근원이신 하느님께 대한 굳건한 믿음을 바탕으로 스스로의 개혁에서 출발하여 조용히 교회에 새로운 변화를 가져왔습니다. 하느님께 깊이 뿌리를 두고 아름다운 꽃을 피우고 풍성한 열매를 맺는 나무처럼 말입니다.

이것이 바로 프란치스코 성인(聖人)이 걸었던 길입니다. 또한 오늘날 우리 교회를 위해 진정으로 필요한 길입니다. 이 길을 조용히, 그러나 확신 있게 걸어가는 이들이 많아지기를 소망하고 기원합니다.[339]

사랑이 전제된 교회 비판은 바로 이런 것이라고 생각됩니다. 비록 어

---

339 손희송 주교 페이스북 페이지(https://www.facebook.com/profile.php?id=100004788034650)

머니가 나이 들고 힘이 없어졌다고 할지라도, 어머니를 때리거나 버리는 자녀는 없습니다. 오히려 어머니를 돕기 위해 애쓸 것입니다. 교회도 마찬가지입니다. 손희송 주교의 말처럼 교회는 짜글짜글한 노파와 같아서 그 안에서 한숨과 신음 소리가 들려올 수 있습니다. 하지만 그렇다고 교회를 비난하고 공격하는 것은 결코 교회에 도움이 되지 않습니다. 오히려 그런 노파와 같은 교회 속에서 새로움을 불러일으키시는 하느님을 신뢰하고, 교회를 위해 내가 할 수 있는 것이 무엇인지 고민하며 실천하는 것이 진정으로 교회를 위한 행동일 것입니다.

이러한 시선을 전제로 지난 시간 한국 교회가 걸어온 여정을 돌아보면, 한국 교회의 빛과 그림자를 구분 짓는 어떤 기준이 있는 것 같아 보이기도 합니다. 한국 교회가 가장 빛났던 순간은 박해의 순간에도 조선 왕조의 억압과 수탈 속에서 고통 받던 백성들을 위로하고, 독재 정권들의 위협 속에서도 민주주의를 지켜내는 데 앞장섰던 순간이었던 것 같습니다. 그렇다면 가장 어두웠던 순간은 언제였을까요? 아마도 어렵게 얻은 신앙의 자유를 지켜내기 위해 일제에 협력하며 민족의 아픔을 외면했던 순간이 아니었을까 싶습니다. 그렇다면 한국 교회의 빛과 그림자를 구분하는 기준은 교회가 사람들을 위해 자신을 희생했는가, 그렇지 못했는가에 달려 있는 것은 아닐까 조심스럽게 생각해봅니다. 교회는 세상 속에 있고 사람들과 함께 어울릴 때 빛을 발합니다. 반면 세상과 단절하고, 사람들의 아픔을 외면할 때 어두워집니다. 사람들은 그것을 쉽게 알아차립니다. 그들은 누가 자신과 진정으로 함께 하는지 민감하게 느끼기 때문입니다. 실제로 우리는 한국 교회가 사람들을 위해 자신을 희생할 때 교회에 입교하는 사람들이 많았고, 사람들의 고통을 외면할 때 입교자 수가 줄었다는 사실을 한국 교회사를 통해 확인할 수 있었습니다. 결국 한국 교회가 세상 속에서 빛과 소금의 역할을 다한다는 것은 사람들의 희로애락과 함께 하며 예수께서 선포하신 "복음의 기쁨"을 얼마나 증거하느냐에 달려 있어 보입니다.

그것은 요즘 강조되고 있는 공동합의성(Synodalitas)의 정신과도 맞닿아 있습니다. 함께 걷는 것이 교회의 본성이기 때문입니다. 교회가 함께 걷기를 거부한다면 교회는 교회다움을 잃어버리고, 여느 친목단체와 다름없어질 것입니다. 함께 걷는다는 것은 비단 하느님과 내가 함께 걷는 것만을 의미하지 않습니다. 하느님 나라를 이 땅에 실현하기 위해 교회 구성원이 함께 걷는 신앙의 여정, 더 좋은 사회를 실현하기 위해 세상 사람들과 함께 걷는 공동선의 여정에 동반하는 것이 공동합의성을 살아가는 교회의 모습일 것입니다. 그것은 프란치스코 교황이 아시시의 프란치스코 성인(S. Franciscus, 1181/1182[?]~1226)을 묵상하며 우리에게 전해준 가르침과도 통합니다. "어디에든 그(성 프란치스코: 인용자 주)는 평화의 씨앗을 뿌렸고, 가난한 이들과 버려진 이들, 병든 이들, 쫓겨난 이들, 가장 보잘것없는 이들과 함께 걸었습니다."[340] 이처럼 교회 구성원들과 세상 사람

---

340 프란치스코, 2021, 『모든 형제들(Fratelli Tutti)』, 한국천주교중앙협의회, 2항.

들 즉, 모든 이들과 함께 하느님 나라와 공동선 실현을 위한 여정에 나설 때, 한국 교회는 하느님의 더 큰 영광을 비추는 거울로서 세상 속 빛과 소금의 역할을 다할 수 있을 것입니다. 그것이 우리가 꿈꿔 왔던 하느님 나라, 즉 하느님께서 선사하시는 "기쁨과 희망"으로 가득한 세상을 바로 "지금, 이 자리"에 실현할 수 있는 지름길일 것입니다.

끝까지 읽어주셔서 감사합니다. 하느님의 평화가 여러분 안에 머무시길 기도합니다.

감사의 글

이 책은 저를 이끌어주신 하느님의 섭리가 없었다면 결코 출간될 수 없었을 것입니다. 신학교를 나와 방황하던 저를 공부의 길로 인도해 주시고, 한국 교회를 대상으로 연구를 지속할 수 있게 만드신 것은 진정 하느님이셨습니다. 돌아보면 제 삶의 곳곳에서 그분의 섭리를 발견할 수 있었습니다. 저를 지금 이 자리로 이끌어주신 하느님께 감사드립니다.

누구보다 부모님께 감사의 인사를 올립니다. 부모님께서는 아낌없이 주는 나무처럼 언제나 저의 든든한 버팀목이 되어주셨습니다. 정말 감사드립니다.

이 책이 나오기까지 거의 8년여의 세월이 흘렀습니다. 짧지 않은 시간 동안 아내는 묵묵히 제 곁을 지켜주었습니다. 아내의 전폭적인 지지가 없었다면, 저는 공부를 계속하지 못했을 것이고, 이 책도 빛을 보지 못했을 것입니다. 그렇게 제 곁에 있어준 아내에게 감사의 마음을 전합니다. 아! 이 책을 집필하는 사이에 세 명의 천사가 저를 찾아왔습니다. 우리 아이들은 제가 힘들 때마다 이 책을 집필해야 하는 이유를 상기시켜 줬고 웃음을 되찾아 주었습니다. 애들아, 고마워.

사실 8년 만에 한국 교회사를 정리한다는 것은 거의 불가능한 일입니다. 그만큼 한국 교회가 우리 민족과 함께 했던 시간이 길었던 것입니다. 그럼에도 불구하고 한국 교회사를 간략하게나마 정리할 수 있었던 것은 따뜻하게 저를 품어주었던 천주교회가 존재했기 때문입니다. 어머니이신 교회는 특히 예비신학생과 신학생 시절 부족했던 저를 인내로이 감싸주었습니다. 교회 덕분에 저는 바로 그 교회 안에서 숨 쉬고 생활하며 교회의 정신과 문화, 역사적 맥락을 온 몸으로 익힐 수 있었습니다. 이렇듯 오랜 시간 함께했던 교회의 도움이 있었기에, 저는 8년이라는 짧은 시간에도 불구하고 한국 교회사의 주요 맥락을 짚어나갈 수 있었습니다. 천주교회 특히 한국 교회에 깊이 감사드립니다.

이 책을 출간하는 과정에서 많은 분들의 도움이 있었습니다. 특히 추천사를 써주신 주교님들이 계십니다. 먼저 천주교 광주대교구 교구장님이신 김희중 대주교님께 마음 깊이 감사드립니다. 대주교님께서는 광주가톨릭대학교 교수 신부님으로 재직하실 때, 신학생들에게 교회사를 가르치셨습니다. 그때 저는 대주교님의 수업을 들을 수 있었습니다. 정말 운이 좋았습니다. 그때의 인연을 끈 삼아 대주교님께 추천사를 요청드렸습니다. 대주교님께서는 흔쾌히 제 청을 허락해주셨고, 꼼꼼히 원고를 살펴보신 다음 추천사를 써주셨습니다. 감사의 마음이 절로 흘러나왔습니다. 다시 한 번 온 마음을 다해 감사드립니다.

천주교 제주교구 교구장님이신 문창우 주교님께 진심으로 감사드립니다. 주교님께서는 제 책의 교회 내 출판을 승인해주셨습니다.

또한 따로 시간을 내어 저를 만나주셨고, 직접 격려와 응원의 말씀을 해주셨습니다. 정말 힘이 되었습니다. 게다가 바쁘신 와중에도 추천사를 써주셨습니다. 진심으로 감사드립니다.

원고를 꼼꼼히 읽고 조언을 아끼지 않으신 서강대 오세일 신부님께 깊이 감사드립니다. 신부님 덕분에 책의 방향을 설정하고 내용을 충분히 보강할 수 있었습니다. 강훈 신부님, 이재형 신부님, 이선이 수녀님께서도 원고를 읽어주시고 적절한 조언을 해주셨습니다. 감사드립니다. 이 책이 나오기까지 격려와 지지를 아끼지 않으셨던 제주대 조성윤 교수님과 최현 교수님께 감사드립니다. 또한 책 출간 과정에서 여러모로 도움을 주신 현문권 신부님과 최영균 신부님, 장인선 프란치스카 수녀님께도 감사의 인사를 올립니다.

마지막으로 무명 연구자의 책 출판 제안에 흔쾌히 동의해주시고, 출판 과정에서 지원을 아끼지 않으신 도서출판 눌민의 정성원 대표님께 무한한 감사를 드립니다.

참고문헌

| 교회문헌 |

강우일, 2007, "평화의 섬 제주를 염원하며"(2007.05.06.).

교황청 국제신학위원회, 2016, 『교회 생활에서의 신앙 감각』, 한국천주교중앙협의회.

교황청 국제신학위원회, 2019, 『교회의 삶과 사명 안에서 공동합의성』, 한국천주교중앙협의회.

교황청 정의평화평의회, 2006, 『간추린 사회 교리』, 한국천주교중앙협의회.

한국천주교주교단, 1996, 『암흑속의 햇불: 7,80년대 민주화운동의 증언 제1권』, 기쁨과희망 사목연구소.

기쁨과희망사목연구소, 1996, 『암흑속의 햇불: 7,80년대 민주화운동의 증언 제2권』.

김희중, 2019, "3·1운동 100주년 기념 담화: 3·1운동 정신의 완성은 참평화", 『보도자료』, 한국천주교주교회의·한국천주교중앙협의회.

김희중, 2020, 『'3개년 특별 전교의 해'(2020~2022) 교구장 사목교서』(2020.11.29.), 천주교 광주대교구.

사회사도직연구소 편, 2011, 『한국평협 40주년 백서』, 한국천주교 평신도사도직단체협의회.

세계주교대의원회의 제2차 총회, 1971, 『세계 정의(Convenientes ex Universo)』, 교황청.

염수정, 2020, 『2021년 서울대교구장 사목교서』, 천주교 서울대교구.

요한 바오로 2세, 1995, 『제삼천년기』, 한국천주교중앙협의회.

유흥식, 2019, 『2020년 사목교서』(2019.12.01.), 천주교 대전교구.

이기헌, 2020, 『2021 교구장 사목교서』(2020.11.29.), 천주교 의정부교구.

정진석, 2012(제2판), "일러두기", 『한국 천주교 사목 지침서』, 한국천주교중앙협의회.

제2차 바티칸공의회, 1963, 『거룩한 전례에 관한 헌장 「거룩한 공의회」(Sacrosanctum Concilium)』, 교황청.

제2차 바티칸공의회, 1964, 『교회에 관한 교의 헌장 「인류의 빛」(Lumen Gentium)』, 교황청.

제2차 바티칸공의회, 1964, 『일치 운동에 관한 교령 일치의 재건(Unitatis Redintegratio)』, 교황청.

제2차 바티칸공의회, 1965, 『교회의 선교 활동에 관한 교령 「만민에게」(Ad Gentes)』, 교황청.

제2차 바티칸공의회, 1965, 『현대 세계의 교회에 관한 사목헌장 「기쁨과 희망」(Gaudium et Spes)』, 교황청.

주세페 알베리고 외 엮음, 2006, 『보편 공의회 문헌집 제3권-트렌토 공의회·제1차 바티칸 공의회』, 김영국·손희송·이경상 역, 가톨릭출판사.

주교회의 천주교용어 편, 2018, 『천주교 용어집(개정 증보판)』, 한국천주교중앙협의회.

지학순, 1971, 『1971년 성탄절 및 1972년도 사목교서』, 천주교 원주교구.

프란치스코, 2014, 교황 권고 『복음의 기쁨(Evangelli Gaudium)』, 한국천주교중앙협의회.

프란치스코, 2015, 『찬미받으소서(Laudato Si')』, 한국천주교중앙협의회.

프란치스코, 2021, 『모든 형제들(Fratelli Tutti)』, 한국천주교중앙협의회.

한국 천주교 주교단, 2021, 『미얀마 사태를 접하는 한국 천주교 주교단 성명서』(2021.03.11.), 한국천주교주교회의·한국천주교중앙협의회

한국천주교주교회의, 2012(제2판), 『한국 천주교 사목 지침서』, 한국천주교중앙협의회.

한국천주교주교회의, 2000, 『쇄신과 화해』(2000.12.03.), 한국천주교주교회의.

한국천주교주교회의, 2015, 『한국 천주교 예비 신자 교리서(개정판)』, 주교회의 교리교육위원회 편, 한국천주교중앙협의회.

한국천주교중앙협의회, 1912, 『경향잡지』 221.

한국천주교중앙협의회, 1942, 『경향잡지』 943.

한국천주교중앙협의회, 1942, 『경향잡지』 944.

한국천주교중앙협의회, 1946, 『경향잡지』 981.

한국천주교중앙협의회, 1947, 『경향잡지』 987.

한국천주교중앙협의회, 1947, 『경향잡지』 989.

한국천주교중앙협의회, 1949, 『경향잡지』 1006.

한국천주교중앙협의회, 1961, 『경향잡지』 1114.

한국천주교중앙협의회, 1966, "「바티칸」공의회와 한국교회", 『경향잡지』 1179.

한국천주교중앙협의회, 1967, 『경향잡지』 1193.

한국천주교중앙협의회, 1968, 『경향잡지』 1200.

한국천주교중앙협의회, 1971, 『경향잡지』 1244.

한국천주교중앙협의회, 1971, 『경향잡지』 1245.

한국천주교중앙협의회, 1971, 『경향잡지』 1246.

한국천주교중앙협의회, 1982, 『회보』 창간호(1982.12.).

한국천주교중앙협의회, 1987, 『회보』 41(1987.12.).

한국천주교중앙협의회, 『회보』 44(1988.08.).

한국천주교중앙협의회, 2018, 『한국 천주교회 총람 2013-2017년』.

한국천주교중앙협의회, 2020, 『한국 천주교회 통계 2019』, 한국천주교중앙협의회.

| 논문, 단행본 |

강인철, 2006, 『한국 천주교의 역사사회학』, 한신대학교출판부.

강인철, 2008, 『종교권력과 한국 천주교회』, 한신대학교출판부.

강인철, 2012, 『종교정치의 새로운 쟁점들』, 한신대학교출판부.

강인철, 2013, 『저항과 투항: 군사정권들과 종교』, 한신대학교출판부.

강인철, 2014, "'가톨릭 (극)우파'와 대한민국수호천주교인모임", 『기쁨과희망』 13.

고흥식, 1986, 『고종조 병인교난 연구』, 고려대학교석사학위논문.

교황 프란치스코·오스틴 아이버레이, 2020, 『렛 어스 드림(Let Us Dream)』, 강주헌 역, 북이
    십일.

김녕, 2005, "독재, 산업화, 그리고 민주화와 한국 가톨릭교회", 『한국 근·현대 1000년 속의
    가톨릭교회(중)』, 가톨릭출판사.

김대건, 2021, 『이 빈 들에 당신의 영광이: 김대건 신부의 편지 모음』, 정진석 역, 바오로딸.

김선필, 2018, "한국 천주교회의 제주해군기지 반대운동 전개과정과 신학적 함의", 『신학전
    망』 201.

김선필, 2020, "종교와 지역 사회의 공존-20세기 전반 천주교 선교사들의 제주 문화 인식을
    중심으로-", 『종교연구』 80(1).

김소윤, 2018, 『난주』, 은행나무.

김수환, 2004, 『추기경 김수환 이야기』, 평화신문 엮음, 평화방송·평화신문.

김연수, 2018, "북한 가톨릭교회의 역사적 변천 연구", 북한대학원대학교 박사학위논문.

김윤경, 2019, "'강완숙의 죽음'을 통한 여성·천주교 담론 변화", 『열상고전연구』 69.

김정환, 2011, "한말·일제강점기 뮈텔 주교의 교육활동", 『한국 근현대사 연구』 56.

김진소, 1995, "일제하 한국 천주교회의 정교 분리 정책", 『사목』 193, 한국천주교중앙협의회.

김진소, 1996, "일제하 한국 천주교회의 선교 방침과 민족 의식", 『교회사연구』 11.

김현숙, 2008, "식민지시대 합덕리의 토지소유관계와 구합덕본당의 농업경영", 『역사와 현실』 67.

김희중, 2014, "5·18광주민중항쟁 34주기를 맞이하여", 『신학전망』 185.

나정원, 2005, "한일합방 이후 한국 가톨릭 지도자들의 국가관 연구", 『한국 근·현대 100년 속의 가톨릭교회(중)』, 가톨릭출판사.

노기남, 1969, 『나의 回想錄: 병인교난에 꽃피는 비화』, 카톨릭출판사.

노길명, 1984, "박해기·개화기의 한국 천주교회와 사회개발", 『한국교회사논문집 I』, 한국교회사연구소

노길명, 1987, "개화기 한국 가톨릭 교회와 국가 간의 관계-한국 교회의 정책, 활동 및 그 결과를 중심으로", 『가톨릭사회과학연구』 4(1).

노길명, 1988, 『가톨릭과 조선후기 사회변동』, 고려대학교민족문화연구소.

노길명, 2005, 『민족사와 천주교회』, 한국교회사연구소.

노길명, 2005, 『한국의 종교운동』, 고려대학교출판부.

노길명·오경환, 1988, 『가톨릭 신자의 종교의식과 신앙생활』, 가톨릭신문사.

노만 P. 탄너, 2010, 『간추린 보편 공의회사』, 가톨릭출판사.

노명신, 1984, "한말·일제하 샬트르 성 바오로 수녀회의 육영사업", 『한국교회사논문집 I』, 한국교회사연구소.

라인하르트 마르크스, 2020, 『추기경 마르크스의 자본론』, 주원준 역, 눌민.

류홍렬, 1981, 『한국 천주교회사 下』, 가톨릭출판사.

문규현, 1994, 『민족과 함께 쓰는 한국 천주교회사 I』, 빛두레.

문규현, 1994, 『민족과 함께 쓰는 한국 천주교회사 II』, 빛두레.

박승찬, 2019, "김수환 추기경의 공동체 영성을 통한 5·18 정신의 계승", 『신학전망』 205.

박영대, 2008, "신학생 양성의 걸림돌 신학교 기숙생활", 『갈라진 시대의 기쁜소식』 839.

박찬식, 2001, "한말 천주교와 토착문화의 갈등-1901년 제주교안을 중심으로-", 『한국민족운동사연구』 29.

박찬식, 2007, 『한국 근대 천주교회와 향촌사회』, 한국교회사연구소.

발터 케른, 1991, 『교회 밖에는 구원이 없는가』, 박순신 역, 가톨릭출판사.

방상근, 2000, "일제하 한국 천주교회의 신사 참배에 대한 연구", 『민족사와 교회사』, 한국교회사연구소.

방상근, 2009, "주문모 신부의 입국과 조선교회", 『한국 천주교회사 1』, 한국교회사연구소.

방상근, 2010, "제7장 병인박해", 『한국 천주교회사 3』, 한국교회사연구소.

방상근, 2013, "최창현의 삶과 신앙", 『교회사학』 10.

방상근, 2017, "박해 시대 조선 천주교회의 회장제", 『교회사 연구』 51.

배세영, 1984, "한국에서의 파리외방전교회의 선교방침(1931-1942)", 『韓國敎會史論文集 I』, 한국교회사연구소.

배티사적지편, 1996, 『최양업(토마스) 신부의 서한』.

사회사도직연구소 편, 2011, 『한국평협 40주년 백서』, 한국천주교 평신도사도직단체협의회.

손희송, 1995, "어제와 오늘의 평신도", 『가톨릭 신학과 사상』 13.

손희송, 2005, "교구 사제와 남녀 평신도", 『가톨릭 신학과 사상』 54.

손희송, 2009, "교회의 본질적 특성에 대한 고찰", 『사목연구』 22.

손희송, 2010, "트렌토 공의회와 제2차 바티칸 공의회에 따른 사제직 이해", 『가톨릭 신학과 사상』 65.

샤를르 달레, 1979, 『한국 천주교회사(상)』, 안응렬·최석우 역, 한국교회사연구소.

샤를르 달레, 1980, 『한국 천주교회사(중)』, 안응렬·최석우 역, 한국교회사연구소.

샤를르 달레, 1981, 『한국 천주교회사(하)』, 안응렬·최석우 역, 한국교회사연구소.

서강대학교사회문제연구소, 1971, 『한국가톨릭종교사회조사보고서 제II부 질문지조사결과』 (1971.12.01.).

서우석, 1994, "중산층 대형교회에 관한 사회학적 연구", 『한국사회학』 28.

서종태, 2000, "병인박해기 신자들의 사회적 배경과 신앙-양반 신자들을 중심으로", 『민족사와 교회사』, 한국교회사연구소.

심상태, 1988, 『그리스도와 구원』, 성바오로출판사.

심상태, 1990, "사제직의 교의신학적 고찰", 『가톨릭신학과사상』 3.

아우구스트 프란츤, 2001, 『세계 교회사』, 최석우 역, 분도출판사.

안중근, 1990, 『안중근의사자서전』, 사단법인 안중근의사 숭모회.

앙투안 다블뤼, 2018, 『다블뤼 주교가 가족들에게 보낸 편지』, 유소연 역, 내포교회사연구소.

양인성, 2014, "1891년 대구 로베르 신부 사건 연구", 『교회사연구』 44.

에드워드 사이드, 2015, 『오리엔탈리즘』, 박홍규 역, 교보문고.

오세일, 2013, "한국 천주교회와 사회참여 영성: 제2차 바티칸 공의회의 정신에서 본 새로운 복음화의 과제", 『신학과 철학』 22.

윤경로, 1990, "일제의 기독교정책과 조선전도론(I)", 『기독교사상』 376.

윤선자, 1997, 『조선총독부의 종교정책과 천주교회의 대응』, 국민대학교석사학위논문.

윤선자, 2001, 『일제의 종교정책과 천주교회』, 경인문화사.

윤선자, 2005, 『태평양전쟁 발발 이후 일제의 인적 지배와 그리스도교계의 대응』, 집문당.

윤선자, 2009, "한말·일제강점기 천주교회의 양로원 설립과 운영", 『한국학논총』 31.

윤선자, 2012, "한국천주교회의 5·18광주민중항쟁 기억·증언·기념", 『민주주의와 인권』 12(2).

윤선자, 2020, "1940년대 일제의 한국 천주교회 통제 양상", 『교회사연구』 57.

이기헌, 2018, 『용서 화해 그리고 평화의 길』, 가톨릭동북아평화연구소.

이미영, 2014, "한국 천주교회 쇄신 프로젝트, 200주년 사목회의 30주년을 기념하며", 『갈라진 시대의 기쁜소식』 1051.

이석원, 2018, 『19세기 동서양 충돌과 조선 천주교-조선대목구장들의 천주교 공인 시도와 조선의 대응』, 수원교회사연구소.

이연수, 2014, "새 하늘 새 땅을 꿈 꾼 여성, 강완숙 골롬바 〈2〉", 『갈라진 시대의 기쁜소식』 1058.

이영춘, 2000, "중국에서의 포르투갈 '선교 보호권' 문제 및 조선 대목구 설정에 관한 연구", 『민족사와 교회사』, 한국교회사연구소.

이재봉, 1996, "4월혁명, 제2공화국, 그리고 한미관계", 『제2공화국과 한국 민주주의』, 백영철 편, 나남출판.

이충렬, 2016, 『아, 김수환 추기경 1 신을 향하여』, 김영사.

이충렬, 2016, 『아, 김수환 추기경 2 인간을 향하여』, 김영사.

장동하, 2000, "한말 교안의 성격", 『민족사와 교회사』, 한국교회사연구소.

장동하, 2005, 『개항기 한국 사회와 천주교회』, 가톨릭출판사.

장동하, 2006, 『한국 근대사와 천주교회』, 가톨릭출판사.

장영민, 2014, "한·미 외교문서로 본 지학순 주교의 민주화운동", 『기억과 전망』 31.

장익, 1992, "처음 만난 다섯 교우의 눈물", 『화해와 나눔』 2.

전수홍, 1999, "조선인들의 서신과 여항덕 신부", 『신앙과 삶』 3.

정동훈, 1996, "일제 강점기하의 한국 천주교회와 신사 참배에 관한 고찰", 『교회사연구』 11.

정의채, 1994, "성직자", 『한국교회 선교 200주년 기념 사목회의 의안 해설집』, 심상태 엮음, 한국그리스도사상연구소.

제주 선교 100주년 기념 사업 추진위원회·한국교회사연구소 역·편, 1997, 『신축교안과 제주 천주교회』, 천주교 제주교구.

제주 선교 100주년 기념 사업 추진위원회·한국교회사연구소 역·편, 1997, 『초기 본당과 성직자들의 서한(1)』, 천주교 제주교구.

제주 선교 100주년 기념 사업 추진위원회·한국교회사연구소 역·편, 1997, 『초기 본당과 성직자들의 서한(2)』, 천주교 제주교구.

제주 선교 100주년 기념 사업 추진위원회 편, 2001, 『제주 천주교회 100년사』, 천주교 제주교구.

제주4·3사건진상조사보고서작성기획단, 2003, 『제주4·3사건 진상조사 보고서』, 제주4·3사건 진상 규명 및 희생자 명예회복위원회.

조광, 1977, "신유박해의 분석적 고찰", 『교회사연구』 1.

조광, 1984, "한국 교회사와 세계 교회사", 『새벽』 92.

조광, 1988, 『조선후기 천주교사 연구』, 고려대학교 민족문화연구소.

조광, 2001, "1960년 명동성당의 존재이유", 『민족사와 명동성당』, 명동대성당 축성100주년 기념사업회 편, 명동천주교회.

조광, 2010, 『조선 후기 사회와 천주교』, 경인문화사.

조광, 2010, 『한국 근현대 천주교사 연구』, 경인문화사.

조규만, 2004, "가톨릭 교회의 성화론", 『가톨릭신학과 사상』 48.

조현범, 2002, 『문명과 야만』, 책세상.

조현범, 2008, 『조선의 선교사, 선교사의 조선』, 한국교회사연구소.

조현범, 2010, "제3장 초기 교회의 활동과 교세의 확산", 『한국 천주교회사 1』, 한국교회사연구소.

조현범, 2010, "제2절 교회의 재건과 성직자 청원", 『한국 천주교회사 2』, 한국교회사연구소.

주원준, 2016, 『신명기』, 바오로딸.

최기복, 2000, "조상 제사 문제와 한국 천주교회", 『민족사와 교회사』, 한국교회사연구소.

최석우, 1987, "파리 外邦傳敎會의 韓國進出의 意義 - 한국진출을 전후한 시기의 국가와 교회의 관계를 중심으로 -", 『교회사연구』 5.

최석우, 1994, "안중근의 의거와 교회의 반응", 『교회사연구』 9.

최선혜, 2010, "제1절 '목자 없는 교회': 교우촌의 형성과 확산", 『한국 천주교회사 2』, 한국교회사연구소.

최선혜, 2014, "한국 전쟁기 천주교회와 공산 정권-초대 주한 교황사절 번 주교(Bishop Byrne)를 중심으로", 『교회사연구』 44.

최양업, 2021, 『너는 주추 놓고 나는 세우고: 최양업 신부의 편지 모음』, 정진석 역, 바오로딸.

최영균, 2019, "프란치스코 하비에르(Francisco Xavier)의 '동아시아 선교' 프로젝트와 적응주의의 탄생", 『교회사연구』 55.

최영균, 2020, "동아시아의 평화를 향한 한·일 주교단의 도전", 『신학과 철학』 36.

최용규, 1988, "을해·병자 교난기 천주교도의 분석적 고찰", 『교회사연구』 6.

최종만, 1979, "정하상의 「상재상서」 연구", 『신학전망』 44.

클로드 쇠텐스, 2008, 『20세기 중국 가톨릭 교회사』, 김정옥 역, 분도출판사.

편집부, 2020, "시대를 앞서갔으나 미완으로 끝난 가톨릭 여성농민운동 : 한국가톨릭농촌여성회 초대 총무 엄영애", 『가톨릭평론』 28.

한경호, 2017, 『한국 천주교회의 대북 인식과 활동 연구』, 북한대학원대학교석사학위논문.

한국천주교평신도사도직협의회, 1988, 『한국천주교평협이십년사』.

한국천주교평신도사도직협의회, 1999, 『한국천주교평협삼십년사』.

한국천주교평신도사도직단체협의회, 2019, 『한국 천주교 평협 50년사』.

한상욱, 2015, "60년대 강화 직물노조사건과 가톨릭 노동청년회(JOC)", 『인천학연구』 23.

한스 큉, 2013, 『가톨릭의 역사』, 배국원 역, 을유문화사.

한용희 편저, 1984, 『한국가톨릭인권운동사』, 명동천주교회.

허원, 1994, 『청말 서양교회의 내지 부동산 조매권과 교안』, 연세대학교박사학위논문.

홍순호, 1985, "독립운동과 한불조약-1906년에서 1945년까지", 『한국정치외교사논총』 2.

홍순호, 1987, "파리 外邦傳敎會 宣敎師들의 韓國進出에 대한 프랑스政府의 態度: 對韓 帝國主義外交政策을 중심으로 (1831~1886)", 『교회사연구』 5.

황경훈, 2017, "교회의 의사결정 구조, '공동합의성'을 돌아보다", 『가톨릭평론』 12.

황사영, 2009, 『누가 저희를 위로해 주겠습니까?-「황사영 백서」』, 여진천 역주, 기쁜소식.

200주년 기념 사목회의, 1984, "성직자 편", 『200주년 기념 사목회의 의안』.

石井壽夫, 1977, "고종조의 조선 천주교와 그 박해-특히 포도청 등록을 소재로 하여", 『한국
　　천주교회사 논문선집』 2.

Pius XII, 1951, *Evangelii Praecones*, Vatican.

| 신문 기사 |

『가톨릭시보』 167(1956.05.06.).

김남수, 2001, "〔다시 태어나도 이 길을 – 은퇴 사제의 삶과 신앙〕 수원교구 김남수 주교
　　(2)", 『가톨릭신문』 2273(2001.11.04.).

김수종, 2014, "강화도 심도직물 해고투쟁 도운 김수환 추기경", 『오마이뉴스』(2014.08.19.).

김윤근, 2010, "5·16군사혁명과 오늘의 한국 36", 『한국장로신문』(2010.12.18.).

김희중, 1994, "〔지상 신학강좌〕 318 세계교회사 (78) 근세교회-안세니즘/김희중 신부", 『가
　　톨릭신문』 1927호(1994.10.30.).

남정률, 2009, "교회 지키기 위한 최소한의 행위: 서울대교구 노기남 대주교 친일 관련 이의
　　공문", 『평화신문』 1035(2009.09.13.).

박영호, 2014, "〔커버스토리〕 교황 방한, 응답하라 2014 한국교회 – 교회 쇄신, 300인에게
　　물었다", 『가톨릭신문』 2898(2014.06.08.), 10면.

박정훈, 2020, ""출산하지도 않는 신부들의 오만함".. 천주교 신자 1015명 '낙태죄 폐지 찬
　　성'", 『오마이뉴스』(2020.10.14.).

이지혜, 2020, "형법이 낙태 허용한다 하더라도 신앙인은 낙태가 범죄임을 명심해야", 『가톨
　　릭평화신문』 1592(2020.12.13.).

한상봉, 2010, "1960년대 한국교회, 처음 노동문제 관심-강화 심도직물 사건", 『가톨릭뉴스
　　지금여기』(2010.07.11.).

| 인터넷 자료 |

광주인권평화재단 홈페이지 http://www.ghpf.or.kr/?pn=business&-lang=ko

국가통계포털 "도시화율(OECD)" https://kosis.kr/statHtml/statHtml.
  do?orgId=101&tblId=DT_2KAA204_OECD&conn_path=I2

굿뉴스 가톨릭 사전 "교도권" http://dictionary.catholic.or.kr/dictionary.
  asp?name1=%B1%B3%B5%B5%B1%C7

굿뉴스 가톨릭 사전 "대목구" https://maria.catholic.or.kr/dictionary/term/term_view.asp?
  ctxtIdNum=4380&keyword=%EB%8C%80%EB%AA%A9%EA%B5%AC&gubun=01

굿뉴스 가톨릭 사전 "대주교" http://dictionary.catholic.or.kr/content.asp

굿뉴스 가톨릭 사전 "명의주교" https://maria.catholic.or.kr/dictionary/term/term_view.as
  p?ctxtIdNum=955&keyword=%EB%AA%85%EC%9D%98%EC%A3%BC%EA%B5%9
  0&gubun=01

문화체육관광부 홈페이지 "자료공간" https://www.mcst.go.kr/kor/s_data/budget/
  budgetList.jsp

손희송 주교 페이스북 페이지 https://www.facebook.com/photo/?fbid=302866559882943
  &set=a.200602620109338

카푸친작은형제회 홈페이지 http://www.capuchin.or.kr/xe/menu3_4/1142

한국천주교주교회의 홈페이지 http://cbck.or.kr

DAUM백과 "맹인모상" https://100.daum.net/encyclopedia/view/26 XXXXX00415

5·18기념재단 홈페이지 "5·18민주화운동과 유혈 진압" https://518.org/nsub.
  php?PID=010103

1784년	이승훈 세례, 한국 천주교회 설립
1786~1789년	가성직제도 시행
1791년	진산사건
1794년	주문모 신부 입국
1801년	신유박해, 황사영 백서 사건, 주문모 신부·황사영·강완숙 순교, 정난주 유배
1821년	김대건·최양업 신부 출생
1831년	조선대목구 설정, 초대 대목구장 브뤼기에르 주교 임명
1834년	여항덕 신부 입국
1835년	브뤼기에르 주교 병사
1836년	모방 신부 입국, 제2대 조선대목구장 앵베르 주교 임명, 여항덕 신부 출국, 김대건·최양업·최방제 신학생 유학
1837년	앵베르 주교·샤스탕 신부 입국
1839년	기해박해, 앵베르 주교·모방·샤스탕 신부·정하상 순교
1843년	제3대 조선대목구장 페레올 주교 임명
1845년	김대건 사제 서품, 페레올 주교 입국
1846년	병오박해, 김대건 신부 순교, 프랑스 군함 충청도 외연도 근해 출현
1849년	최양업 사제 서품
1853년	페레올 주교 병사, 제4대 조선대목구장 베르뇌 주교 임명
1856년	베르뇌 주교 입국
1866년	병인박해, 병인양요, 베르뇌 주교·제5대 조선대목구장 다블뤼 주교 순교
1868년	남연군 분묘 도굴 사건
1873년	흥선대원군 실각
1876년	강화도조약 체결
1886년	한불조약 체결

1888년	샬트르 성 바오로 수녀회 한국 진출
1891년	대구 로베르 신부 사건
1901년	신축교안
1905년	을사늑약 체결
1906년	경향신문 창간
1909년	성 베네딕도회 한국 진출, 안중근 의사 하얼빈 의거
1910년	숭공학교 설립, 한일병합
1911년	숭신학교 설립, 대구대목구 설정
1919년	3·1운동
1920년	원산대목구 설정
1922년	뮈텔 대주교 신사참배 금지 결정, 김수환 추기경 출생
1925년	기해박해 순교자 70위와 병오박해 순교자 9위 시복
1927년	평양지목구 설정
1931년	조선지역공의회 개최
1936년	한국 천주교회 신사참배 전면 허용
1937년	광주지목구·전주지목구 설정
1938년	춘천지목구 설정
1940년	함흥대목구·덕원자치수도원구 설정(원산대목구 분리)
1941년	태평양 전쟁 발발
1942년	제10대 경성대목구장 노기남 주교 임명
1945년	광복
1946년	북한 토지개혁 실시
1947년	안중근(도마) 순국 37주년 기념 대례 연미사 거행
1948년	대한민국 정부 수립, 장면 유엔총회 참석, 대전지목구 설정
1950년	한국전쟁 발발
1955년	대구매일신문사 피습
1957년	부산대목구 설정
1958~1959년	이승만 정권 노기남 대주교 탄핵 시도
1958년	청주대목구 설정

1959년	경향신문 폐간
1960년	4·19혁명, 경향신문 복간
1960년	장면 정권 출범
1961년	5·16 군사 쿠데타, 인천대목구 설정
1962~1965년	제2차 바티칸공의회
1962년	한국 천주교회 교계제도 설정
1963년	수원교구 설정
1965년	원주교구 설정
1966년	마산교구 설정
1967년	한국천주교 주교단 최초의 사회 사목교서 "우리의 사회 신조" 발표
1968년	심도직물사건, 김수환 대주교 서울대교구장 임명, 병인박해 순교자 24위 시복
1969년	김수환 대주교 추기경 서임, 안동교구 설정
1971년	원주교구 부정부패 규탄대회 개최, 제주지목구 설정
1972년	유신헌법 제정
1974년	지학순 주교 구속, 정의구현사제단 출범
1980년	5·18민주화운동
1984년	200주년 기념 사목회의, 교황 요한 바오로 2세 방한, 김대건 안드레아와 정하상 바오로와 101위 동료 순교자 시성, 한국천주교주교회의 북한선교부 설립
1987년	6·10 민주항쟁
1989년	군종교구 설정, 세계성체대회 개최, 교황 요한 바오로 2세 방한, 문규현 신부 방북
1995년	서울대교구 민족화해위원회 설립
1998년	한국인 주교 한국전쟁 이후 북한지역 최초 사목방문
2000년	2000년 대희년, 주교회의 『쇄신과 화해』 발표
2004년	의정부교구 설정
2006년	정진석 대주교 추기경 서임
2007년	제주해군기지 반대운동 본격화
2009년	김수환 추기경 선종
2014년	염수정 대주교 추기경 서임, 교황 프란치스코 방한, 윤지충 바오로와 동료 순교자 123위 시복

2021년   성 김대건 안드레아 신부님 탄생 200주년 희년, 정진석 추기경 선종, 유홍식 대
주교 교황청 성직자성 장관 임명

색인

200주년 기념 사목회의 238~243, 249, 276

4·19혁명 190, 194~196, 199, 201~202, 255

5·18민주화운동 221, 224~229

6월 민주 항쟁 223

ㄱ

가성직제도 68~69, 100

가톨릭노동청년회 210~213, 225

가톨릭대학생연합회 209, 217

가톨릭동북아평화연구소 296

가톨릭 액션 219

가톨릭 청년 182~183

가톨릭학생회 194

강경(江景)공립보통학교 160

강완숙 70~72, 76, 185

강화도 113, 119, 210~212

경향신문 143, 191~195

경향잡지 152, 166~167, 172, 176~178, 197,
    207, 209, 212~215

고종옥 293

골롬반외방선교회 189

공동선 30, 57, 215, 266, 302

공산주의 58~59, 62, 173~181, 198, 201~202

공동합의성 47, 236~237, 246~247, 279~280,
    302

공베르 158

교계제도 45~48, 68~69, 75, 235, 256, 275

교구장 61, 85, 120, 147, 164~165, 206, 213,
    243~247, 256, 276, 279

교도권 153, 196, 243

교민조약 120

교민주의 154~155

교안 126~128, 155

교우촌 95, 106~107

교황사절 149, 162~163, 180, 194~195, 197,
    200

교황청 16, 85, 89, 149, 163, 180, 201, 206, 236,
    293

교회헌장 49, 208

국민총력 천주교경성교구연맹 167

권상연 101

그레고리오 16세 74, 206

그리스도교 사회학(←그리스도교 사회윤리)
    219~220

기해박해 76, 95, 103, 108, 125

김남수 156

김대건 75, 89, 104, 106, 109, 181

김수환 45, 212, 216~228, 242, 257

김승훈 221
김양홍 133
김운회 296
김원영 128, 130
김희중 144~145, 154, 224, 247, 284

ㄴ

나길모 212
노기남 156, 163~170, 172, 177, 181~182, 189~201
노동조합(→노조) 174, 210~212, 225, 264

ㄷ

다블뤼 92~99, 104, 111
대구매일신문사 192~193
대목구 74, 85, 124, 149, 164~165, 206, 240, 256
대박청원서 108
대희년 253, 281~282
덕원 176~179
동아시아복음화연구원 296
드망즈 143, 158

ㄹ

라리보 165~166, 189
라인하르트마르크스 61~62
라크루 129, 133~134
러시아 110, 143, 145, 174~176
러일전쟁 141, 145, 148

레오 13세 58~59, 63, 126, 147~148, 210
로마 15, 39, 46~49, 53, 55, 147~148, 219, 268, 294
로베르 92, 121~122
리델 92, 104, 111~112, 125

ㅁ

마태오리치 68, 81
마카오 87
메리놀외방전교회 163, 188
명동밥집 268, 272~273
명동성당 167, 194, 222~223, 272~273, 296
명동천주교회청년단체연합회 217
모리스 163
모방 73, 86~87, 89, 92, 104, 125
무니 162
문규현 295
문명화 사명(→문명화의 사명) 57, 77, 79~80, 91, 93, 126, 129~130, 142, 187
뮈텔 92, 120, 122, 128~129, 134, 139, 143, 146, 150~152, 158~160, 167, 274
민족화해위원회 295~296

ㅂ

바오로 6세 59, 207, 213, 220
박현동 296
박희봉 197
반공 178, 197~198, 290
배론 27, 104, 106

백서 25, 27~31, 35, 41, 108, 187

번 180

베네딕토 16세 60, 300

베르뇌 92, 104, 106, 110~111, 239

베이징조약 110, 125

병오박해 95, 103, 109

병인박해 103, 111, 113, 125, 137, 254

병인양요 110, 112~113, 125

보유론 68, 100

보호권 83~87, 124

브뤼기에르 74~75, 86~89, 92, 104

블랑 92, 126, 138, 239

비오 9세 54, 174

비오 11세 59, 175, 210

비오 12세 102, 165, 175, 180~181

빌렘 151, 158

ㅅ

사목헌장 59, 234

사립학교(←사학) 266~267

사우어 177~179

상재상서 76

샤스탕 90, 92, 104, 108, 125

샬트르 성 바오로 수녀회 137, 141, 216

새남터 109, 181

서학 68, 100, 253

성 베네딕도회 139~140, 176~179

성영회 136~137

세계주교대의원회의 38, 219~220

손희송 299, 301

쇄신과 화해 280, 282

수도자 16, 32, 50, 136~137, 139~142, 178, 190, 216~217, 222, 240, 246, 263, 276, 290

수신영약 130

숭공학교 140

숭신학교 139

스펠만 180

시국기도회 216~217

신사참배 144, 159~163

신유박해 27~28, 41, 69

신축교안 128, 131~135, 142, 285~288

신해박해 71, 101, 103, 118

심도직물 209~213

ㅇ

아조르나멘토 49, 205

안중근 143, 151~152, 158, 167, 274

양대인 123

앵베르 75, 90, 92, 104, 125

여항덕(←유방제) 86

염수정 16, 233

예수회 58, 78, 81, 254

오리엔탈리즘 79~80, 91, 95, 126, 149, 187

옥천희 27

와끼다아사고로오 165

요한 23세 49, 59, 205~206, 256

요한 바오로 2세 59, 228, 281~282, 292~293

우리신학연구소 278

원산대목구 155, 239
원주문화방송 214
유소사 73, 76
유진길 74, 87
유흥식 246
윤지충 101
의안 238, 240, 243
이기헌 247, 296
이벽 30, 254
이승훈 41, 68, 254

ㅈ

장면 180~181, 191~202, 275
장익 291, 294
장충성당 294~296
전 미카엘 211~212
정교분리 123, 144, 148~150, 153, 157, 159,
    169, 171, 201, 255, 283
정난주 27, 34, 41~43, 116
정약용 26, 41, 73
정약종 26~27, 41, 73
정약현 27, 41
정의구현사제단 9, 216~217, 221, 257, 295
정의평화위원회 215, 217, 297
정정혜 73, 76
적응주의 선교 78, 80~82, 100
제국주의 79~80, 83~85, 91, 119~124, 131,
    148, 255, 286
제사 80, 82, 91, 99~103, 114, 118, 159,

162~163, 186
제주 27, 34, 42~43, 128~135, 142, 189,
    285~290
제1차 바티칸공의회 48, 54~55
제2차 바티칸공의회 49, 51~52, 55, 59, 63,
    77, 102, 170~171, 204~209, 213, 217, 219,
    229, 233~248, 275, 279
조불수호통상조약(←한불조약) 67, 118~121,
    126~127, 137, 140~141, 146, 186~187,
    273
조선대목구 75, 85~87, 104, 106, 111, 113,
    122~128, 206, 239~240, 256
조선지역공의회 240
조환길 296
주문모 28, 69, 71~74, 104, 254, 273
죽음의 행진 180
중국의례 82, 99~102, 159
중일전쟁 164
지목구 240, 256
지학순 213~216, 220~221, 257
진산사건 101

ㅊ

천주교정의구현전국연합 278
최방제 75, 89
최양업 75, 89, 96, 104, 106
최창무 296
치외법권 120, 125~127, 146

ㅋ

칼레 92, 104, 125

ㅌ

타케 135
태평양전쟁 164, 170
토지개혁 176, 202
트렌토공의회 47, 54

ㅍ

파리외방전교회 74~75, 77, 83, 85~91,
    112~113, 121, 124, 138, 147, 189, 273
페네 128~129
페레올 92, 95, 97, 104, 109
페롱 92, 104, 112, 125
평신도사도직단체협의회 246
평신도사도직협의회(←평협) 208, 215,
    241~245, 277
평화나눔연구소 296
포교성성(←인류복음화성) 84, 87, 124, 163,
    201
포르투갈 83~89, 124
푸르티에 92, 104~106
푸른군대 175
프란치스코 7, 15~16, 32, 45, 58, 82, 179,
    232~233, 268, 271, 296, 300, 302
프랑스 67, 85~92, 109~113, 118~126,
    131~136, 141~149, 169, 187~189, 255,
    274, 293

ㅎ

하느님 백성(←하느님의 백성) 47, 50, 208,
    235~240, 246~249
하야사카 구베에 165
한국가톨릭노동청년회 209~213, 217, 225
한국가톨릭농민회 209, 217, 219, 225
한국가톨릭농촌여성회 185
한국전쟁 179~183, 186, 189~190, 192, 202,
    217, 290~291
한국천주교공용지도서 240
한국천주교주교회의(←주교회의) 144~145,
    154, 188, 214, 217, 227~228, 236,
    239~240, 243~245, 264, 266, 284,
    294~297
한국천주교회사목지침서 238, 241, 271
한님성서연구소 278
한마음한몸운동본부 272
홍용호 179
황경한 27, 41~42
황사영 9, 25~31, 33~36, 41, 108, 187
황심 27
황일광 70
황포조약 125
흥선대원군 110~113, 118

김선필

1980년에 인천에서 태어났다. 1988년에 부모님과 함께 제주도로 이주했다. 집안 대대로 내려오던 천주교 신앙을 이어받아 사제가 되기 위해 신학교에 입학했지만 결국 평신도의 삶을 선택했다. 지금은 세 명의 자녀를 둔 아빠가 되어 자녀에게 천주교 신앙을 물려주기 위해 노력하고 있다. 광주·수원가톨릭대학교에서 신학을 배우고, 제주도에서 사회학을 배워 박사 학위를 받았다. 현재 서강대학교 신학연구소 선임연구원으로 재직 중이며, 한국 천주교회를 중심으로 종교사회학 연구를 이어가고 있다. 다른 한편으로 우리 사회의 지속가능성에 관심을 두고 공공성과 커먼즈(commons) 관련 연구를 진행하고 있다. 주요 논문으로 "포스트 코로나 시대, 한국 천주교회의 현실과 새로운 희망: 종교 사회학적 관점", "종교와 지역 사회의 공존: 20세기 전반 천주교 선교사들의 제주 문화 인식을 중심으로", "커먼즈 관점에서 바라본 제주 지하수와 공동체 관계의 변동" 등이 있다.

한국 천주교회사,
기쁨과 희망의 여정

교회 인가 2021년 7월 7일 제주교구
1판 1쇄 찍음 2021년 10월 22일
1판 1쇄 펴냄 2021년 10월 29일

지은이 김선필
펴낸이 정성원·심민규
펴낸곳 도서출판 눌민

출판등록 2013. 2. 28 제25100-2017-000028호
주소 서울시 은평구 가좌로11가길 30, 301호 (03439)
전화 (02) 332-2486 **팩스** (02) 332-2487
이메일 nulminbooks@gmail.com
인스타그램·페이스북 nulminbooks

ISBN 979-11-87750-47-5 03230